Hermann Gruber

Einigungs-Bestrebungen und innere Kämpfe

in der deutschen Freimaurerei seit 1866

Hermann Gruber

Einigungs-Bestrebungen und innere Kämpfe
in der deutschen Freimaurerei seit 1866

ISBN/EAN: 9783743307698

Hergestellt in Europa, USA, Kanada, Australien, Japan

Cover: Foto ©ninafisch / pixelio.de

Manufactured and distributed by brebook publishing software
(www.brebook.com)

Hermann Gruber

Einigungs-Bestrebungen und innere Kämpfe

Einigungs-Bestrebungen

und

innere Kämpfe in der deutschen Freimaurerei seit 1866.

Unter besonderer Berücksichtigung des neuestens durch

Prof. Dr. Herm. Settegast

entfachten

Monstre-Logen-Zwistes.

Von

Hildebrand Gerber,

(P. H. Gruber S. J.).

———— ·· ————

Berlin 1898.
Verlag der Germania, Act.-Ges. für Verlag und Druckerei.

Einigungs-Bestrebungen

und

innere Kämpfe in der deutschen Freimaurerei seit 1866.

Unter besonderer Berücksichtigung des neuestens durch

Prof. Dr. Herm. Settegast

entfachten

Monstre-Logen-Zwistes.

Von

Hildebrand Gerber,

(P. H. Gruber S. J.).

———— ·· ————

Berlin 1898.

Verlag der Germania, Act.-Ges. für Verlag und Druckerei.

Einleitung.

Die Errichtung des Norddeutschen Bundes 1867 und noch mehr die Begründung des neuen Deutschen Reiches 1871 übten auch auf die deutsche Freimaurerei ihre Rückwirkung aus. Die dadurch herbeigeführte größere politische Einigung der betreffenden Staaten unter der Vorherrschaft des die Freimaurerei begünstigenden Preußen gab zunächst zu Bestrebungen im Sinne einer größeren Einigung auch der Freimaurer = Verbände dieser Staaten unter der thatsächlichen Führung der numerisch überwiegenden altpreußischen Freimaurerei den Anstoß. Diese freimaurerischen Einigungs-Bestrebungen führten aber hinwieder bei den tiefgreifenden Gegensätzen, welche in der deutschen Freimaurerei, namentlich zwischen den drei altpreußischen und den übrigen deutschen Großlogen und Logen[1]) bestehen, — Gegensätze, die zum Theil noch durch die Verschiedenheit des nord-, mittel- und süddeutschen Volks-Charakters verschärft werden — zu heftigen inneren Kämpfen. Den Höhepunkt der letzteren bezeichnet der durch die neue Logengründung des früheren Großmeisters der Großloge Royal York, Prof. Dr. Settegast, 1892 entfachte, heute noch nicht beigelegte Monstre = Logen = Zwist.

Der von Settegast gegen die drei altpreußischen Großlogen geführte Kampf bildet im Vereine mit den endlosen daran sich knüpfenden Zwistigkeiten zwischen Großlogen, Logen und Brüdern unstreitig das bedeutsamste und zugleich das bezeichnendste Ereigniß in der neueren Geschichte der deutschen Freimaurerei. In der That fesselte dieser Kampf

---

[1]) Eine die Stärke und die örtliche Ausbreitung der einzelnen deutschen Logen-Verbände veranschaulichende Uebersicht findet der Leser im Anhang. Dort sind auch einige Actenstücke im Wortlaut mitgetheilt, welche im Laufe der Schrift häufiger erwähnt werden; so: das Statut des deutschen Großlogen-Bundes von 1884, die „Protectorien" und das Edict vom 20. October 1798.

1*

— 4 —

während der letzten Jahre die Aufmerksamkeit der deutschen Logenwelt in dem Maße, daß davor alle anderen maurerischen Angelegenheiten in den Hintergrund traten. Besonders „bezeichnend" für die deutsche Freimaurerei ist dieser Logen = Zwist, weil in demselben die Ziele, Bestrebungen, Verhältnisse und Zustände der letzteren in der wahrheitsgetreuesten und anschaulichsten Weise zum Ausdruck kommen.

Alle diese Umstände rechtfertigen eine eingehende Darstellung desselben in seinem natürlichen Zusammenhang mit den seit 1866 vorangegangenen Einigungs = Bestrebungen und inneren Kämpfen in der deutschen Freimaurerei, in welchem erst ein volles Verständniß seiner wahren Bedeutung möglich ist.

Wir handeln unseren Gegenstand in folgenden drei Capiteln ab:

I. Kennzeichnung der Situation im Allgemeinen. Rückblick auf die Einigungs-Bestrebungen und die inneren Kämpfe in der deutschen Freimaurerei bis zum Auftreten Prof. Dr. Settegast's.

II. Prof. Dr. Settegast. Sein Kampf gegen den „Antisemitismus" und das „Sprengelrecht" der altpreußischen Großlogen und sein Versuch, die deutsche Freimaurerei zu reformiren und zu einigen.

III. Sonstige an Prof. Dr. Settegast's Vorgehen sich anschließende Logen-Zwistigkeiten.

Kennzeichnung der Situation im Allgemeinen. Rückblick auf die Einigungs-Bestrebungen und die inneren Kämpfe in der deutschen Freimaurerei bis zum Auftreten Prof. Dr. Settegast's.

I. Der politische Hintergrund der ganzen Bewegung.

Um die Natur und Tragweite des „Settegast-Streites" [1]) und der ganzen Bewegung, aus welcher derselbe hervorgegangen ist, richtig zu würdigen, muß man sich vor Allem den politischen Hintergrund der Angelegenheit vergegenwärtigen. Dieser läßt sich kurz in folgenden Sätzen kennzeichnen:

Die deutschen Freimaurer haben, wenigstens ihrer eigenen Versicherung zufolge, zur Einigung Deutschlands unter preußischer Führung nicht wenig beigetragen. Sie thaten dies in der Voraussetzung, daß die von ihnen herbeigewünschte politische Umgestaltung Deutschlands der „culturellen" Fortentwicklung Deutschlands im freimaurerischen Sinne ganz wesentlich Vorschub leisten würde. Als das berufenste Werkzeug zur Förderung dieser Entwicklung betrachteten sie natürlich wieder ihren eigenen Bund, dessen goldenes Zeitalter sie nun gekommen wähnten. Um letzteren zur wirksameren Erfüllung der ihm beigelegten hohen Aufgabe zu befähigen, glaubten sie ihn zunächst mehr oder minder reformiren und einigen zu müssen. Hinsichtlich der Art und Weise, in welcher diese Reform und Einigung anzustreben sei, gingen aber ihre Anschauungen, gemäß ihrer verschiedenen Auffassung von der Freimaurerei auseinander. In Folge davon ließen sich schon seit 1866 namentlich die zwei großen Hauptrichtungen der deutschen Freimaurerei, die von den altpreußischen Großlogen vertretene mehr conservative

---

[1]) Dieser Collectiv-Bezeichnung für den ganzen weit verzweigten Handel bedienen sich die Freimaurer selbst.

Richtung und die von den übrigen deutschen Logen = Verbänden vertheidigte mehr liberale Richtung in den Haaren. Das Vorgehen Settegast's, welches seit 1892 die deutsche Logen=Welt in Aufruhr verseßt, ist nun nichts Anderes, als der zielbewußteste, kraftvollste und nachhaltigste Vorstoß der liberalen Richtung der deutschen Freimaurerei gegen die bisher von oben protegirte und entschieden im Uebergewicht befindliche bureaukratisch-conservative Richtung der drei altpreußischen Großlogen.

Die einzelnen hier berührten Punkte bedürfen der weiteren Ausführung.

1. Antheil und Interesse der Freimaurerei an der Eini-gung Deutschlands unter Führung Preußens nach Versicherungen von Freimaurern. — Ueber den Antheil und das Interesse der Freimaurerei an den politischen Ereignissen der leßten Jahr-zehnte äußern freimaurerische Stimmen:

„Die Freimaurerei hat in Europa die Revolution der modernen Ideen der Freiheit, des Fortschritts und der Civilisation hervor-gebracht. Die Freimaurerei hat Deutschland einig gemacht, Deutschland und Italien verbündet" (Br.·. Couland bei feierlicher Logensißung in Constantinopel).[1] „Es ist außer Zweifel, daß die Unterstüßung der Freimaurerei bei der Bildung des einigen Deutschland ganz ungeheuer zu Statten kam."[2] — „Das Werk von 1866," behauptet ein Br.·. Redner von Stendal (Preußisch-Sachsen), „hat Niemandem größeren Nußen gebracht, als der Freimaurerei."[3] — Durch die Ereignisse von 1848, 1866 und 1871, so ergänzt ein Hamburger Bruder in einer Rede auf den Geburtstag Kaiser Wilhelm I., wurde „das Ideal politi-scher Freiheit verbunden mit politischer Einig-keit . . . erfüllt . . . Eine gewaltige Geistesströmung überfluthet seit dem Anfang dieses Jahrhunderts die ganze civilisirte Welt, überallhin das befruchtende und belebende Licht wahrer Aufklärung und echter Humanität ausbreitend. Nichts kann diesem Strom widerstehen; . . . nichts kann diesen Fortschritt [„zur Wahrheit und zur reinen Sittlichkeit hin"] dauernd hemmen." Alle ent-gegenstehenden Lehren fallen der Verwesung anheim; „keine Theologie kann diese Verwesung zurückhalten".[4] — Die „Bau-

---

[1] Vgl. „Bauhütte" 1892, S. 419.

[2] Rivista della Massoneria Italiana 1883. p. 167. Demjenigen, der weitere Forschungen über den Gegenstand anstellen will, können vielleicht die Andeutungen bei Deschamps-Claudio Janet, Les sociétés secrètes et la société, 3e éd. 1880—1883. III 214 et suiv.: 226. 242 etc. Dienste leisten. Die dortigen Angaben erheischen aber kritische Nachprüfung.

[3] „Deut. Ztg.", 8. Nov. 1887; vgl. „Bauhütte" 1887, S. 382.

[4] „Bauhütte" 1887, S. 374.

hütte" fügt bei: „Durch die politische Einheit der deutschen Nation unter der Protection der **erhabenen Hohenzollern**, der **wahren, echten Freimaurer**, sind auch der Freimaurerei Fesseln abgenommen worden, welche dieselbe in der Zersplitterung der einzelnen Staaten und Machthaber in Deutschland noch zu tragen hatte"[1] u. s. w. u. s. w. — Selbst das **Allgemeine Handbuch der Freimaurerei** bemerkt: „Einen weiteren, freilich nur indirecten Anstoß zur Ausbreitung und inneren Stärkung der Freimaurerei in Deutschland boten die politischen Veränderungen **des Jahres 1866, welche den dem Bund so günstigen preußischen Staat vergrößerten.**"[2]

2. **Preußen als „Repräsentant und Schirmherr der modernen Entwicklung". Diesbezügliche Aeußerungen der Brr.. Bluntschli, Settegast u. s. w.** — Was die echten Freimaurer „mit und ohne Schurz", d. h. die überzeugten Liberalen und Freidenker, mögen sie nun der Loge angehören oder nicht, von der Vorherrschaft Preußens in Deutschland erwarteten und noch erwarten, hat namentlich der bekannte Staatsrechtslehrer und Freimaurer Joh. Kaspar Bluntschli[3] in der maßgebendsten Weise ausgesprochen.

---

[1] „Bauhütte" 1882, S. 333.

[2] Allgem. Handbuch der Freimaurerei IV, S. 40.

[3] Joh. Kaspar Bluntschli, geb. 1808 in Zürich, machte seine (juristischen) Studien in Berlin und in Bonn, wurde 1836 ordentl. Professor für römisches und nationaldeutsches Recht in Zürich; 1837 Mitglied des Großen Rathes (Cantonal-Parlament), dessen Präsidium er 1845 übernahm. In Folge der politischen Veränderungen, die sich an den Sonderbunds-Krieg anschlossen, übersiedelte er nach Deutschland, wo er zuerst in München und später in Heidelberg thätig war und als Rechtsgelehrter zu außerordentlichem Ansehen emporstieg. Er starb am 21. October 1881. Das „maurerische Licht" wurde ihm 1838 in der Loge Modestia etc. in Zürich zu Theil, zu welcher er in Folge dessen auch später immer Beziehungen unterhielt. (Großmeister war er 1872 bis 1878. Wie Br.. J. G. Findel in seiner „Geschichte der Großloge zur Sonne in Bayreuth. Im Auftrag des Bundesraths verfaßt" (1897, S. 160) behaupten kann, Bluntschli sei 1869 bis 1875 Großmeister gewesen, ist uns ein Räthsel, zumal er selbst (a. a. O., S. 185 bis 195) ein amtliches Actenstück vom 1. November 1870 abdruckt, das nicht von Bluntschli, sondern von seinem Vorgänger, Br.. Feustel, als Großmeister gezeichnet ist. Schon im Allgem. Handbuch der Freimaurerei IV 18 hätte Findel die richtigen Jahreszahlen finden können.

Um zunächst das Gewicht der diesbezüglichen Auslassungen Bluntschli's ins Licht zu stellen, erinnern wir an den großen Einfluß, welchen Bluntschli gerade zu Beginn des Culturkampfes als Staatsrechtslehrer und Freimaurer ausübte. Bekannt ist die Thatsache, daß Bluntschli, schon am 30. April 1868 dem Fürsten Bismarck in einer Audienz, die er bei ihm hatte, die Nothwendigkeit darlegte, „der Nation" nunmehr „eine geistige Befriedigung" zu verschaffen.[1] Im National-Verein hatte der spätere Führer der nationalliberalen Partei, v. Bennigsen, schon in einer Programmrede vom Jahre 1859 geäußert: „Alles steht gut; nur noch eine Burg haben wir zu erobern, die Burg des Ultramontanismus."[2] — Die Freimaurer sprachen es ferner schon während des französischen Krieges ganz offen aus, daß, „sobald die Franzosen geschlagen seien, der Kampf gegen die Schwarzen losbrechen würde."[3] Fürst Bismarck hatte der Freimaurer = Partei inzwischen offenbar unter der Hand im Sinne der Bluntschli'schen Vorschläge befriedigende Zusagen ge= geben.

Auch der Einfluß Bluntschli's in der deutschen Freimaurerei stand damals auf seinem Höhepunkt. 1872 war er Großmeister der Bayreuther Großloge geworden. 1873/74 stand er als „ge= schäftsführender Vorstand des deutschen Großlogen Bundes" an der Spitze der letzteren Körperschaft. 1865 bis 1879 übte er in Folge der ganz hervorragenden Thätigkeit, welche er sowohl als Rechtsgelehrter und Politiker, wie als Freimaurer[4] entfaltete, in der ganzen deutschen Freimaurerei den maßgebendsten Ein= fluß aus.

---

[1] Paul Majunke, Geschichte des Culturkampfs in Preußen-Deutschland 1886, S. 69 bis 73; Joh. K. Bluntschli, Denk- würdiges aus meinem Leben. 1884 III 193 ff.

[2] P. Majunke, a. a. O., S. 64.

[3] P. Majunke, a. a. O., S. 73.

[4] In letzterer Hinsicht erwähnen wir hier nur, daß Bluntschli einem Auftrage zufolge, den er von der Bayreuther Großloge 1866 erhielt, die Revision des Gesetzbuches und die Neubearbeitung der Rituale dieser Großloge besorgte, — Arbeiten, welche in der Maurer- Welt den größten Beifall fanden. Später verfaßte er manche Schriften und Rundschreiben in maurerischen Angelegenheiten, welchen in deutschen Freimaurerkreisen die höchste Anerkennung gezollt wurde. Vgl. Allgem. Handbuch der Freimaurerei IV [1879], S. 10. 18; „Bauhütte" 1887, S. 78.

Wir wollen indes nicht verschweigen, daß die im Juli 1867 voll- endete Bearbeitung der Rituale durch Bluntschli theilweise auch

Bezeichnend für das Ansehen, das Br.˙. Bluntschli in weiten
maurerischen Kreisen genoß, ist folgender Vorfall: Auf dem Großlogen-Tag zu Frankfurt a. M. 1879, auf welchem über den bekannten
Entwurf Bluntschli's betreffend die Errichtung einer einheitlichen
deutschen National-Großloge verhandelt wurde, sprach der Geh. Ober-
finanzrath Br.˙. M a r o t, als Vertreter der „Großen National-
Mutterloge", gegen den Entwurf und bemerkte unter Anderem, er sei
der Ansicht, daß die Stimme der Großloge zu den drei Weltkugeln
wohl gehört zu werden verdiene; denn es stünden 13 000 Brr.˙. hinter
ihr. Darauf erhielt er seitens des Br.˙. B r a b a n d, eines der angesehensten Hamburger Freimaurer, die prompte Antwort: „Gegen
Sie Ihre 13 000 Br.˙. in die eine Wagschale; ich lege in die andere
den Namen Bluntschli, und meine Wagschale wird schwerer sein." [1]

Br.˙. Bluntschli feierte nun einerseits P r e u ß e n a l s
„R e p r ä s e n t a n t u n d S c h i r m h e r r n d e r m o d e r n e n E n t -
w i c k l u n g und des deutschen Volksgeistes und der Volksfreiheit
gegen Oesterreich" [2] und andererseits F r i e d r i c h II. wieder als
den „p r e u ß i s c h e n M u s t e r r e g e n t e n".

Die leitenden Ideen der gedachten „modernen Entwicklung"
sind Bluntschli zufolge: in r e l i g i ö s e r Hinsicht immer voll-
ständigere Befreiung des Volkes aus den Banden des Kirchen-
glaubens und aus den Armen der kirchlichen Hierarchie; in
p o l i t i s c h e r Hinsicht die fortschreitende Geltendmachung des
demokratischen Princips. Als besonders beachtenswerth erscheinen
ihm unter Friedrich's II. staatsrechtlichen Aeußerungen die auch
sonst von liberalen Freimaurern oft citirten Worte dieses Königs,
in seinen Staaten solle es Jedermann freistehen, „nach seiner
Façon selig zu werden", und, der König habe sich nur als den
ersten Beamten oder „Diener" (domestique) des Volkes zu betrachten. [3]

Fast ebenso wie Bluntschli feiert Br.˙. S e t t e g a s t König
Friedrich II. als den vorbildlichen Regenten aus dem Hause

---

abfällig beurtheilt wurde. Br.˙. J. G. F i n d e l schreibt z. B. in
seiner „Geschichte der Großloge zur Sonne in Bayreuth" (1897,
S. 114 f.): „An Umfang und B r e i t e dem alten Rituale
gleich, . . . behielt sein Entwurf, allzu conservativ, Alles bei, was
die Aufnahme über Gebühr ausdehnt, d e m S c h ö n h e i t s g e f ü h l
z u w i d e r l ä u f t u n d d e n h i s t o r i s c h e n G r u n d l a g e n
widerspricht. Desto bedeutsamer war der Fortschritt, welchen der
Bearbeiter im Entwurf der Verfassung anbahnte, ein Gebiet, auf dem
er ja auch Meister und berufene Autorität war."

[1] Vgl. „Bauhütte" 1879, S. 319, Anm.
[2] B l u n t s c h l i, Allgemeine Staatslehre 1875, S. 472.
[3] B l u n t s c h l i, Geschichte der neueren Staatswissenschaft 1880
S. 271 ff.

Hohenzollern. Die Grundsätze und Regierungsmaximen eines solchen vorbildlichen Regenten sind ihm zufolge in dem bekannten Jugendwerk Friedrichs II., Betrachtungen über den gegenwärtigen Zustand der Politik in Europa¹), ausgesprochen, aus dem er folgende Sätze als besonders bezeichnend anführt:

„Wenn meine Betrachtungen das Glück haben, bis zu den Ohren einiger Fürsten zu gelangen, so werden sie Wahrheiten darin finden, die sie niemals aus dem Munde ihrer Höflinge und ihrer Schmeichler vernommen haben würden. Mögen sie lernen, daß ihre falschen Grundsätze die vergiftetste Quelle der Uebel Europas sind²); daß ihre Erhebung nur das Werk der Völker ist; daß diese Tausende von Menschen, die ihnen anvertraut sind, sich durchaus nicht zu Sklaven eines einzigen Menschen haben machen wollen, damit er desto furchtbarer und mächtiger erscheine; daß sie durchaus nicht sich Einem Bürger unterworfen haben, um die Märtyrer seiner Laune und der Spielball seiner Einfälle zu sein; — sondern daß sie nur denjenigen aus ihrer Mitte erwählt haben, den sie für den Gerechtesten und Besten, für den Muthigsten und Weisesten hielten, für den Mann, der am geeignetsten wäre, den Staatsbürger zu vertreten, und dem die souveräne Macht zur Stütze der Gesetze und der Gerechtigkeit, nicht zum Mittel der Tyrannei dienen sollte."³)

---

¹) Considérations sur l'état présent du Corps politique de l'Europe. Dies Werk wurde nach J. D. E. Preuß, Friedrich der Große (1832, S. 107) im Jahre 1736 verfaßt.

²) Hier übergeht Settegast, ohne dies irgendwie anzudeuten, folgenden Abschnitt der Darlegung Friedrichs II.:
Voici l'erreur de la plupart des Princes. Ils croient que Dieu a créé exprès et par une attention toute particulière pour leur grandeur, leur félicité et leur orgueil cette multitude d'hommes, dont le salut leur est commis et que leurs sujets ne sont destinés qu'à être les instruments et les ministres de leurs passions. Dès que le principe dont on parle est faux, les conséquences ne peuvent être que vicieuses à l'infini: de là cet amour déréglé pour la fausse gloire: de là ce désir ardent de tout envahir; de là la dureté des impôts dont le peuple est chargé: de là la paresse des princes, leur orgueil, leur injustice, leur inhumanité, leur tyrannie, et tous ces vices qui dégradent la nature humaine. Si les Princes se défaisaient de ces idées erronées et qu'ils voulussent remonter jusqu'au bout de leur institution, ils verraient, que ce rang, dont ils sont si jaloux, que leur élévation n'est que l'ouvrage des peuples etc.

³) Wir geben gern zu, daß in dieser Auslassung Friedrichs II. auch Gedanken berührt werden, deren Beherzigung für allzu autokratisch angelegte Fürsten-Naturen vortheilhaft wirken könnte. Die

In diesem Geiste, so insinuirt Br∴ Settegast, habe
Friedrich II. die Freimaurerei als Mittel betrachtet und gefördert,
„die Menschen als Glieder der Gesellschaft höher zu bilden, sie
tugendhafter und wohlthätiger zu machen" [1]. Er bemerkt dann
weiter: Friedrich II. wollte „nichts weiter sein, als der erste
Diener des Staats, in dem Jeder nach seiner Façon selig
werden möchte". Als besonders bezeichnend für die echt „frei=
maurerischen" Anschauungen des Königs über die „mit der Idee
der Humanität verwachsene religiöse Duldsamkeit" führt er folgende
Aeußerungen Friedrichs II. an:

„Es giebt keine Religion, welche in Betreff der Sittenlehre
von der anderen sehr abwiche. Daher können sie der Regierung
alle gleich sein, welche also allen die Freiheit läßt, auf welchem
Wege es ihm beliebt, in den Himmel einzugehen. Nur soll Jeder ein
guter Bürger sein. Mehr verlange man nicht von ihm. Ihr Fürsten
seid das Haupt der bürgerlichen Religion eures Landes.
Diese besteht in Rechtlichkeit und allen sittlichen Tugenden Es ist
eure Pflicht, sie ausüben zu lassen, besonders Menschenliebe,
welche die Haupttugend jedes denkenden Wesens ist." [2]

ganze Auslassung trägt aber entschieden den Stempel unreifer
Schwärmerei. Friedrich II. selbst war auch als „Herrscher" weit davon
entfernt, sein praktisches Verhalten nach den hier und im „Anti=
macchiavel" ausgesprochenen Grundsätzen einzurichten.

[1] Es ist wohl zu bemerken, daß der Enthusiasmus Friedrichs II.
für die Loge später bedeutend abgekühlt wurde. Vgl. J. D. E. Preuß,
Friedrich der Große 1832, S. 114 und Gerber, Die Freimaurerei
und die öffentliche Ordnung 1893, S. 100 bis 103.

[2] H. Settegast, Die deutsche Freimaurerei, ihr Wesen, ihre
Ziele und Zukunft im Hinblick auf den freimaurerischen Nothstand in
Preußen [zuerst erschienen Pfingsten 1892]. Achte Auflage; Nr. II
im Sammelwerk „Der deutschen Freimaurerei Gegenwart und Zukunft"
1897, S. 64 bis 66.

Auch der letztangeführten Auslassung wird kein besonnener Be=
urtheiler beitreten können. Thatsächlich wird die Sittenlehre durch
die Verschiedenheiten in den Religionen in der durchgreifendsten Weise
beeinflußt. Nicht einmal vom Standpunkt des Staatswohles ist es
gleichgültig, welchen religiösen Anschauungen sich die Bürger zuwenden.
Man denke nur an die Socialdemokraten und Anarchisten, um von
den materialistisch oder naturalistisch gesinnten Vertretern der besitzenden
Classen zu schweigen, welche wieder in erster Linie für das Entstehen
und das Ueberhandnehmen der socialistisch = revolutionären Bewegung
verantwortlich gemacht werden müssen. Die Religion, welche ihrer
Natur nach göttlichen Ursprungs und gleich aller Wahrheit universell
ist, zu einer „bürgerlichen", nationalen Institution erniedrigen, und
als solche dem Landesfürsten unterstellen, heißt sie vernichten. Schreiben
ferner nicht auch Socialdemokraten und Anarchisten die „Menschen=

Die „Bauhütte" hebt ebenfalls hervor, Friedrich II. habe den Fürsten eingeschärft, wohl zu bedenken, daß ihre „Er-hebung nur das Werk der Völker" sei.[1]) Sie schreibt: „Friedrich II. entfesselte in seinem Lande die Geister zu freier Prüfung und Forschung. Er gab seinem in der Grundlage protestan-tischen Staate sein rechtmäßiges Eigenthum zurück: absolute Denk-und Glaubensfreiheit. Mit der Kühnheit des Genies stellte er das protestantische Princip in viel umfassenderer Bedeutung, als es das 16. Jahrhundert gekannt hatte, auf eine freie Bahn und machte da-durch Preußen zum Vorkämpfer der Geistesfreiheit und dadurch zur politischen Vormacht in Deutsch-land."[2])

3. Die Freimaurerei als „Culturfactor" und „cultur-kämpferisches" Institut. Br∴ Bluntschli, Br∴ Glitza und Br∴ Professor Onken darüber. Bezüglicher Beschluß des deutschen Großlogen-Tages.

Die Anschauung, daß dem Freimaurer-bund die Rolle eines hervorragenden, wenn nicht geradezu des hervorragendsten und tonangebenden Culturfactors zukomme, ist von den Freimaurern der verschiedenen Länder schon von jeher vertreten worden. Alles, was die Freimaurer zur Empfehlung ihres Bundes und seiner Wirksamkeit zum Wohle der Menschheit vorbringen, läuft im Grunde darauf hinaus. In neuerer Zeit übten namentlich die bezüglichen Anschauungen und Bestrebungen des bereits erwähnten Br∴ Bluntschli einen maßgebenden Einfluß auf die deutsche Freimaurerei aus.

Br∴ Bluntschli's Bestrebungen, die Freimaurerei nicht bloß in Deutschland, sondern auch anderwärts, als Culturfactor in Thätigkeit zu bringen, nahmen bereits im Jahre 1865 ihren Anfang. — Am 14. October 1865 erließ er, von seiner Loge „Ruprecht zu den fünf Rosen" in Heidelberg — zu deren Meister vom Stuhl er 1864, kaum derselben beigetreten, erwählt worden war — hierzu aufgefordert, als Antwort auf die Ansprache Pius IX. vom 25. September 1865 ein „Rundschreiben der Loge Ruprecht zu den fünf Rosen in Heidelberg . . . an ihre Schwester-

liebe" auf ihre Fahne? Thatsächlich finden unter den vieldeutigen, verschwommenen, maurerischen Phrasen „Humanität", „Menschenliebe", „Wohlthätigkeit", „Philanthropie" u. s. w. auch die radicalsten und antisocialsten Systeme Unterschlupf. Die Anwendung solcher Phrasen kennzeichnet den unklaren Schwärmer, der selbst nicht recht weiß, was er will; ist aber eines ernsthaften, praktischen Politikers ganz und gar unwürdig.

[1]) „Bauhütte" 1888, S. 349.
[2]) „Bauhütte" 1888, S. 399.

logen, betreffend die päpstliche Verdammung der Freimaurerei"[1]), welches großen Wiederhall fand.[2]) — Auf Beschluß der Bayreuther Großloge vom 24. October 1869 verfaßte er ein Rundschreiben der Großloge an alle Brüder, „welches die Stellung klären und festsetzen sollte, welche die Maurerei den ihr im Syllabus gemachten Vorwürfen und der beabsichtigten Unfehlbarkeit des Papstes gegenüber einnehme". Dieses Rundschreiben ist namentlich deswegen bemerkenswerth, weil damit hinsichtlich der Betheiligung der deutschen Freimaurerei an „öffentlichen Angelegenheiten" ein Schritt vorwärts gethan wurde. Es heißt diesbezüglich in demselben:

„... unsere Neutralität läßt sich unmöglich bewahren, wenn entweder die Existenz des Bundes selbst angegriffen wird oder die sittlichen Güter bedroht werden, welche die Menschheit bereits errungen hat, und welche für ihre Bestimmung unentbehrlich sind. In diesen Fällen nöthigt ihn dort das Interesse der Selbsterhaltung, hier die Pflicht, für jene heiligen Güter einzustehen, zur Wachsamkeit und zur Gegenwehr."[3])

Es liegt auf der Hand, daß vorstehende Begründung sich, je nach Bedürfniß, zur Rechtfertigung jeder Einmischung der Freimaurerei in Religion und Politik verwenden läßt. Die religiöse oder politische öffentliche Angelegenheit, um die es sich handelt, braucht von der Loge nur als ein Fall „erklärt" zu werden, in dem ein „heiliges Gut" im eben bezeichneten Sinn in Frage steht; dann hat dieselbe nicht bloß das Recht, sondern auch die Pflicht, aus ihrer Neutralität herauszutreten, um das betreffende „sittliche" Gut wirksam zu schützen.

In den folgenden Jahren entwickelte Br∴ Bluntschli mehr und mehr seine auf die „culturelle Mission" der Freimaurerei bezüglichen Anschauungen und vertrat dieselben, nicht ohne bemerkenswerthe Erfolge, sogar auf den deutschen Großlogen-Tagen.

Unter seinen diesbezüglichen Kundgebungen verdienen besondere Erwähnung: 1. sein Antwortschreiben auf einen Glückwunsch vom 27. November 1872, welchen ihm die Loge Modestia cum libertate in Zürich im September 1872 zu seiner Erhebung zum Großmeister darbrachte; 2. die Ansprache, welche er anläßlich eines Besuches in Zürich im Juli 1873 an dieselbe Loge hielt; 3. das „zweite Kreisschreiben", welches er als geschäftsführender Vorstand

---

[1]) Abgedruckt in „Bauhütte" 1865, S. 316 bis 348.
[2]) Allgemeines Handbuch der Freimaurerei IV, S. 18.
[3]) A. a. O., S. 11.

des deutschen Großlogen Bundes unter dem 13. August 1873 an alle deutschen Großlogen richtete.

In der letzten dieser Kundgebungen bezieht sich Bluntschli zunächst auf ein Schreiben des Hamburger Großmeisters Br.'. Gliṭa an die Tochterlogen dieser Großloge vom August des Jahres 1872, durch welches die Frage zuerst in Fluß gebracht worden sei. Die bemerkenswertheste Stelle dieses Schreibens lautet :

„Die allgemeinen Ziele der Freimaurerei umfassen ein weites Gebiet; es muß das Bestreben der gesammten Brüderschaft sein, anstatt auf diesem weiten Gebiete planlos nach allen Richtungen umherzuschweifen, einzelne Zielpunkte auszuwählen, welche den Verhältnissen und den Bedürfnissen der Zeit entsprechen, ohne mit den Grundlagen und Satzungen der Freimaurerei im Widerspruch zu stehen. Ein solcher Zielpunkt springt gegenwärtig [im Culturkampf] hell hervor. Der uralte Kampf zwischen Nacht und Licht ist lebhafter entbrannt, als seit lange, und es ist unverkennbar, daß die Entscheidung schwankt; es ist an der Zeit, daß die Maurerei vollen Bewußtseins mit allen ihren Kräften für ihr innerstes Lebenselement, für das Licht, eintrete und somit zugleich um ihr Dasein kämpfe. Ich beziehe mich zur näheren Begründung auf meinen in Ihren Händen befindlichen Jahresbericht in unserem Johannisfest-Protokoll. Dieser nothwendige Kampf ist seiner Natur nach zwar ein Einzelkampf; nicht die Loge kann als Kämpfer hervortreten, sondern nur jeder einzelne Maurer; indes hat die Loge diesen wichtigen Kampf vorzubereiten. Geeignete Vorträge mögen die Brüder anregen und befähigen, als Apostel der Wahrheit zu wirken, soweit ihre Stimme schallt, und als entschlossene Männer zu handeln, soweit ihr Arm reicht. Daß bei Vorträgen innerhalb der Loge das eigentlich religiöse Gebiet nicht berührt zu werden braucht, bedarf keiner Erörterung. Nothwendig ist dieser Kampf nicht allein in unserem deutschen Vaterland, sondern überall wo Maurer arbeiten, wie verschieden auch die Umgebung und die Verhältnisse geartet sein mögen.

„Ich bin fest überzeugt, meine Brüder, daß die Freimaurer-Brüderschaft, je mehr Thatkraft sie entwickelt, namentlich wenn sie es versteht, in geräuschloser, ja geheimnißvoller Weise die größten Wirkungen zu erzielen, um so mehr Ansehen und auch Umfang gewinnen, und daß sie zu einer Macht heranwachsen wird, während sie sich bisher mit einem vorzugsweise beschaulichen Dasein begnügt hat."[1]

---

[1] Vgl. „Bauhütte" 1897, S. 363 und „Bulletin du Grand Orient de Belgique" 1874. p. 219.

Auch diese Auslassung des Hamburger Großmeisters zeigt wieder, wie trefflich sich die Brr∴ darauf verstehen, den bekannten Paragraphen ihrer Statuten zu umgehen, welcher ihnen jede Einmischung in Religion und Politik von Logenwegen strenge untersagt, — einen Paragraphen, den sie, wo es gilt, ihre Verbindung vor dem Straf- und Vereinsgesetze sicherzustellen, immer wieder hervorkehren. In der That ist nicht abzusehen, wie die Loge in zweckmäßiger Weise überhaupt anders eine Einwirkung auf Religion und Tagespolitik und auf die „öffentlichen Angelegenheiten" anstreben sollte, als es hier von einem Großmeister in einem amtlichen Erlaß anempfohlen wird. Das Recht, darüber zu bestimmen, was in das „eigentlich religiöse" Gebiet gehört, behält sich die Loge natürlich selbst vor. Alles, was ihr an der Kirche mißfällt, wie die Unfehlbarkeit des Papstes, „Dogmen" und mißliebige Bestimmungen der kirchlichen Disciplin u. s. w. bekämpft sie, wann und wie es ihr behagt, unter dem Vorwand, das habe mit der eigentlichen „Religion" nichts zu thun. Letztere sei lediglich Sache des Gemüths und darum ihrer Natur nach etwas Innerliches und Subjectives.

Br∴ Bluntschli fügt seinerseits bei:

„Diese Anregung [Br∴ Glitza's] fiel bei den Logen der Großloge Hamburg auf guten Boden. Unter andern Mitteln, die maurerische Thätigkeit wirksamer zu gestalten, schlug man [offenbar in der Loge] vor, sich der profanen Presse zu bedienen, öffentliche Vorträge abzuhalten, eine rationalistische Schule zu gründen, die Umtriebe der Jesuiten und aller Feinde des Lichts zu überwachen, die intellectuelle Ausbildung der [maurerischen] Schwestern zu befördern" u. s. w.[1])

Im Uebrigen verweist Bluntschli in seinem Kreisschreiben selbst auf sein vorerwähntes Schreiben an die Loge Modestia cum libertate in Zürich.[2]) Am ausführlichsten und bestimmtesten sind seine bezüglichen Anschauungen in der Ansprache an die Loge Modestia in Zürich ausgesprochen. Die wichtigeren Stellen dieser Ansprache lauten:

„Ziemlich allgemein in der Welt ist . . . gegenwärtig ein gewisses Verlangen spürbar, die Maurerei mehr wirken zu lassen, ihr größeren Einfluß nach außen zu verschaffen; es ist ein Zug der Zeit, sich nicht mehr zu begnügen mit der inneren Arbeit am rohen Stein, mit der Veredlung der Brüder, sondern hinauszugreifen in das volle Leben mit seinem Widerstreite der Ideen und seinem Kampf um den Fortschritt der Menschheit . . .

---

[1]) Vgl. „Bulletin du Grand Orient de Belgique" 1874. p. 219.

[2]) Mitgetheilt ist dieses Schreiben in der Schrift des Bischofs Frhr. v. Ketteler, Die Katholiken im Deutschen Reiche. 5. Aufl. 1873, S. 97 bis 99.

„Seit Jahrzehnten schließen sich die Logen zusammen und nehmen mehr und mehr **nationale** Gestaltungen an, trotzdem ihre **Auf- gabe international ist.** ... Die italienischen Logen haben einen nationalen Logenverband gegründet; die französischen Logen sind schon lange national organisirt, und die amerikanischen Bauhütten streben das Gleiche an. **Auch die deutschen** Logen haben sich zusammengeschaart und den **deutschen Großlogen-Bund** kürzlich gestiftet. Dieser Drang nach nationaler Organisation ist der Geist, der gegenwärtig die Maurerei durchzieht. **Weshalb das? Was hat das für einen Sinn?** fragen wir. Denn wenn die Maurerei doch **nichts mit dem Vaterland zu schaffen hat,** warum denn dieselbe in nationale Formen kleiden? Das wäre ja unnöthig und einerlei. **Aber der gute Kern dieser Bewegung ist das Bedürfniß nach größerer Festigkeit,** um so eine **bessere Verwerthung** der Kraft des Maurerbundes zu er- zielen, und liegt in der richtigen Ueberzeugung, daß die Anlehnung an die staatliche Gestaltung ein sicheres Fundament baut und das Gefühl des bestimmten Zusammenhangs gebiert. Das Gefühl der Pflicht ist es, das die Maurer jeder Nation enger zusammenzieht. Die internationale Bedeutung der Freimaurerei wird dadurch nicht geschwächt; wohl aber ihre Thatkraft, ihre Wirksamkeit gesteigert und gehoben."

Br∴ Bluntschli ergeht sich hierauf in Tiraden gegen die „Jesuiten", welche er als die geschworenen Feinde der [im Syllabus verurtheilten] „modernen Ideen" darstellt, und feiert ihnen gegenüber die Freimaurerei als den Hort der „Gewissens- freiheit" und „echter Humanität", — „einer Humanität, die nichts geringschätzt, was in der menschlichen Natur ist, auch nicht den Körper, auch nicht das sinnliche Leben ... ". Hierauf fährt er fort:

„Für so große weltbewegende Ideen, welche die Menschheit ihrer Bestimmung zuzuführen berufen sind, muß **eine Organisation** vorhanden sein, welche die Macht dieser Ideen vertreten läßt durch **Männer, die an der Spitze stehen und mit ihrer ganzen Person für sie eintreten, getragen durch das Be- wußtsein der Uebereinstimmung mit einem die ganze Welt überspannenden Menschheitsbunde.** Ueberall findet der Maurer Brüder und Werkstätten, und Jeder, der um seines Glaubens willen verfolgt wird oder in seinem Menschen- rechte schnöde beeinträchtigt wird, weiß, daß, wo Maurer sind, er Männer findet, die ein Verständniß für Glaubensfreiheit und Mensch- lichkeit haben.[1] Die Freimaurer sind allerdings nicht die einzige

---

[1] Die in diesen Worten liegende Heuchelei springt in die Augen. Derselbe Br∴ Bluntschli, der die Loge als den Hort der Gewissensfreiheit und den Beschirmer aller Unterdrückten feiert, sollte mit seinen Brüdern der tyrannischen Gewissensbedrückung der Katho-

Macht, die diese Ideen ausspricht; aber die Maurerei ist die einzige Weltorganisation, welche diese Ideen institutionsmäßig vertritt. Wie eine elektrische Kette verbreitet sie sich über den ganzen Erdball, und wo an einem Orte der Welt ein Ring angeschlagen wird, da tönt es durch die ganze Welt." Br∴ Bluntschli führt nun weiter aus, daß die Freimaurer den Feinden der Humanität entgegentreten müssen. Die Loge dürfe zwar nicht selbst „religiöse oder politische Partei" sein; sie müsse vielmehr „verschiedenen Parteien Raum gewähren".

„Wenn aber Jemand", fährt er fort, „die ganze Existenz des Menschen und seine Freiheit angreift, dann soll die ganze Loge auftreten, und alle Maurer sind verpflichtet, die Logen voraus, mit geeinigten Kräften diesen Verbrechern an der Menschheit die Stirne zu bieten. . . . . . Wenn Jemand kommt, der die Barbarei in die Cultur wirft, sodaß diese zu Grunde zu gehen droht, dann tritt wiederum die Pflicht an die Loge heran, und sie muß einstehen für die Güter der Menschheit . . . Damit die Logen und ihre Brüder mehr leisten, muß man die Logen selbst mehr unterrichten und über die großen Bewegungen in der Gegenwart aufklären. In Deutschland ist zu diesem Zweck bereits ein Schritt gethan, und die schweizerischen Logen dürften dasselbe thun. Wenn von einem Centralpunkt aus gewisse zeitgemäße Themata einigermaßen präparirt werden und, so vorbereitet, zur Besprechung an die Logen gelangen, sodaß gleichzeitig die Aufmerksamkeit aller Logen auf diese Fragen gerichtet wird, so giebt es eine stille geistige Ueberzeugung und eine segensreiche Thätigkeit.

„Wir leben gegenwärtig in einer sehr ernsten Zeit, und es handelt sich zur Stunde darum: Soll der Fortschritt, den die Menschheit seit Jahrhunderten gemacht hat, erhalten bleiben? Will die Menschheit ihren Fortschritt bewahren, so muß sie sich der fürchterlichen Macht erwehren, welche diesen Fortschritt mit allen erlaubten und unerlaubten Mitteln zu untergraben unternimmt. Und der Maurerei wohnt von selbst die Aufgabe inne, auf geistigem Wege diesen Kampf im Dienste der Menschheit aufzunehmen; sie würde verworfen, wenn sie diese Aufgabe nicht erfüllte." [1])

Wenn auch als unmittelbarer Ausgangspunkt der „culturkämpferischen" Bewegung, für welche Bluntschli hier die Logen

---

liten im Culturkampf und der ungerechten Ausweisung der Jesuiten seinen lebhaftesten Beifall. Ja, er hatte am 26. September 1874 auf dem Protestantentag zu Wiesbaden den Muth, sich offen zu rühmen, zur Vertreibung der Jesuiten beigetragen zu haben. Und Alles im Namen der „Menschlichkeit" und „Duldsamkeit".

[1]) Mitgetheilt bei Pachtler, Der Götze der Humanität oder das Positive der Freimaurerei 1875, S. 659—667 nach der „Freimaurer Zeitung", 11. April und 2. Mai 1874.

mobil zu machen sucht, der Syllabus und das Unfehlbarkeits-
dogma erscheinen, so leuchtet doch ein, daß Bluntschli's Ausführungen Alles, was sich dem maurerischen Fortschritt widersetzt,
also auch das „positive" Christenthum und allen Offenbarungs-
und Autoritäts-Glauben als „Verbrecher an der Menschheit"
stempeln, die bekämpft werden müssen. Es handelt sich also bei
diesem „maurerischen" „Culturkampf", so sehr die Freimaurer
sich auch abmühen, sich als den „angegriffenen" Theil auszugeben,
nicht um einen Defensiv-, sondern um einen Offensiv-Kampf
der Freimaurer „mit Schurz und ohne Schurz" gegen alle dem
freimaurerischen reinmenschlichen Fortschritt im Wege stehende
Mächte und Bestrebungen, gegen die „Jesuiten" in allen Partei-
Lagern, auch gegen die „protestantischen". Dies trat denn im
preußischen Culturkampf auch äußerlich bald in dem Maße in die
Erscheinung, daß den Staatsmännern, welche denselben in Scene
gesetzt hatten, selbst schließlich davor graute.

In der gleichen Absicht, die Streitkräfte der Loge für den
„Culturkampf" mobil zu machen, hatte Br∴ Ficke, der viel-
genannte Meister vom Stuhl der Loge „Zur edlen Aussicht" in
Freiburg i. Br., bereits am 8. December 1872 einen Aufruf an alle
deutschen Logen erlassen, in welchem er für die Aufstellung eines
für je drei Jahre zu wählenden Freimaurer-Generals nach
dem Vorbild des Jesuiten-Generals Stimmung zu machen suchte.
Br∴ Prof. Oncken führte unter Bezugnahme auf diesen
Aufruf am 27. Februar 1873 in einer Fest-Sitzung seiner, der
Darmstädter Großloge unterstehenden Loge „Ludewig zur Treue"
in Gießen aus:

„Das ist ein Wort zu seiner Zeit . . . Wir (Freimaurer) haben
Elemente der Macht, mit denen sich Ungeheures aus-
richten ließe, wenn wir sie benutzen wollten. Ein
ungeheures Element der Macht liegt in der Ausbreitung der
Logen über den ganzen Erdenrund, in dem Zusammenhang der Bruderkreise, in dem allgegen-
wärtigen Geheimniß, das uns schützt gegen die
profane Welt . . . Was uns noth thut, das ist, gestatten Sie
mir den Ausdruck, ein Moltke für die Armee der deutschen Logen. Die Bewaffnung, die Mobilmachung der bisher lahm
liegenden Kraft wird zur That geworden sein im Augenblick, da wir
uns einen maurerischen Oberbefehl gegeben haben."[1]

Br∴ Eckstein, der Meister vom Stuhl der Gießener Loge,
nannte auch gleich den Bruder, der „auf das Vollständigste und

---

[1] Mitgetheilt bei Pachtler, Der Götze ꝛc., S. 165 f., nach
der „Freimaurer-Zeitung" 12. April 1873.

nach allen Richtungen hin geeignet und würdig sei, in dem Sinne
des Fide'schen Vorschlags an die Spitze der deutschen Maurerei
berufen zu werden". Es war dies kein Anderer, als der Groß=
meister der Bayreuther Großloge, Br∴ Bluntschli. Die
Gießener Loge stimmte dem Fide'schen Vorschlag durch förmlichen
Beschluß zu.[1]

Das ging nun aber den bedächtigeren Freimaurern, die
wohl wußten, daß die zu offene Uebertretung der freimaurerischen
Vorschrift hinsichtlich der „Religion und Politik" nach Umständen
mißliche Folgen haben konnte, doch zu weit. Br∴ O. Marbach
— Prof. der Technologie und Mathematik und königl. sächsischer
Hofrath, Meister vom Stuhl der unabhängigen Loge „Balduin
zur Linde" in Leipzig, Verfasser vieler in freimaurerischen Kreisen
außerordentlich hochgeschätzten Schriften, — erhob alsbald, am
2. März 1873, seine warnende Stimme. Er bezeichnete den
Gießener Beschluß als ein „unendlich trauriges Ereigniß". Er
führte aus:

„Die Aufforderung des Br∴ Fide an die deutschen Freimaurer,
sich einen Ordensgeneral zu geben, der ihnen die Aufgaben stelle und
die Mittel zur Erreichung dieser Aufgaben anordnen solle, um den
Freimaurern einen entscheidenden Einfluß auf die
Tagesfragen in socialen, staatlichen und kirchlichen Gebieten zu verschaffen, steht so schnurstracks im Widerspruch mit dem Grundgedanken und mit den Grundgesetzen
aller Freimaurerei, daß nicht zu erwarten stand, er werde
in irgend einer deutschen Bauhütte beifällig aufgenommen werden,
wenn auch zu befürchten war, daß vielleicht einige minder
besonnene Brüder durch denselben zeitweilig verblendet
würden....

„Nun ist zu dem vielen Unerwarteten, für unmöglich Erachteten,
was wir zu erleben haben, auch noch das unendlich traurige Ereigniß
getreten, daß eine anerkannte deutsche Loge (die zu Gießen) nicht nur
einstimmig durch förmlichen Beschluß dem Vorschlage des Br∴ Fide
zugestimmt, sondern auch einen sogleich namhaft gemachten Bruder
vorgeschlagen hat, welcher „an die Spitze der thatkräftig geeinten
deutschen Maurerei im Sinne des erwähnten Vorschlages" berufen
werden solle. Die Angelegenheit soll bei dem auf Juni zusammen-
berufenen Großmeister-Tage zur Besprechung gebracht werden."[2]

Nun sah sich auch Br∴ Bluntschli veranlaßt, dem über=
großen Eifer seiner Parteigänger in Freiburg einen Dämpfer

---

[1] Ebendaselbst.
[2] Vgl. Pachtler, a. a. O., S. 167 f.; „Freimaurer-Zeitung",
17. Mai 1873; Br∴ O. Marbach, Die Freimaurer und der Streit
der Parteien und Tagesfragen, 1873.

aufzusetzen. Aus seinem diesbezüglichen Schreiben an die Frei=
burger Loge vom 26. April 1873 geht aber klar hervor, daß
ihm der Vorschlag derselben an sich durchaus nicht unsympathisch
war. Er erkennt der Freiburger Loge das „Verdienst" zu, „eine
wichtige Frage angeregt" zu haben, die langer und eingehender
Erwägung wohl werth war. Zum Kernpunkt der Frage schreibt
er wörtlich:

„Wir sind mit Ihnen darüber einverstanden, daß die deutsche
Freimaurerei, die nun ein gemeinsames Organ im Großlogen=Tag
glücklich gefunden hat, ihre Thatkraft im Leben wirksamer als bisher
zu bewähren die Pflicht habe, und daß sie den großen Arbeiten
und Kämpfen, welche über die Wohlfahrt und Ver=
edelung der Menschheit in unserer Zeit entscheiden,
nicht theilnahmslos fern bleiben dürfe, wenn sie ihren
Zweck erfüllen soll.

„Sie werden aber, denken wir, auch uns zustimmen, wenn wir
dabei voraussetzen, daß immerhin die erste und hauptsächlichste Auf=
gabe der Loge die innere Arbeit an der sittlichen Vervollkommnung
ihrer Mitglieder sein und bleiben müsse, und daß die Logen selber
die äußerlichen Thaten in der Regel den einzelnen
Brüdern überlassen müssen, und sich als Logen nicht an den
politischen und kirchlichen Parteikämpfen handelnd betheiligen,
sondern nur in soweit öffentlich äußern und nach außen handeln
dürfen, als sie die fruchtbaren Ideen ausstreuen und die humanen
Principien bekennen, welche den geistigen Schatz ihres Tempels bilden,
und die Menschenliebe üben, welche ihr Herz erfüllt.

„. . . Innerhalb dieser Schranken . . . ist die Freimaurerei un=
überwindlich. Sehr schwierig ist die Organisation der erhöhten
Thätigkeit der Brüder und der Logen, wie auch wir sie verlangen.
In dieser Hinsicht halten wir Ihre Vorschläge . . . . für nicht aus=
führbar . . . .

„Der einzig gangbare Weg, um eine engere Verbindung der
sämmtlichen deutschen Logen und eine allgemeine Arbeit in derselben
Hauptrichtung zu fördern, scheint uns der zu sein, daß der Großlogen=
Tag einen engern Ausschuß aus seiner Mitte bestelle, der alljährlich
bestimmte zeitgemäße Lebensfragen formulire,
die freie Berathung darüber in den Logen veranlasse und so, ohne
die Freiheit der Logen zu hemmen, ihr Leben bereichere und steigere."[1])

Auf dem Großlogen=Tag des deutschen Großlogen=Bundes in
Berlin am 24. Mai 1874 wurden, im Wesentlichen nach den
Vorschlägen Br∴ Bluntschli's, folgende Resolutionen gefaßt:

„1. Die innere Arbeit an der Veredlung und sittlichen Voll=
kommenheit ihrer Mitglieder ist und bleibt die Hauptsache der
Maurerei.

---

[1]) Pachtler, a. a. O., S. 169—171; „Freimaurer=Zeitung",
24. Mai 1873.

„2. Die Logen sind nicht berufen, **a l s L o g e n** sich an den politischen und kirchlichen Parteikämpfen zu betheiligen.

„3. Sie sollen als neutraler Friedenstempel Brüder, welche verschiedenen politischen und kirchlichen Parteien und Religionsbekenntnissen zugethan sind, **m e n s c h l i c h** einigen, **w e n n d i e s e l b e n d i e m a u r e r i s c h e n J d e e n u n d G r u n d s ä t z e a n e r k e n n e n.**

„4. Dagegen sind die **L o g e n** berufen, ihre Beziehungen zu den **e t h i s c h e n L e b e n s k r e i s e n u n d C u l t u r b e s t r e b u n g e n** in den Brüdern zum klaren **B e w u ß t s e i n** zu bringen. Die **F r e i m a u r e r** sind verpflichtet, die **G r u n d s ä t z e d e r F r e i m a u r e r e i i m L e b e n z u b e t h ä t i g e n** und die **s i t t l i c h e n** Grundlagen der Gesellschaft da, wo sie angegriffen werden, zu **v e r t h e i d i g e n.**

„5. **D e r d e u t s c h e G r o ß l o g e n B u n d** wird dafür sorgen, daß **s ä m m t l i c h e n L o g e n** alljährlich **z e i t g e m ä ß e m a u r e r i s c h e F r a g e n** vorgelegt werden.

„6. Die Logen fördern durch ihre Anregung und durch die Thätigkeit ihrer Mitglieder die Stiftung wohlthätiger und humaner Anstalten und üben bei jeder Gelegenheit nach Kräften die Werke hilfreicher Menschenliebe aus.“ [1])

Unter der „sittlichen Veredlung“ der Mitglieder, von der in vorstehenden und auch in sonstigen freimaurerischen Kundgebungen viel die Rede ist, versteht die Freimaurerei die Durchdringung derselben mit maurerischen, bezw. liberalen Grundsätzen. Unter letzteren steht wieder obenan das „**H u m a n i t ä t s p r i n c i p**“ im Sinne der Autonomie des Menschen in sittlichen und religiösen Dingen und damit auch der Emancipation von jedem wahrhaften und besonders dem kirchlichen Autoritätsprincip. Die Bethätigung der „Menschenliebe“, welche den Freimaurern zur Pflicht gemacht wird, ist ebenfalls nicht sowohl im nächstliegenden Sinn als „Wohlthätigkeit“ aufzufassen, sondern bezieht sich hauptsächlich wieder auf die Ausbreitung und Verwirklichung der maurerischen Grundsätze im Leben der Völker.

Postmeister Br∴ Pflatz in Darmstadt legte als geschäftsführender Vorstand des Großlogen-Bundes am 12. Februar 1876, in Ausführung des erwähnten Beschlusses vom 24. Mai 1874, den deutschen Logen nachstehende maurerische Fragen „zur Erwägung und eventuell auch zur Aeußerung“ vor:

„1. Was thun wir und was könnten wir thun, um die **F r e i m a u r e r w ü r d e** zunächst im Bewußtsein der Maurer

---

[1]) „Bauhütte“ 1887, S. 340; „Bauhütte“ 6. Juni 1874; „Zirkel“ 15. Juni 1874; „Freimaurer-Zeitung“ 13. Juni 1874. Vgl. auch **P a c h t l e r,** a. a. O., S. 187 f.

selbst und dann auch in der Schätzung des Publicums zu be-
leben und zu heben?

„2. Wie läßt sich eine gemeinsame Thätigkeit der deutschen
Freimaurerei für **sittlich-geistige Hebung des Volkes**
erzielen?[1])

„3. Wie läßt sich der starke, **pietätvolle Gemein-
geist**, der die Maurer mit einander verbindet, immer mehr
anregen und fördern?

„4. Ist die Ritualfreiheit in den Tochterlogen zweckmäßig
oder nicht?"[2])

Später ließ man die Einrichtung der „Vorlegung von
Fragen" wieder fallen, da der geschäftsführende Vorstand nicht
die Zeit fand, sich in erforderlicher Weise mit dieser Angelegenheit
zu befassen.[3])

II. Einigungsversuche in der deutschen Freimaurerei von 1866 an.

4. Die deutschen Großmeister-Tage und der deutsche Groß-logen-Bund.

Schon unmittelbar vor dem deutschen Bruder-Kriege
von 1866 hatte Br∴ Leykam, Großmeister der Darmstädter
Großloge, einer Anregung der „Bauhütte" folgend, in einem
Rundschreiben an die deutschen Großlogen ein „gemeinsames Vorgehen behufs Weiterbildung des Bundes" und eine „Conferenz
der deutschen Großlogen" empfohlen. Die zu diesem Zwecke für
Frankfurt a. M. in Aussicht genommene Zusammenkunft wurde
aber durch die Ereignisse von 1866 verhindert. Später nahm
der Großmeister der Sächsischen Großloge, Br∴ Warnatz, den
Plan wieder auf. Am 31. Mai 1868 versammelte sich auf seine
Anregung der erste „deutsche Großmeister Tag". Auf dem
3. „deutschen Großmeister Tag" (7. Juni 1870) vereinigten sich
die auf demselben vertretenen Großlogen, bezw. die sie vertretenden
Großmeister, über einige „allgemeine maurerische Grundsätze". Die bemerkenswerthesten dieser „Grundsätze" lauten,
wie folgt:

„§ 3. . . . . . Stand, Nationalität oder Farbe, **Religionsbekenntniß und politische Meinung** dürfen kein Hinderniß
der Aufnahme sein.

„§ 4. Zweck und Wesen der Freimaurerei sind **in den drei
Johannisgraden** [d. h. in den drei ersten Graden] **vollständig enthalten.**

---

[1]) Zu „Bauhütte" 1876, S. 181 und 1877, S. 51 sind zwei Beant-
wortungen dieser Frage mitgetheilt.

[2]) Allgemeines Handbuch der Freimaurerei 1879 IV, S. 43.

[3]) Vgl. „Bauhütte" 1891, S. 374.

„In denjenigen freimaurerischen Systemen, welche höhere Grade bearbeiten, berechtigt deren Besitz an sich zu keinem Vorzug in der Leitung der Johannislogen; dagegen genießen jene drei Grade in allen maurerischen Systemen gleichmäßige Anerkennung.

„§ 5. Aller Vorzug unter den Maurern gründet sich einzig auf wahren Werth und eigenes Verdienst.

„§ 6. Der Freimaurerbund ist keine geheime Verbindung; Zweck, Geschichte, Gesetzgebung und Statistik des Freimaurerbundes sind kein Geheimniß und können der Regierung, wenn es verlangt wird, vorgelegt werden.

„Das von jedem Freimaurer bei der Aufnahme (bezw. Beförderung) an Eidesstatt abgelegte Gelübde der Verschwiegenheit bezieht sich nur auf die Formen des maurerischen Ritus, auf die Gebräuche (das Ritual).

„§ 7. Privathändel oder Streitigkeiten sollen nicht zur Thüre der Loge hereingebracht werden, noch weniger aber Streitigkeiten über Religion, Politik und Staatsverwaltung."[1]

Sachlich ist zu diesen Grundsätzen zu bemerken, daß die Freimaurerei, auch in Deutschland, thatsächlich eben doch den Charakter einer „geheimen" Verbindung hat. Der erste deutsche Großmeister-Tag hatte noch selbst die Frage, ob die „Geheimnisse" des Bundes aufzugeben seien, verneint. Daß die den Brüdern seitens des Bundes zur Pflicht gemachte „Verschwiegenheit" sich nur auf das „Gebrauchthum" beziehe, ist einfach eine Unwahrheit. Die Geheimhaltung wird thatsächlich auch auf die „Verhandlungen" in der Loge und häufig wenigstens sogar auf die Pläne und Bestrebungen der Freimaurerei behufs wirksamerer Durchführung der freimaurerischen Grundsätze in der profanen Welt ausgedehnt. Schon die Art und Weise, wie in der Freimaurerei ganz allgemein als „erste Sorge eines Freimaurers vor Eröffnung einer Loge" bezeichnet wird: „zu untersuchen, ob die Loge von innen und außen gehörig gedeckt"[2], d. h. vor Belauschung durch Uneingeweihte sichergestellt sei,

---

[1] Vgl. Allgemeines Handbuch der Freimaurerei 1879 IV, S. 41.

[2] Vgl. „Bauhütte" 1881, S. 381. — „Der Meister vom Stuhl", so bemerkt die „Bauhütte" zu obigen Sätzen, welche in Form von Frage und Antwort das Logenritual beinahe aller Freimaurer-Systeme eröffnen, „fragt also, was im Allgemeinen unter allen Umständen zuerst die Sorge eines Freimaurers ist, also gleichviel, ob wir uns im Tempel unserer Loge befinden, oder ob eine kleinere Anzahl von Brüdern anderswo zusammentrifft, oder ob wir uns allein befinden, von Niemand gesehen und gehört. Ueberall und immer also sollen wir als erste Sorge betrachten, zu untersuchen, ob die Loge gehörig gedeckt ist, von innen und von außen."

beweist in unwiderleglicher Weise den „geheimen" Charakter derselben als Verbindung. Bemerkenswerth ist ferner, daß diese Grundsätze in § 7 nur „Streitigkeiten" über Religion, Politik und Staatsverwaltung aus der Loge verbannen, nicht aber die Behandlung von religiösen und politischen Fragen, insoweit dieselbe ohne „Streitigkeiten" in der Loge stattfinden kann. Thatsächlich sind daher nur solche Erörterungen religiösen und politischen Charakters ausgeschlossen, welche den Frieden und die Eintracht unter den Freimaurern selbst gefährden könnten.

Hinsichtlich der verpflichtenden Kraft dieser Grundsätze ist Folgendes hervorzuheben. Dieselben wurden nur unter der Bedingung angenommen, daß „durch dieses Grundgesetz weder die „Alten Pflichten" außer Kraft, noch Existenz und Autonomie der einzelnen Großlogen und Systeme beschränkt oder verletzt werden sollen".[1] Da die Große Landesloge von Deutschland sich vorsätzlich von den Berathungen über die genannten „Grundsätze" fern gehalten hatte und ihre Zustimmung zu denselben versagte, kann letzteren nicht einmal die Bedeutung eines wirklichen „gemeinsamen Programms" für sämmtliche deutsche Großlogen und Logen beigemessen werden.[2]

Nach Beendigung des deutsch-französischen Krieges hielt der deutsche Großmeister-Tag zu Pfingsten 1871 in Frankfurt a. M. seine vierte Versammlung ab, bei welcher sämmtliche acht deutschen Großlogen vertreten waren. Den Hauptgegenstand desselben bildete die „Gründung des deutschen Großlogen-Bunds". Letzterer trat mit der Annahme des „Statuts des deutschen Großlogen-Bunds"[3] auf dem fünften Großmeister-Tag, am 19. Mai 1872, ins Leben.

5. Vergebliche Bemühungen Br∴ Herrig's, Br∴ Bluntschli's und Anderer, eine einige deutsche National-Großloge zu be-

---

[1] Br∴ J. G. Findel, Geist und Form der Freimaurerei. Instructionen für Brr∴ Maurer 1874, S. 78.

[2] Vgl. J. G. Findel, Geschichte der Freimaurerei. 5. Aufl. 1883, S. 192.

[3] Dieses Statut, welches in allen wesentlicheren Punkten die Autonomie der einzelnen Großlogen wahrt, ist mitgetheilt im Allgem. Handbuch der Freimaurerei IV, S. 42, und bei Br∴ J. G. Findel, Geist und Form der Freimaurerei 1874, S. 79 ff.; an letzterem Ort ist S. 82 ff. auch die „Geschäftsordnung" des Großlogenbundes bezw. Großlogentages abgedruckt.

Im Anhang dieser Schrift ist das „Statut" in der Fassung mitgetheilt, welche es durch die Revision von 1884 erlangte und in welcher es heute noch in Geltung ist.

gründen. Auch der „deutsche Großlogen-Bund" erfüllte indessen die anfangs auf denselben gesetzten Hoffnungen bloß in sehr unvollkommenem Maße, da in demselben nur eine lose äußerliche Einigung verwirklicht war. Daher machte sich das Bestreben nach „größerer Einigung" in der deutschen Freimaurerei schon bald nach seiner Gründung wieder geltend.

Auf dem deutschen Großlogen-Tag, dem hauptsächlichen Organ des Großlogenbundes, selbst trat zuerst die Berliner Großloge Royal York mit einem bezüglichen Entwurf einer „vereinigten deutschen National-Großloge" hervor. Dieser Entwurf, welcher von Br.˙. Herrig, Großmeister der Großloge Royal York „im Einverständniß und unter dem Beirath einiger anderer Großmeister" bearbeitet worden war, schlug die Bildung einer „Vereinigten Großloge von Deutschland" anstatt der bisherigen acht deutschen Großlogen vor. Letztere sollten zwar als sog. „Mutterlogen" erhalten bleiben, aber bloße Glieder der „Vereinigten Großloge" werden.

„Die neue einheitliche Großloge sollte folgende Organe erhalten: 1. Einen auf drei Jahre gewählten Großmeister an der Spitze des ganzen deutschen Freimaurerbundes, dem drei Deputirte Meister beigeordnet werden, unter denen er seinen Stellvertreter bezeichnet. — 2. Einen Rath der deutschen Großloge von 16 Mitgliedern, je zwei von einer Mutterloge gewählt, der alljährlich wenigstens einmal versammelt werde. — 3. Eine Repräsentanten-Versammlung von den Meistern sämmtlicher deutschen Johannislogen, nach Verhältniß ihrer Mitgliederzahl gewählt, aber so, daß die kleinste Loge einen, die größte nicht mehr als drei Repräsentanten erwähle. Die Repräsentanten-Versammlung sollte je zu drei Jahren zusammentreten — 4. Der Sitz aller dieser Organe sollte Berlin sein." [1])

Dieser Entwurf rief, sobald er bekannt geworden war, die lebhafteste Beunruhigung in der deutschen Freimaurer-Welt hervor. Besonders die nicht altpreußischen Logen und Brüder befürchteten von einer solchen Uniformirung der deutschen Freimaurerei unter der thatsächlichen Vorherrschaft der Berliner Großlogen das Schlimmste. Denn in der „gesetzgebenden" Repräsentanten-Versammlung hätten die numerisch überlegenen Berliner Großlogen das entschiedene Uebergewicht gehabt, welches durch den Umstand, daß der Sitz aller Organe der „Vereinigten Großloge" Berlin sein sollte, nur verstärkt worden wäre. Die zwei bei

---

[1]) Aus dem officiellen Bericht Br.˙. Bluntschli's für den Großlogentag von 1879 vgl. „Bauhütte" 1879, S. 116. — Der Entwurf selbst ist mitgetheilt in „Bauhütte" 1878, S. 45 f.

Weitem stärksten Berliner Großlogen, die National = Mutterloge
und die Große Landesloge, nahmen überdies eine Verdacht er=
regende Sonderstellung ein, die schon dadurch zum Ausdruck kam,
daß sie sich immer noch weigerten, den auf dem Hamburger
Großmeister=Tag 1870 angenommenen „allgemeinen Grundsätzen"
sich zu fügen. Diese Bedenken fielen für die Brüder der fünf
nicht altpreußischen Großlogen um so schwerer ins Gewicht, als
diese sich im Allgemeinen von der im Entwurf vorgeschlagenen
bloß „äußern" Einigung ohne vorherige innere „grundsätzliche"
Einigung doch keinen nennenswerthen Gewinn versprachen. [1]

Unter diesen Umständen verzichtete der Großlogen = Tag
von Hamburg am 9. Juni 1878 darauf, in eine nähere Be=
rathung des Entwurfs überhaupt einzutreten. [2] Er erklärte sich
indes im Princip mit einer engeren Vereinigung der acht deutschen
Großlogen einverstanden und ernannte zur weiteren Verfolgung
der im Antrage der Großloge Royal York enthaltenen Grund=
idee eine Commission von fünf Brüdern, welche den Auf=
trag erhielten, diese Idee zu prüfen und dem Großlogen=Tag dem=
nächst weitere Vorschläge zu unterbreiten. Die Commission selbst
wurde aus folgenden Brrn.·. zusammengesetzt: Bluntschli
(Bayreuth), Braband (Hamburg), Eckstein (Darmstadt), Herrig
(Royal York), Alexis Schmidt (Große Landesloge). Die That=
sache, daß der unter Brüdern außerordentlich hochgeachtete
Staatsrechts = Lehrer Br.·. Bluntschli der Commission angehörte,
besagte schon für sich deutlich genug, daß er auch die führende
Rolle in derselben innehatte.

Hinsichtlich des Geistes, in welchem Br.·. Bluntschli an
dieser neuen Aufgabe arbeitete, bemerkt er selbst:

„Ich hatte es zwar als eine schwierige, aber als eine dringende
und mögliche Aufgabe betrachtet, dem Verbande der deutschen Großlogen eine Organisation zu verleihen, welche der eigenthümlichen Bedeutung und Auffassung der deutschen Freimaurerei gegenüber der

---

[1] Vgl. „Bauhütte" 1878, S. 14, 47, 62, 68, 122; 1879, S. 116.
[2] Am entschiedensten sprach sich Br.·. Alexis Schmidt, der
Vertreter der Großen Landesloge, gegen den Entwurf aus. Er leugnete
jedes Bedürfniß für die Errichtuna einer Vereinigten Großloge und
wies dann besonders darauf hin, daß gemäß dem Edict von 1798,
welches nur die dort genannten Großlogen anerkenne, Eine vereinigte
Großloge in Preußen gar nicht zulässig sei. Br.·. Frederichs,
der Vertreter der National-Mutterloge, machte geltend, daß man eine
etwaige weitere Entwicklung des Großlogenbundes im Rahmen
der gegenwärtigen Verfassung anstreben solle. Vgl.
„Bauhütte" 1879, S. 165.

englischen, amerikanischen, französischen u. s. w. einen klaren und würdigen Ausdruck zu geben und im Innern die thatkräftige Wirksamkeit des freimaurerischen Geistes zu stärken vermöge. In einer Zeit, in welcher eine r o h e , m a t e r i e l l e R i ch t u n g frecher als je sich vordrängt und alle Erbschaft und Errungenschaft der C u l t u r leidenschaftlich angreift, schien mir die Freimaurerei berufen, die s i t t - l i ch e n K r ä f t e i n d e r N a t i o n z u ſtärken, die i d e a l e n G ü t e r d e r M e n s ch h e i t wie ein heiliges Feuer zu bewahren und m i t E n e r g i e f ü r H u m a n i t ä t u n d G e i ſt e s f r e i h e i t zu wirken. Die feſten Formen und die ſchöne von Weisheit geleitete Ordnung der Loge, welche zugleich Freiheit gewährt und Pflichtübung fordert, verbunden mit dem reichen Schatze leuchtender Wahrheiten und fruchtbarer Lehren, welche ſie in ihren Symbolen beſitzt und in ihren Gebräuchen übt, ſchienen mir die Fähigkeit der Loge für ein ſolches Unternehmen zu verbürgen.

„In dieſem Geiſte habe ich den w i e d e r h o l t e n e i n - ſt i m m i g e n A u f t r a g unſerer Großloge übernommen, auf eine engere Einigung der deutſchen Großlogen hinzuarbeiten und mich den nöthigen Arbeiten unterzogen; in dieſer Geſinnung auch gemeinſchaftlich mit den geehrten Brüdern der zu Hamburg niedergeſetzten Fünfer-Commiſſion den Verfaſſungsentwurf verfaßt.“¹)

Zum Verſtändniß der vorſtehenden Auslaſſung iſt zu bemerken, daß Br.˙. B l u n t ſ ch l i in den Worten „rohe und materielle Richtung u. ſ. w.“ wohl vor Allem die Socialdemokratie im Auge hatte, welche namentlich in Folge des von ihm ſo warm befürworteten Culturkampfs plötzlich zu ſolcher Macht gelangt war, daß ſelbſt den deutſchen Regierungen davor bange wurde. Nebenbei mochte er auch an die mehr und mehr wenigſtens dem praktiſchen Materialismus anheimfallenden leitenden Kreiſe der Geſellſchaft und vielleicht ſelbſt an die „offen“ atheiſtiſch-materialiſtiſche Strömung denken, welche weite Kreiſe der Freimaurerei ergriffen hatte und in der neuen Verfaſſung des franzöſiſchen Großorients amtlich zum Ausdruck gekommen war. Hinſichtlich des franzöſiſchen Großorients hatte Br.˙. Bluntſchli eine am 10. Juni 1878 vom Großlogen-Tag in Hamburg einſtimmig angenommene Erklärung verfaßt, welche im Satze gipfelte, „daß eine atheiſtiſche Freimaurerei aufgehört habe, Freimaurerei zu ſein“.²) Die übrigen Stichworte in Bluntſchli's Verlautbarung laſſen keinen Zweifel darüber, daß die geplante größere Einigung der deutſchen Freimaurerei a u ch e i n e g e g e n

---

¹) Vgl. „Bauhütte“ 1879, S. 393.

²) „Bauhütte“ 1878, S. 205. — Die thatſächlich von den Freimaurern feſtgehaltene Gottesidee iſt freilich im Allgemeinen recht nichtsſagend. Viele erblicken in Gott nur ein vom Menſchen ſelbſt geſetztes (ſittliches) Ideal oder ein allwirkendes Naturprincip.

die katholische Kirche und das positive Christenthum gerichtete Spitze haben sollte. Die Aeußerungen über die hohe Bedeutung der Loge als versittlichender Macht, offenbaren einen confus schwärmerischen Zug an Bluntschli, der in seinen sonstigen Aeußerungen über religiöse oder philosophische Dinge überhaupt auffällt und selbst in seiner Thätigkeit zur Einigung der deutschen Freimaurerei deutlich genug zu Tage trat.

An Fleiß und Hingebung ließ es Br.˙. Bluntschli bei Erfüllung der ihm gewordenen Aufgabe sicher nicht fehlen. Um die Schwierigkeiten, auf welche der Plan stieß, möglichst aus dem Wege zu räumen, ließ er sich dazu herbei, seinen Entwurf zweimal abzuändern. Erst, als er die Stimmung in der deutschen Freimaurerei hinsichtlich der springenden Punkte desselben hinlänglich zu kennen und sich mit den anderen Commissions-Mitgliedern über Alles völlig verständigt zu haben glaubte, reichte er am 9. März 1879 seinen Bericht[1] für den Großlogen-Tag ein. Die vorgeschrittene Zeit schien ihm ein längeres Hinausschieben der Angelegenheit nicht zu gestatten, da sonst die erforderlichen Berathungen darüber in den einzelnen Großlogen vor Zusammentritt des Großlogen-Tags nicht mehr möglich gewesen wären. So hatte er es unterlassen, seinen Bericht selbst, in der endgültigen Fassung, nochmals der Commission vorzulegen.

Diese Unterlassung wurde Anlaß zu neuen Zerwürfnissen, welche ihrerseits wieder die Berathung auf dem Großlogen-Tag in der ungünstigsten Weise beeinflussen mußten. Die Große Landesloge fühlte sich nämlich nun durch einen Abschnitt des Berichts, welcher von ihren Hochgraden und ihrem christlichen Princip handelte und auch auf die Eventualität ernsterer Maßnahmen gegen sie seitens der anderen Großlogen von ferne hindeutete, schwer beleidigt. Der nachmalige „Weiseste Ordensmeister" Br.˙. Alexis Schmidt, selbst Mitglied der Commission, protestirte energisch gegen diesen Abschnitt, „der in directem Widerspruch mit dem Geiste brüderlicher Verständigung stehe, und welcher die zweitgrößte Großloge von Deutschland stigmatisire und bedrohe".[2] Ueber die Wirkung dieses Protestes äußerte am 20. März 1880 Br.˙. Putsche in der zur Hamburger Großloge gehörigen Loge „Amalia" zu Weimar gefühlvoll: Das Schreiben des Br.˙. Alexis Schmidt streifte „wie ein tödtlicher Frühlings-Nachtfrost unsere so schönen Hoffnungsblüthen".[3]

---

[1] Dieser Bericht ist abgedruckt in „Bauhütte" 1879, S. 115—121.
[2] Vgl. „Bauhütte" 1880, S. 116.
[3] „Bauhütte" 1880, S. 116.

Auch der von Br.·. Bluntschli vorgelegte Entwurf selbst stieß gleich nach seinem Bekanntwerden wieder auf den heftigsten Widerspruch. Der Bericht betonte zwar aufs Nachdrücklichste, daß die Commission es sich zum obersten Grundsatz gemacht habe, die Selbständigkeit der einzelnen Großlogen nicht anzutasten und die Einigung der deutschen Freimaurerei durchaus auf „föderativer" Grundlage anzustreben. Er versicherte ferner, alle ihre Mitglieder hätten es vermeiden wollen, „daß irgend eine Großloge fürchten müsse, durch bloß formelle Mehrheitsbeschlüsse zur Aenderung ihres Systems gezwungen zu werden".[1] Um die Empfindlichkeit der Einzel = Großlogen im Punkt der Autonomie nicht zu verletzen, hatte die Commission die Fassung, welche der Grundgedanke der Reform zuerst gefunden hatte: Zusammenfassung der acht Großlogen als „Landes= Großlogen" unter einer einheitlichen deutschen „Reichs= Großloge", wieder fallen lassen und den Ausdruck „Reichs= Großloge" durch den andern „Bund der Vereinigten deut = schen Großlogen" ersetzt. Bei den Organen dieser Großloge, welche im Uebrigen ähnlich wie im Herrig'schen Entwurf geplant waren, wurde die Repräsentanten=Versammlung auf 38 Mitglieder beschränkt und hinsichtlich ihrer Zusammensetzung so fixirt, daß mindestens 20 derselben auf nicht altpreußische Großlogen gefallen wären. Indessen hätten die Mitglieder dieser „Großlogen=Ver= sammlung", welche abwechselnd in Berlin und in einer andern deutschen Stadt tagen sollte, persönlich nach ihrer eigenen Ueber= zeugung abzustimmen gehabt und nicht wie bisher lediglich als Beauftragte ihrer Logen. Für den Großlogen=Rath war Berlin als ständige Residenz in Aussicht genommen.

Alle Beruhigungsversuche vermochten aber nicht die Besorg= nisse, die unter den verschiedensten Gesichtswinkeln laut wurden, zu zerstreuen. Die große Landesloge und die National=Mutterloge, welche im Grunde nur eine Einigung der deutschen Freimaurerei in ihrem Sinne erstrebten, d. h. eine Einigung, welche die thatsächliche Vorherrschaft, die sie bereits innehatten, noch bestärkt hätte, waren nicht geneigt, auf das Uebergewicht, welches sie besaßen und welches durch die seitens der preußischen Behörden beliebte Handhabung des Edicts von 1798 und durch das Pro= tectorat mit den dasselbe begleitenden Vortheilen auch für die Zukunft gesichert schien, zu Gunsten der ihnen antipathischen freisinnigeren Großlogen zu verzichten. Die fortschrittlichen Frei= maurer hinwieder befürchteten nicht ohne guten Grund, daß die

---

[1] Vgl. „Bauhütte" 1879, S. 116.

Reform trotz aller guten Absichten ihrer Urheber schließlich doch zum Nachtheile für ihre freiheitlichere Richtung ausschlagen würde. Höchst bezeichnend für den Standpunkt der Letzteren sind die folgenden Auslassungen in der „Bauhütte". Br∴ Findel schrieb kurz vor dem Großlogen-Tag in Frankfurt a. M.:

„Ganz zweifellos würde die Berathung wie die Abstimmung über den Verfassungsentwurf einen glatteren Verlauf nehmen, wenn von vornherein jedes Mißtrauen gegen eine p r e u ß i s c h e S u p r e - m a t i e beseitigt wäre. Wir möchten deshalb den Abgeordneten an- heimgeben, in Frankfurt a. M. den Antrag zu stellen, daß v o r Ein- tritt in die Berathung des Verfassungsentwurfs eine (nicht definitiv gültige, sondern die Bedeutung eines Vorschlags habende) Wahl des Großmeisters stattfinde und daß man hierfür nur die Brr∴ Pflatz (Postmeister) in Darmstadt und Oppel (Lehrer der Musterschule) in Frankfurt a. M. in Aussicht nehme.

„Es soll die Rede davon gewesen sein, daß man für das Amt des deutschen Großmeisters den d e u t s c h e n K r o n p r i n z e n [1]) in Aussicht genommen habe. Wir k ö n n e n a n e i n e s o l c h e V e r - k e h r t h e i t n i c h t g l a u b e n; denn diese fürstliche Persönlichkeit, welche vermuthlich in nicht allzu ferner Zeit zur Regierung gelangt, welche eine freie und unbefangene Berathung nahezu unmöglich machen und einen jede Selbständigkeit und Unabhängigkeit bedrohenden vor- herrschenden Einfluß ausüben würde, wäre unter allen in Betracht zu nehmenden Candidaten die unannehmbarste, weil ihr gegenüber weniger die G l e i c h h e i t unter den Brüdern als vielmehr die Unterordnung, weniger die F r e i h e i t als die Autorität, weniger die Brüderlichkeit als der Ton höfischer Steifheit, zur Geltung kommen würde. Wir wissen die persönliche Liebenswürdigkeit . . . . des Kronprinzen wohl zu schätzen . . .; nichtsdestoweniger würden wir seine Wahl zum Groß- meister des deutschen Logenbundes nicht bloß als einen Fehler an- sehen, sondern als einen u n v e r z e i h l i c h e n A c t d e r S e l b s t - v e r n i c h t u n g d e r d e u t s c h e n F r e i m a u r e r e i."[2])

Br∴ M. G. Conrad bemerkte:

„Der Geist der p r e u ß i s c h e n Freimaurerei aber, der über kurz oder lang die übrigen deutschen Glieder als dienendes Bau- material für den begehrten „nationalen Körper" nach seinen eigensten wenig freiheitlichen Intentionen (siehe die Geschichte!) ausnützen würde, hat erst noch einen g r ü n d l i c h e n L ä u t e r u n g s p r o c e ß zu bestehen, b e v o r e r d e n A n s p r u c h e r h e b e n d a r f, in unserem Weltbunde den K r a f t c o m p l e x d e r d e u t s c h e n M a u r e r - b r ü d e r s c h a f t z u r e p r ä s e n t i r e n.

---

[1]) Br∴ Rob. Fischer deutet an, daß man „von gewisser Seite" geplant habe, den Kronprinzen a n l ä ß l i c h s e i n e r s i l b e r n e n H o c h z e i t an die Spitze der deutschen Freimaurerei zu bringen. Vgl. „Bauhütte" 1883, S. 125.

[2]) „Bauhütte" 1879, S. 133.

„Für unsere innere Entwicklung wäre er in seiner jetzigen Beschaffenheit unzweifelhaft v o n v e r d e r b l i c h e m E i n f l u s s e,
sobald ihm die nationale Hegemonie zufiele. Das Logenwesen des
deutschen Südens hat für seinen fortschrittlichen Aufschwung, für seinen
resoluten Reformdrang zu fürchten, aber nichts zu hoffen, wenn es
unter die Herrschaft der c h r i s t e n t h ü m l i c h e n L o g e n - M y s t i k e r
von Preußen mit eingezogen wird.

„W i e e r r a t i s c h e B l ö c k e würden sich die r e a c t i o n ä r e n
T e n d e n z e n d e r p r e u ß i s c h e n F r e i m a u r e r e i auf dem
reicheren Boden des Südens v o r w ä r t s s c h i e b e n und allmählich unser
eminent demokratisches Terrain durch die Ablagerung d e r s t e r i l e n
E x c l u s i v i t ä t u n d d e r d o g m a t i s c h e n U n f e h l b a r k e i t
d e s N o r d e n s aufs Schlimmste gefährden.

„Die thätigen und wahrhaft freisinnigen Männer unseres Volkes
haben vorläufig an den Lasten der R e i c h s p o l i t i k schwer genug
zu tragen; zersplittern wir ihre Kräfte nicht, indem wir voreilig die
unausbleiblichen Kämpfe einer R e i c h s f r e i m a u r e r e i hinzu-
fügen. Wir sehen, welche heillose Verwirrung im politischen Denken
und Fühlen unter dem ü b e r m ä c h t i g e n p e r s ö n l i c h e n R e-
g i m e n t e i n e s E i n z e l n e n im deutschen Volke eingerissen
ist ... W e l c h e r D ä m o n t r e i b t u n s d e n n, à t o u t p r i x
u n s e r l i b e r a l e s L o g e n w e s e n f ü r d i e A l l e i n h e r r-
s c h a f t e i n e s p r e u ß i s c h e n G r o ß m e i s t e r s z u z u-
r i c h t e n? .... Wir müssen gegen diese p o l i t i s c h e n Umtriebe
im deutschen Logenleben um so energischer protestiren, je empfindlicher
wir uns seither gegen die p o l i t i s c h e n Verirrungen auswärtiger
Großlogen verhalten haben.

„Also um der Eintracht und Reinheit unseres freimaurerischen
Bundeswesens willen: i n d e n P a p i e r k o r b m i t d e m verfrühten,
c o n f u s e n u n d d a r u m g e f ä h r l i c h e n Project einer d e u t-
s c h e n N a t i o n a l - G r o ß l o g e!“[1])

Der eminent kosmopolitische Maurer, Br.·. C a r l o s v o n
G a g e r n,[2]) äußerte bezüglich des ganzen Einigungs-Werkes im
Wiener „Zirkel“:

[1]) „Bauhütte“ 1879, S. 185.

[2]) Br.·. G. C o n r a d bezeichnet Br.·. C a r l o s v o n G a g e r n
als eine „vorbildliche Heldennatur“, einen Muster-Maurer. Bezüglich
seiner kräftigen maurerischen Herzensergüsse im Besondern bemerkt er
im Schlußwort zu dem 1888 von ihm herausgegebenen nachgelassenen
Buche v. Gagern's „Schwert und Kelle“ (W. Friedrich, Leipzig):

„Der alte N e s t r o y sprach einmal das große Wahrwort: „„Was
tausend Wichte sagen, bekommt Gewicht, wird wichtig, weil die Wichte
ihrer tausend sind, und die Ehrenmänner, die's nicht glauben, höchstens
ihrer zehn; auch haben die Schufte in der Regel bessere Lungen als
die Ehrenmänner, sie schreien mehr — und nichts wirkt mehr auf der
Welt als Geschrei!“"

„Und so kann es auch kommen, daß eine so v o r n e h m e v o l l-

„Die deutsche Einheit ist zur Thatsache geworden; mit „Blut und Eisen" wurde das neue Deutsche Reich gegründet, und sein Fortbestand scheint gesichert. Gleichzeitig giebt sich jedoch immer deutlicher das Bestreben kund, Deutschland in ein erweitertes Preußen umzuwandeln. Daß hierbei die Freiheit schlecht bedacht wird, ist natürlich. Der Hauptgründer der deutschen Einheit hat seine Grundsätze und seine Tendenzen weit weniger geändert, als manche kurzsichtige Politiker anzunehmen pflegen. Seine Bemühungen, die Centralisation auf immer weitere Kreise auszudehnen, gehen Hand in Hand mit seinen freiheitsfeindlichen Maßregeln, und mit Recht wird von den Liberalen jede unter dem Vorwand, die Einheit zu vervollständigen, unternommene Stärkung der Centralgewalt bekämpft, weil sie in Heine's ironischem Stoßseufzer:

„Uns fehlt ein Nationalzuchthaus
Und eine gemeinsame Peitsche",

eine Prophezeiung erblicken, deren Verwirklichung von Tag zu Tag näher rückt.

„Wer weiß, ob der Plan, eine neue einheitliche deutsche Großloge zu errichten, nicht ebenfalls ein Glied jener Kette bildet, welche man dem deutschen Volke anzulegen beflissen ist! Wer weiß, ob der große Centralisator nicht wissentliche oder unwissentliche Mitarbeiter und Mitbeförderer seines Vorhabens innerhalb der deutschen Brüderschaft gefunden hat. Wie eine Correspondenz des „Triangel" treffend sagt, handelte es sich bei dem durch Br.'. Herrig ... zuerst angeregten ... Organisations- und Verfassungsentwurf um nichts weniger, als darum, „den Bund rückwärts nach Berlin zu concentriren, aus ihm eine Zwangsanstalt mit der Leitung von der Reichshauptstadt aus zu gestalten, versehen mit einem Ritual und mit einer Verfassung ... Die Freimaurerei wäre damit [mit der Centralisation bei reactionärem Regiment] zu einer Knechtungsmaschine herabgewürdigt, anstatt eine Förderin der „Freiheit, Gleichheit und Brüderlichkeit" zu bleiben.

beseelte Stimme, wie die unseres herrlichen Werkgenossen Carlos von Gagern von dem ununterbrochenen Geschrei der Wichtlinge zeitweilig übertönt wird, weil man in und außer der Loge sich gewöhnt hat, das Wischiwaschi wichtig zu nehmen und die ernsten Worte des einsamen Denkers und Lebenskenners, die so gar nicht auf den bald schrillen, bald säuselnden Tageston der Kakophonisten gestimmt sind, geflissentlich zu überhören. Wir dürfen jedoch nicht unterlassen, immer wieder ein urkräftiges „Silentium"! über die tausendstimmige, kakophonirende Tagesschwätzerei hinweg in die klangbethörte Menge zu rufen und mit Nachdruck Aufmerksamkeit zu fordern, wenn ein so hervorragender heroischer Charakter, wie unser Carlos von Gagern, sich zum Worte meldet." Vgl. „Bauhütte" 1887, S. 294.

„. . . Im heutigen Deutschland, und solange der jetzige Reichs=
kanzler dessen Geschick lenkt, ist alles Centralisiren ein Borussificiren
und das Borussenthum, wie es namentlich in allerletzter Zeit in
Preußen wieder zur Geltung gelangt, als Feind jeder freien geistigen
Bewegung anzusehen. Möge ein gütiges Schicksal unsere deutschen
Brüder vor der im Antrage der Gründung einer National=Loge
liegenden B o r u s s i f i c i r u n g bewahren! Würde derselbe auf dem
nächstjährigen Großlogen=Tage [1880] angenommen, so bliebe vielen
von ihnen kaum eine andere Wahl, als — sei es auch mit schwerem
Herzen — den geliebten Bauhütten den Rücken zu kehren.

„Eine S t a a t s m a u r e r e i ist keine F r e i m a u r e r e i ,
und zu einer solchen würde sich in Deutschland der Bund ge=
stalten, wenn man ihm den in gewissen Berliner und leider auch
in manchen anderen Kreisen gewünschten neuen Kopf auf=
setzte. E s f e h l t e d a n n n u r n o c h , d a ß F ü r s t Bis=
marck s i c h a u f n e h m e n l i e ß e . In raschen Sprüngen würde
er durch alle Grade und Hochgrade hindurch bis z u m g e m e i n =
s a m e n G r o ß m e i s t e r b e f ö r d e r t werden, als solcher kraft der
ihm übertragenen discretionären Gewalt und mit seiner eisernen
Faust in kurzer Zeit durch Ausmerzung der freisinnigen und fort=
schrittlichen Elemente Zucht und Ordnung, seinen Begriffen davon
entsprechend, unter der Brüderschaft herstellen und diese zu seinen
Zwecken zu verwenden wissen."[1]

Br.·. H ö f i g , einer der unterrichtetsten und freisinnigsten
Brr.·. der G r o ß e n L a n d e s l o g e , hatte schon am 7. Nov. 1872
an Br.·. F i n d e l , der damals dem Project der „Einigung" das
Wort redete, geschrieben:

„Sie scheinen für die Coalition der acht deutschen Großlogen zu
schwärmen. Ich kann mir von diesem G r o ß t a n t e n = K a f f e e
nicht viel versprechen; keine dieser a l t e r n d e n , in ihre Kinder und
Enkel verliebten Großmütter wird der anderen nachgeben wollen.
Gebe Gott, daß ich Unrecht habe; aber „Regieren ist süß"! Con=
cessionen machen, heißt Unrecht haben."[2]

---

[1] Vgl. „Bauhütte" 1880, S. 18; vgl. noch „Bauhütte" 1879,
S. 235 f.; 1890, S. 184. — Um dieselbe Zeit setzte F ü r s t
B i s m a r c k das geflügelte Wort in Umlauf, „die Freimaurer seien
noch gefährlicher als die Jesuiten; die Jesuiten bethörten nur die
Kleinen, die Freimaurer aber die Großen".
Br.·. F i n d e l bemerkte darauf: „Bethört können die Großen
nur werden von den Freunden der „Norddeutschen Allg. Zeitung",
welche den Thronen die Beine absägen, das Volk zur Verzweiflung
bringen und für die sociale Revolution Stimmung machen. Im
Uebrigen drohte er Bismarck mit einer „i n t e r n a t i o n a l e n
Z u r ü c k w e i s u n g " seines Angriffes, da letzterer nicht bloß die
deutsche, sondern die Freimaurerei überhaupt treffe. Vgl. „Bauhütte"
1880, S. 185 bis 187.
[2] Vgl. „Bauhütte" 1881, S. 196.

G r u b e r , Einigungs=Bestrebungen ꝛc.   3

Br∴ Zille hatte sogar bereits 1865 im „Triangel" als „ersten und nothwendigsten Schritt auf der Bahn der Reform" — „Die Aufhebung der bestehenden Großlogen bezeichnet", weil diese Großlogen es sind, „die jedem Fortschritt entgegenarbeiten ... und um so weniger leisten, je dickleibiger ihre Protokolle und je überfließender dieselben von den üblichen brüderlich stilisirten Phrasen sind." [1]

Br∴ Bluntschli selbst gab unter diesen Umständen seinen Entwurf schon vor Zusammentritt des Großlogen-Tages in Frankfurt am 1. Juni 1879 verloren. Sein Verdruß über den Mißerfolg war so groß, daß er zur Versammlung nicht einmal erschien. In einem Brief an den zugeordneten Großmeister von Bayreuth beklagte er sich über den stark „particularistischen Zug und das Mißtrauen" in der deutschen Freimaurerei, welche die „nationalen" Bestrebungen durchkreuzten. Auf dem Großlogen-Tag selbst traten die Frankfurter Großloge, die National-Mutterloge und die Großloge von Sachsen als die entschiedensten Gegner des Entwurfs auf, theils weil ein Bedürfniß für die Aenderung nicht nachgewiesen sei, theils weil die freie Bewegung der Freimaurerei und der einzelnen Logensysteme gefährdet erscheine und anstatt der erstrebten Vortheile (Einheit u. s. w.) nur Nachtheile (Spaltungen u. s. w.) zu befürchten seien. Indes wurde der Entwurf trotzdem nicht einfachhin beseitigt, sondern die eigentliche Beschlußfassung über denselben für den nächsten Großlogen-Tag (1880) vorbehalten. Man wünschte allen Großlogen und Logen ausgiebig Zeit zu lassen, zu demselben Stellung zu nehmen. [2] Da diese sich inzwischen mit erdrückender Mehrheit gegen den Entwurf ausgesprochen hatten, so beschloß der Großlogen-Tag von 1880, der in diesem Jahr am 16. Mai in Berlin zusammentrat, den Entwurf zur Zeit auf sich beruhen zu lassen. [2]

Br∴ Bluntschli nahm von da an kein Mandat mehr für einen Großlogen Tag an. Er schrieb diesbezüglich selbst:

„Das Project ist jedenfalls zur Zeit ganz aussichtslos, und damit auch jede Reform, welche der Freimaurerei ein thatkräftiges Wirken ermöglicht. Der alte Schlendrian, die Gemüthsduselei und das Scheinleben werden fortdauern. Soll es je wieder besser werden, so kann nur durch neue Männer etwas erreicht werden. Meine maurerische Thätigkeit ist jetzt abgeschlossen. Ich hatte, wenngleich nie zuversichtlich, gehofft, den Bund, dessen Organisation vortrefflich ist, ... wirksam zu machen zur Stärkung der

---

[1] Vgl. „Bauhütte" 1865, S. 226.
[2] Vgl. „Bauhütte" 1880, S. 174.

moralischen Kräfte der Nation ... Meine Illusion ist zerstört. Das **Instrument ist unbrauchbar.** Meine Aufgabe ist nun zu Ende."[1]

Br∴ Settegast bemerkt zu diesen Worten: „Leider dachten viele der wackersten Kräfte wie Bluntschli; sie gaben den Kampf für den maurerischen Fortschritt auf, uneingedenk des ermuthigenden Gedankens unseres verewigten Kaisers Friedrich: Lerne zu wirken, ohne zu verzagen!"[2] — Er deutet damit, wie auch in seinen sonstigen Ausführungen, nicht unklar an, daß er sich selbst als den Fortsetzer des von Bluntschli begonnenen Werkes betrachtete.

6. Einigungs- und Reform-Bestrebungen des „Vereins deutscher Freimaurer", des „Lessingbundes" und der „Logen-Gauverbände". Der Plan eines „deutschen Maurerparlaments".
Nach dem Scheitern der Bestrebungen, durch die obersten Behörden des Bundes eine Reform und größere Einigung der deutschen Freimaurerei herbeizuführen, wurden diese Bemühungen wieder mit erhöhter Energie von unten aufgenommen. Die „demokratisch" gesinnten Freimaurer hatten schon immer die Versuche, diese Einigung durch mehr „äußerlichen" Zusammenschluß der Großlogen herzustellen, mißbilligt. Eine „wirkliche" und „gedeihliche" Einigung schien ihnen nur nach vorheriger Rückkehr aller Logen zu den „ursprünglichen unverfälschten" Grundsätzen und Grundgesetzen der Freimaurerei möglich. Letztere könne aber nicht von oben her decretirt werden, sondern müsse durch allmähliche Umgestaltung der Anschauungen und Gesinnungen der einzelnen Brüder und Logen angebahnt werden.

Dieses Ziel hatte früher, theilweise und zeitweilig, der 1861 gegründete „Verein deutscher Freimaurer"[3] angestrebt. Mit dem Zunehmen der Zahl seiner Mitglieder, die er bald in allen Logen-Systemen zählte,[4] hörte er aber auf, eine ausgesprochen liberale Richtung zu verfolgen. Bezeichnend hierfür war der Austritt Br∴ J. G. Findel's aus dem Vorstand des Vereins im Jahre 1878.

---

[1] Settegast, Der deutschen Freimaurerei Gegenwart und Zukunft, S. 99; „Bauhütte" 1887, S. 79; vgl. auch „Bauhütte" 1879, S. 393.

[2] A. a. O., S. 99.

[3] Vgl. Allgemeines Handbuch der Freimaurerei III, 625 und IV, 183; „Bauhütte" 1861, S. 169—174.

[4] Vgl. „Bauhütte" 1897, S. 102 f.

Dasselbe Ziel verfolgten auch die Logen=Gauverbände, deren erster schon 1817 gegründet wurde und deren Zahl 1897 auf 19 gestiegen war.[1]) Jetzt erstrecken sich dieselben über das ganze nördliche Deutschland. Auch diese Verbände sind indes weit davon entfernt, auf „grundsätzlich" streng einheitlicher Basis zu stehen.

Eine innere Reform und Einigung der deutschen Frei= maurerei auf Grund echt freimaurerischer Grundsätze und der allgemeinen freimaurerischen Grundgesetze anzustreben, setzte sich der 1884 von Br.∴ J. G. Findel ins Leben gerufene „Lessingbund" zur Aufgabe. Dieser Bund sollte, gemäß dem zum Beitritt auffordernden ersten Rundschreiben Findel's, die „Pioniere der fortschreitenden Entwicklung" in der deut= schen Freimaurerei fest zusammenschließen. Er sollte so „die ideelle Fortsetzung" des nunmehr „einflußlos dahin vegetirenden" „Vereins deutscher Freimaurer" bilden und dessen „fallengelassene Reformbestrebungen" wieder aufnehmen.[2]) „Zweck des Vereins ist", so bestimmt der § 1 seiner Statuten, „der Freimaurerei die ihr von ihren Stiftern zugewiesene Stellung im Culturleben wieder zu gewinnen".[3]) Die Be= strebungen des „Lessingbundes" wurden auf dem Großlogen=Tag von 1885 als „sonderbündlerisch" mißbilligt. Auch wurde ein „Bedürfniß" für denselben in Abrede gestellt, weil „die Frei= maurerei in ihrer gegenwärtigen Gestaltung ihren Einfluß auf das Culturleben nicht nur zu wahren, sondern auch zu erhöhen bestrebt ist, indem sie sich im Einklang mit dem Geistes= leben der Zeit fortzubilden [?] sucht".[4]) Der „Lessingbund", welcher hauptsächlich in Süd= und Mittel=Deutschland seine An= hänger zählt, besteht indes bis auf den heutigen Tag fort.

Auch der Gedanke an die Herstellung eines „deutschen Maurerparlaments" tauchte in Logenkreisen schon wieder= holt auf.[5]) 1891 wurde das Project sogar auf dem Großlogen= Tag behandelt, wo die altpreußischen Großlogen mit den Groß= logen von Hamburg und Darmstadt dafür eintraten.[6]) Schließ= lich ließ man es aber wieder fallen und gab von Neuem die Parole aus: Reform des Großlogen=Tags.[7])

---

[1]) Vgl. „Latomia" 1897, S. 116.
[2]) Vgl. „Bauhütte" 1885, S. 170 f.
[3]) Vgl. „Bauhütte" 1884, S. 201, 315 ff.
[4]) Vgl. „Bauhütte" 1885, S. 201.
[5]) Vgl. „Bauhütte" 1864, S. 1, 105; 1865, S. 219; 1886, S. 225 ff.
[6]) Vgl. „Bauhütte" 1891, S. 183.
[7]) A. a. O., S. 359.

III. Die Haupt-Hindernisse der „Reform" und der Einigung der Freimaurerei in Deutschland.

Die Besonderheiten der altpreußischen Groß-logen, welche eine größere Einigung der deutschen Freimaurerei immer wieder vereitelten, lassen sich auf zwei Hauptpunkte zurück-führen: 1. Die von ihnen bis auf die neueste Zeit auf Grund des Edicts von 1798 beanspruchte bevorzugte Stellung, welche hauptsächlich im angeblichen „Sprengelrecht" derselben ihren praktischen Ausdruck fand: und 2. ihre eigenthümlichen sogen. „christlichen", die Ausschließung von Nichtchristen, speciell von Juden, mit sich bringenden Hochgradsysteme.

7. Das sogen. „Sprengelrecht" der altpreußischen Groß-logen und die darauf sich stützende Selbstüberhebung derselben.

Unter „Sprengelrecht" versteht man das seitens gewisser Großlogen beanspruchte Recht, von einem gewissen Gebiete, welches sie als ihr Revier betrachten, alle Logen fremder Con-stitution auszuschließen. In den ursprünglichen Satzungen der Freimaurerei ist von einem solchen Sprengelrecht nicht die Rede. Hingegen wird dasselbe in manchen Gesetzbüchern einzelner Großlogen, z. B. der schweizerischen, niederländischen u. s. w., beansprucht und besonders scharf neuerdings in Nordamerika, wo es seit etwa 40 Jahren Eingang fand, seitens der Großlogen der Vereinigten Staaten betont.[1]

Das Festhalten amerikanischer Großlogen am „Sprengel-recht" Logen gegenüber, welche in Amerika mit Hamburger Con-stitution begründet wurden, gab den ersten Anlaß dazu, daß man sich auf dem deutschen Großlogen-Tag mit der Frage des „maure-rischen" Sprengelrechts beschäftigte. Zunächst wies am 24. Juni 1871 die Hamburger Großloge ein solches Sprengelrecht als eine „Anmaßung" zurück, die „mit den maurerischen Begriffen von Freiheit im Widerspruch" stehe, da Jeder das Recht habe, nach seiner Façon Maurer zu sein. Am 24. Mai 1874 erklärte sich der Großlogen-Tag principiell mit der Anschauung der Ham-burger Großloge einverstanden, erachtete aber eine gewisse Rege-lung der Frage auf dem Wege gegenseitiger Verständigung für zweckmäßig. Er fügte seinem Beschluß den Satz bei: „Die deutschen Großlogen betrachten das ganze deutsche Reichsgebiet

---

[1] Vgl. „Bauhütte" 1875, Nr. 19 u. Nr. 47.

als gemeinsam und erkennen gegenseitig an, daß jede der=
selben in jedem deutschen Lande Logen gründen und leiten
könne".[1]

Noch entschiedener sprach sich im Jahre 1878 die National=
Mutterloge, als geschäftsführende Großloge des deutschen Groß=
logenbundes, gegen die amerikanische Auffassung des Sprengel=
rechts aus. Anlaß dazu bot die Unzufriedenheit der Großloge
von New=York über einen am 4. Juni 1876 vom deutschen Groß=
logen-Tag gefaßten Beschluß, in welchem den deutschen Großlogen
das Recht vorbehalten wurde, selbständig, ohne sich um die
amerikanischen Sprengel = Streitigkeiten zu kümmern, über Zu=
lassung von dorther zugereisten Brüdern zu ihren Logenarbeiten
zu entscheiden bezw. sie als „regelmäßig" zu erklären. Die
National=Mutterloge „zu den drei Weltkugeln" äußerte hierüber
in einem Schreiben an die Großloge von New=York:

„Um eine freundliche Verständigung mit der Großloge von New=
York zu erleichtern, erklären wir, daß unsere Anschauungen über das
Sprengelrecht einer Großloge im Princip verschieden sind
von den Ansichten, welche über diesen Gegenstand in der Loge von
New = York vorwalten. Wir halten nicht für erforderlich, daß nur
eine Großloge in jedem Staate, möge in demselben die
republikanische oder die monarchische Regierungsform herrschen, bestehe.
Lange Erfahrung hat uns gelehrt, daß in einem und demselben Staate
vier Großlogen einträchtig neben einander bestehen und arbeiten können.
Drei davon befinden sich sogar in derselben Stadt, in Berlin.

„Die deutschen Großlogen beabsichtigen nie und nirgends, den
amerikanischen Großlogen feindselig gegenüberzutreten. Gleichwohl
sind wir nicht in der Lage, auf das Ersuchen der Großloge von New=
York hin unsere Anschauungen über das Sprengelrecht der Großlogen
zu ändern, da dieselben unsere wohlbegründete, auf die Fundamental-
grundsätze der Freimaurerei gestützte Ueber-
zeugung sind. Wir würden daher niemals dagegen
Einspruch erheben, daß die Großloge von New=York Brüder
von Logen, welche wir nicht als „regelmäßige"
anerkennen, als Besuchende zulasse und freund-
schaftlich und brüderlich empfange. Ebensowenig würden
wir Einspruch erheben, wenn die Großloge von New=York irgendwo
in Deutschland, z. B. in Hamburg, eine amerikanische, in
englischer Sprache und nach amerikanischem Ritual arbeitende Loge
errichten wollte. Es würde uns im Gegentheil zu hoher Freude

---

[1] Vgl. „Bauhütte" 1892, S. 414. Br∴ Glitza veröffentlichte
im Auftrag des Großlogen-Tags eine eigene Schrift, in welcher er die
Unhaltbarkeit des amerikanischen Sprengelrechts nachzuweisen suchte;
„Denkschrift über das Sprengelrecht". Bayreuth, Burger. 1873.

gereichen, zu einer solchen in Deutschland errichteten amerikanischen Loge in brüderliche Beziehungen zu treten."[1]

1884 wurde sogar in den § 5 des in diesem Jahre re=vidirten „Statuts des deutschen Großlogen=Bundes" die Bestimmung aufgenommen:

„Die verbündeten deutschen Großlogen betrachten das deutsche Reichsgebiet als gemeinsam und erkennen gegenseitig an, daß jede derselben in jedem deutschen Lande Logen gründen und affiliiren kann, soweit nicht die Landesgesetze entgegen=stehen. Zur Gründung einer Johannis=Loge an einem Ort, in welchem schon eine Tochterloge eines andern Systems besteht, ist jedoch die vorgängige Verhandlung mit der verbündeten Großloge [aber nicht ihre Zustimmung] erforderlich."[2]

Thatsächlich machten aber, wie bereits kurz erwähnt wurde, die drei altpreußischen Großlogen, auf Grund des Edicts von 1798, welches von den preußischen Verwaltungsbehörden „praktisch" noch immer als zu Recht bestehend behandelt wurde, den übrigen deutschen Großlogen gegenüber ein ausschließliches Sprengelrecht für das altpreußische und zeitweilig sogar für das preußische Gebiet überhaupt geltend. So klang der angeführte § 5 des Statuts wie ein Hohn auf die andern deutschen Groß=logen. Br.·. Kullmann, Rechtsanwalt in Wiesbaden, ver=sichert, nebenbei bemerkt, der für die nicht altpreußischen Groß=logen anstößige Zusatz „soweit nicht die Landesgesetze entgegen=stehen", habe „im beschlossenen Wortlaut der Bestimmung" gar nicht gestanden; derselbe sei vielmehr erst später eingesetzt worden.[3] Bei Allem berührte es besonders peinlich, daß die altpreußischen Großlogen selbst nie Anstand genommen hatten, in die Gebiete anderer deutscher Großlogen einzubrechen, und daß sie das Gehässige dieser „maurerischen" Rechtsungleichheit durch den Hinweis auf die „entgegenstehenden Landesgesetze" von sich abzuwälzen suchten, während es andererseits doch offen=kundig war, daß gerade sie selbst Alles aufboten, um, im Wider=spruch mit der von den Juristen ziemlich allgemein vertretenen Anschauung über die Rechtsgültigkeit des Edicts von 1798, bei den maßgebenden staatlichen Factoren eine den Interessen ihrer

---

[1] Dieses Schreiben ist mitgetheilt in den Proceedings of the M.·. W.·. [most worshipful] Grand Lodge of California (San Francisco) 1879, p. 135. Vgl. „Bauhütte" 1895, S. 228. Im gleichen Sinn hatte sich auch der deutsche Großlogen=Tag Pfingsten 1878 ausgesprochen. Vgl. „Bauhütte" 1878, S. 219 f.

[2] Vgl. das Statut im Anhang.

[3] Vgl. „Bauhütte" 1892, S. 415.

Schwester-Großlogen nachtheilige Interpretation und Handhabung eben dieser angeblichen Landesgesetze aufrecht zu erhalten.

Die erste in Folge des Krieges von 1866 preußisch gewordene Großloge, welche unter der Anwendung des Edicts vom 20. October 1798 zu leiden hatte, war die Großloge von Hannover, deren Großmeister bis dahin der um seines Thrones beraubte König Georg V.[1]) gewesen war. Zur Zeit der Entthronung des Königs Georg V., welcher auch nach seiner Abreise von Hannover fortfuhr, die Geschäfte des Großmeisters zu führen, bekleidete derselbe Br.·. Krüger, Ober-Baurath), das Amt des 1. Deputirten Großmeisters, der als Meister vom Stuhl der Loge „zum schwarzen Bär" die Aufnahme des Königs vorgenommen hatte.

---

[1]) König Georg V. trat der Loge am 15. Januar 1856 bei. Er erklärte sich gleichzeitig bereit, die Großmeister-Würde zu übernehmen, wenn vorher über die Stellung der Logen zum Christenthum Klarheit geschaffen werde. Diesem Wunsche gemäß sprach die Großloge in ihrer Sitzung, unter Voraussetzung der Zustimmung sämmtlicher Tochterlogen, am 13. December 1856 [1855?] den „christlichen" Charakter der hannoveranischen Großloge aus und bestimmte demgemäß, im Gegensatz zu ihrem bisherigen Standpunkte der Humanitäts-Freimaurerei, daß in den Logen des Hannoverschen Landes nur „Christen" recipirt oder affiliirt werden sollten. Die feierliche Aufnahme des Königs fand, unter zahlreicher Betheiligung von Deputationen auch auswärtiger Großlogen, im Landschaftssaale des Königl. Residenzschlosses statt. Der König wurde, soweit es sein „körperlicher Zustand" gestattete, auf seinen ausdrücklichen Befehl „physisch" und nicht bloß „historisch" aufgenommen, wie dies z. B. bei dem deshalb von Vollblut-Freimaurern schief angesehenen (vgl. Gerber, Die Freimaurerei und die öffentliche Ordnung 1893, S. 128—131) Prinzen Friedrich Leopold der Fall war, — d. h. er wurde, wie jeder andere Candidat, den üblichen Prüfungen „physisch" und „körperlich" unterzogen, und nicht bloß durch Vorlesung und Erklärung des Rituals eingeführt. Und zwar erhielt er gleich alle drei Grade zusammen. Nach Schluß der Meisterloge wurde dann noch eine Großloge abgehalten und in derselben dem neu aufgenommenen Landesherrn auch noch das Amt des Großmeisters übertragen. Vgl. H. Wanner, Geschichte der gerechten und vollkommenen Freimaurerloge „Friedrich zum weißen Pferde" im Oriente von Hannover. Hannover 1896, S. 135 f. Vgl. auch „Die Freimaurerei im Oriente von Hannover", wo die bei dieser Gelegenheit gewechselten Ansprachen verzeichnet sind.

Der König nahm, so lange er in Hannover verweilte, an den Logenarbeiten regen Antheil, blieb auch häufig zur Tafel und verkehrte in ungezwungenster Liebenswürdigkeit mit den Brüdern.

In den Wirren, welche auf die plötzlich veränderte politische
Lage folgten, machten sich in den hannoverschen Logen zwei
Haupt = Strömungen geltend, von denen die eine auf sofortige
Schritte behufs Erlangung der Anerkennung der Großloge als
vierter im preußischen Staate drang, während die andere unter
Hinweis auf den Umstand, daß das Edict von 1798 nach der
Ansicht zahlreicher Juristen nicht mehr rechtskräftig sei, für eine
zuwartende Haltung sich aussprach. Die außerordentliche Groß-
logen-Sitzung vom 8. December 1866 entschied sich mit 36 gegen
33 Stimmen für letztere Stellungnahme, drückte jedoch gleichzeitig mit 42 gegen 2 Stimmen ihre Zustimmung zu den
Schritten aus, welche Br.·. Krüger bisher den Verhältnissen
gegenüber gethan habe, und legte die weitere Behandlung der
Angelegenheit vertrauensvoll in die Hände der vier hammer-
führenden Großbeamten. Die bereits geschehenen Schritte, von
denen hier die Rede ist, waren Besprechungen mit den Großmeistern der Berliner Großloge Royal York und der Frankfurter Großloge behufs Sicherung der Fortdauer der Hannoverschen Großloge.

Am 30. December 1866 richtete Br.·. Krüger, wie es
scheint privatim, nicht als Bevollmächtigter der Großloge, ein
Immediat = Gesuch an König Wilhelm um Bestätigung der
Hannoverschen Großloge als „vierter Großloge des preußi-
schen Staates" und bat um Audienz in der Angelegenheit.
Es wurde ihm der Bescheid, daß der König ihn nicht vor der
Proclamation der Einverleibung Hannovers in den preußischen
Staat empfangen wolle. König Georg V. nahm Krüger diese
Schritte sehr übel und enthob ihn seines Amtes als Deputirter
Großmeister.

Die Anschauungen Br.·. Krüger's gewannen aber trotzdem
unter den hannoverschen Freimaurern immer mehr an Boden.
Auf einer Versammlung zu Hildesheim am 17. April 1867,
an welcher die meisten hannoverschen Logen theilnahmen, wurde
beschlossen, den König Wilhelm zu bitten, die Großloge
Hannover als vierte des preußischen Staates anzuerkennen und
den König Georg V. um Niederlegung des großmeisterlichen
Hammers zu ersuchen. Die Hannoversche „Großloge" protestirte
indes auch gegen diese Beschlüsse. Kurz nach der Hildesheimer
Versammlung legte aber der zweite Deputirte Großmeister
Br.·. Bokelberg sein Amt nieder. Seinem Beispiel folgten am
20. Mai auch die übrigen Großbeamten, sodaß die Großloge,
abgesehen vom Großmeister König Georg V., nunmehr kein
gesetzliches Organ mehr hatte. Am 6. Juni 1867 wurde auf

einer Versammlung in Hannover, an der 17 Logen theilnahmen, Krüger zum Großmeister gewählt, wodurch die Abwendung der großen Mehrheit der hannoverschen Freimaurer vom König Georg V. eine vollständige geworden war. Andere Logen wollten aber auch jetzt noch keinen andern Großmeister als ihn anerkennen. König Georg V. selbst verlangte unter den gegebenen Umständen von jedem guten Patrioten Deckung und fuhr fort, sich als Großmeister zu betrachten. [1]

Inzwischen befaßte sich auch König Wilhelm mit der Angelegenheit. Unter dem 9. September 1867 legte er dem preußischen Großmeister-Verein die Frage vor, ob sich die wiederholt nachgesuchte Anerkennung der Großloge von Hannover — unter gewissen Bedingungen — empfehle und insbesondere, ob im Falle der Anerkennung der Hannoverschen Großloge — unter den gedachten Bedingungen — ein Gleiches nicht auch von den übrigen Großlogen in den neu erworbenen Landestheilen beansprucht werden könne. Darauf traten die Großmeister unter dem Vorsitz des Kronprinzen zur Berathung zusammen und berichteten unter dem 14. September 1867:

„Daß die Verfassung und Lehrart der Großen Loge zu Hannover [Schröder'sches System] wesentlich von der unsrigen abweichen, sodaß eine derartige innige Gemeinschaft, wie sie unter den drei Preußischen Großlogen besteht, nicht zu ermöglichen wäre und daß daher die Heranziehung der Hannoverschen Großloge den Zwecken der Maurerei nicht als förderlich angesehen werden kann.

„Was die zweite Frage betrifft, so würde die Anerkennung der Großloge von Hannover, als vierte Großloge in Preußen, unzweifelhaft zur Folge haben, daß auch die nach Verfassung und Lehrart noch erheblicher abweichende Großloge des Eklektischen Freimaurer-Bundes zu Frankfurt a. M. Eurer Majestät Gnade in Anspruch nehmen und sich für ihre Erhaltung und ihr ferneres Bestehen bei Allerhöchstdenenselben angelegentlichst verwenden würde . . ."

Auf dieses Gutachten hin erging am 17. September 1867 an das Justizministerium und den Minister des Innern folgende Allerhöchste Cabinets-Ordre:

„Auf Ihren Bericht vom 18. Juni d. J. eröffne Ich Ihnen, daß Ich dem, von dem Ober-Baurath Krüger zu Hannover in seinem Immediat-Gesuche vom 30. December v. Js. vorgetragenen, auf Bestätigung der Hannöverschen Großloge als vierte Großloge des

---

[1] H. Wanner, Geschichte der Loge „Friedrich" zum weißen Pferde" 1896, S. 141 bis 148; Allgemeines Handbuch der Freimaurerei IV, 81.

preußischen Staates gerichteten Wunsche nicht entsprechen kann, da
höhere Rücksichten die Zulassung einer solchen vierten Groß=
loge nicht gestatten und daher der Anschluß der Hannöverschen Logen
an eine der, durch das Edict vom 20. October 1798 allein
anerkannten, Preußischen Großlogen verlangt werden muß u. s. w." ¹)

Darauf erließen die Minister des Innern und der Justiz
am 30. September 1867 eine Verfügung, durch welche die
hannoverschen Logen auf Grund des Edicts von 1798
aufgefordert wurden, sich entweder einer der drei altpreußischen
Großlogen anzuschließen oder sich aufzulösen. Die Mehrzahl
der hannoverschen Logen, 19 von 23, beschloß am 19. October
1867, mit der Berliner Großloge Royal York bezüglich des
Anschlusses an dieselbe in Unterhandlung zu treten. Sie hofften
so zu erreichen, daß sie nach ihrem bisherigen System fortarbeiten
und als Hannoversche Provinzial-Loge eine gewisse Unabhängigkeit
retten könnten. Da sich indessen die Verhandlungen ungebührlich
in die Länge zogen, verfügte ein neuer Erlaß des preußischen
Ministeriums vom 28. März 1868 kurzweg die Auflösung der
Hannoverschen Großloge, wodurch die zur selben gehörigen Logen
veranlaßt wurden, ihren Anschluß an die Großloge Royal York
zu beschleunigen. Sie vermochten dabei nur das Zugeständniß
zu erlangen, daß sie „bis zur Vereinbarung über ein
neues Ritual", nach ihrem bisherigen Schröder'schen Ritual
fortarbeiten könnten. ²)

Drei hannoversche Logen schlossen sich der National-Mutterloge, eine der Hamburger Großloge an. Die Loge „zur Ceder"
in Hannover kehrte zur Großen Landesloge zurück, der sie früher
angehört hatte. Die Loge in Walsrode löste sich auf. ³)

---

¹) Vgl. „Bauhütte" 1892, S. 423.

²) Aus den bezüglichen mannigfaltigen Verhandlungen heben wir
noch hervor, daß Br.˙. Schnell in einer Sitzung der ältesten hannoverschen Loge „Friedrich zum weißen Pferde" am 12. November 1867
die Aeußerung that, „bei der Speichelleckerei, welche auch
Brr.˙. unserer Loge bei Georg V. geübt, könne man, namentlich bei
der Blindheit des Mannes, nicht erwarten, daß er sich nicht dem
Glauben, als seien die Brr.˙. Freimaurer seine besten
Freunde, hingegeben habe, und es treffe die Schuld diejenigen
Brr.˙., welche solchen Götzendienst mit ihm getrieben." Diese
Aeußerung fand natürlich scharfen Widerspruch; sie ist aber doch be-
zeichnend. König Georg V. selbst soll später sehr schlecht auf die
Freimaurerlogen zu sprechen gewesen sein.

³) Vgl. H. Wanner, a. a. O., S. 146—152; Allgem. Handbuch der Freimaurerei IV, 81. Wir bemerken noch zur Erheiterung

Wie schon aus dem eben erwähnten Gutachten des Berliner
Großmeister Vereins vom 14. September 1867 und der auf das=
selbe gestützten Königlichen Cabinets=Ordre vom 17. September
1867 hervorgeht, schwebte auch über der Frankfurter Groß=
loge längere Zeit das Damokles Schwert, welches jeden Augen=
blick niederfallen konnte, um ihren Lebensfaden zu zerschneiden.
Dieselbe war jedoch ihrerseits klug genug, um unter den gegebenen
Umständen von einem Gesuche um Anerkennung Abstand zu
nehmen. Sie stellte sich vielmehr einfach auf den Boden der
allgemeinen preußischen Vereinsgesetzgebung und nahm im Uebrigen,
indem sie es sorgfältig vermied, Aufsehen zu erregen, eine zu=
wartende Haltung ein. Man beschäftigte sich zwar hohen Ortes
trotzdem auch mit ihr; da aber keine Anträge ihrerseits vorlagen,
in sehr langsamem Tempo; – und das war ihre Rettung.

Bereits unter dem 30. August 1869 erging wieder auf
eine Mittheilung des Berliner Großmeister=Vereins
vom 21. Januar 1869 hin, eine Königliche Cabinets=
Ordre, welche den preußischen Minister des Innern beauftragte,
„den Vorständen dieser [Frankfurter] Logen zu eröffnen,
„daß dieselben sich an eine der drei nach den Bestimmungen
„des Edicts vom 20. October 1798 allein anerkannten
„Preußischen Großlogen anzuschließen hätten, widrigenfalls sie
„als freimaurerische Logen nicht mehr ange=
„sehen werden könnten — vielmehr lediglich als Privat=
„gesellschaften fortbestehen dürften und den für diese geltenden
„Vorschriften unterworfen seien. Zugleich sei, falls sie sich dem
„gestellten Verlangen nicht fügen, eine strenge Ueber=
„wachung derselben anzuordnen und im Falle ermittelter
„Gesetzesüberschreitungen, die Einleitung des gerichtlichen Ver=
„fahrens zu veranlassen.“

In Folge eines Berichts des Ministers des Innern über
die Frankfurter Freimaurerlogen an den König vom 28. April
1870, forderte Letzterer die Berliner Großmeister von Neuem
auf, sich zur Angelegenheit und besonders über die Beziehungen
zu äußern, welche zwischen denselben und den altpreußischen
Großlogen obwalteten. Aus dem Antwortschreiben der Groß=
meister vom 30. Juni 1870 heben wir folgende Sätze als be=
sonders bezeichnend hervor:

„Höhere maurerische und politische Rücksichten
erfordern, nach unserer unmaßgeblichen Ansicht, daß die be=
stehenden Großlogen sich an dem Sitze der Staats=

---

des Lesers, daß die hannoverschen Brüder selbst die Logen der Stadt
Hannover kurzweg „Pferd“, „Bär“ und „Ceder“ nennen — fürwahr
ein drolliges „Dreigespann“!

regierung befinden, wie dies in allen europäischen Staaten der Fall ist."¹)

Auf Grund dieser „höheren maurerischen und politischen" Rücksichten sprachen sich die Großmeister gegen den Fortbestand der Frankfurter Großloge aus. Bezüglich ihrer Beziehungen zu derselben fügten sie bei, dieselben seien zwar freundschaftliche, aber doch zu wenig enge, als daß „den hiesigen Großlogen daraus . . eine genaue Kenntniß der dortigen Logenarbeiten" oder „irgend ein Einfluß auf dieselben" erwüchse.

Wegen des kurz darauf ausgebrochenen Krieges mit Frankreich wurden indes weitere Maßnahmen einstweilen vertagt. Schon fünf Tage nach dem Friedensschluß, am 15. Mai 1871, ersuchte aber Kaiser Wilhelm I. die Berliner Großmeister, sich darüber auszusprechen, ob sie angesichts der veränderten Verhältnisse, „zumal die Bestimmungen über das Vereinswesen jetzt zur Competenz der Reichsgesetzgebung gehören (Art. 4 der Reichsverfassung vom 16. April 1871)" „bei ihrem Votum vom 30. Juni 1870 in Betreff der Großloge und der Tochterlogen zu Frankfurt a. M. stehen bleiben". Gleichzeitig hatten sich die Großmeister auch über die weitere Frage zu äußern, „welche Stellung des deutschen Kaisers zu den nicht altpreußischen deutschen Großlogen" „ihnen angemessen" scheine. Diesmal sprach sich die am 25. Mai 1871 unter dem Vorsitz des Kronprinzen abgehaltene Versammlung der Berliner Großmeister dafür aus, daß man die Frankfurter Großloge als „Deutsche Großloge" fortbestehen lasse und daß der deutsche Kaiser „auf ehrerbietigsten Antrag der betheiligten Großlogen auch das Protectorat über diese Großoriente anzunehmen" geruhe.²) Letztern Bericht der Großmeister vom 27. Mai überwies Kaiser Wilhelm mit neuer Cabinets-Ordre vom 8. Juli 1871 dem Reichskanzler und dem preußischen Minister des Innern zur „Kenntnißnahme und weitern Veranlassung". Darauf ließ man die Frankfurter Großloge unbehelligt fortbestehen.³)

---

¹) Eigenthümlich nimmt sich im Lichte dieses Ausspruches die Thatsache aus, daß die altpreußischen Großlogen, und namentlich die zwei tonangebenden unter ihnen, die Große Landesloge und die National-Mutterloge, schon damals zahlreiche Tochterlogen außerhalb des preußischen Staates besaßen, und zwar auch in Staaten, wo eigene Großlogen bestanden. Vgl. Anhang u. I, 2.

²) Vgl. „Bauhütte" 1892, S. 124 f.; 1896, S. 398 f.

³) Vgl. Allg. Handbuch der Freimaurerei IV, 40.

Die Frankfurter Großloge selbst hatte bereits in einer der Königl. Regierung in Wiesbaden überreichten Denkschrift vom 22. December 1869 darauf hingewiesen, daß das besagte Edict von 1798 in Frankfurt a. M. und der Provinz Hessen-Nassau niemals eingeführt und publicirt worden sei und daß es selbst im ältern Preußen seine rechtliche Existenz durch den § 4 der Verordnungen vom 6. August 1848 und die nachfolgenden gesetzlichen Vorschriften in Art. 29 und 30 der Verfassung und im Gesetz vom 11. März 1851 verloren habe. Mit Bezug auf die Bestimmungen des letztern Gesetzes und des Strafgesetzbuches §§ 98 und 99 wurde in der Denkschrift nachdrücklich betont: In den Versammlungen der Freimaurerlogen dürfen „grundsätzlich und statutengemäß keine öffentlichen Angelegenheiten berathen und erörtert werden. Sie bezwecken nicht im Entferntesten eine Einwirkung auf öffentliche Angelegenheiten. Und weder ihr Zweck noch ihre Verfassung noch ihr Dasein soll der Regierung ein Geheimniß sein .. Hiernach kann die Kgl. Regierung nicht befugt sein, Freimaurerlogen zu unterdrücken oder Logenversammlungen durch Abordnung oder Stationirung von Polizei-Agenten in dieselben, unmöglich zu machen."[1])

Trotzdem aber die Vertreter der altpreußischen Großlogen seiner Zeit auf dem Frankfurter Großmeister-Tag ihrer lebhaften Freude über die gesicherte Fortexistenz der Frankfurter Großloge Ausdruck gegeben und selbst hervorgehoben hatten, daß die Kaiser Wilhelm und Friedrich wiederholt ihr Interesse für sie bekundeten und sie so thatsächlich anerkannt hätten[2]), vermochten sie es nicht über sich zu bringen, dieselben nicht gelegentlich wieder ihre vermeintliche Ueberlegenheit fühlen zu lassen. Bezeichnend hierfür ist beispielsweise folgende vom Zaune gebrochene Verlautbarung des amtlichen Organs der National-Mutterloge, des „Bundesblatts":

„Die drei altpreußischen Großlogen besitzen in ihren bezüglichen Protectorien, insbesondere aber im Edict von 1798 eine Rechtsgrundlage für ihr Bestehen, die ihnen aber zugleich gewisse Beschränkungen auferlegt und dazu gehört selbstverständlich (gemäß § 2 I des Edicts bezw. gemäß dem preußischen Vereinsgesetz) die Fernhaltung von Politik. Die ebenfalls auf preußischem Gebiete arbeitende Große Mutterloge des Eklektischen Freimaurerbundes [in Frankfurt a. M.] entbehrt solcher gesetzlichen Grundlagen vollständig; auf Fürsprache der altpreußischen Großlogen bei dem damaligen Allerhöchsten Protector, ist sie zur Zeit in ihrem Bestande

---

[1]) Vgl. „Bauhütte" 1896, S. 399.
[2]) Vgl. „Bauhütte" 1892, S. 426.

vom Staate nicht beeinträchtigt worden; aber **i h r e   g a n z e
E x i s t e n z** beruht doch nur auf einer stillschweigenden, **g e s e t z l i ch
n i cht   g e s i ch e r t e n** Duldung seitens der Behörden, sozusagen
**e i n e r   e n t l e h n t e n   W i r k u n g   d e s   E d i c t s,   e i n e m   A b -
g l a n z   v o n   d e r   g e s i ch e r t e n   R e ch t s s t e l l u n g   d e r   a l t -
p r e u ß i s ch e n   G r o ß l o g e n."**

„Dieser Zustand kann noch lange bestehen, wenn nicht die Aufmerksamkeit der Behörden besonders auf die **n e u p r e u ß i s ch e**
Freimaurerei gelenkt wird[1]); er kann sich in demselben Augenblick
ändern, wo die Rechtsverhältnisse der Frankfurter Großloge **a u s
d e m   w o h l t h u e n d e n   H a l b d u n k e l**, in dem sie sich zur Zeit
befinden, an das klare Licht des Tages und der bestehenden Gesetze
gezogen werden. Und das würde **j e d e n f a l l s** geschehen, sobald
n a ch   a u ß e n bekannt würde, daß Bestrebungen, **P o l i t i k** in den
Logen zu treiben, hervorgetreten sind, ohne sofort von maßgebender
Stelle unbedingt abgewiesen zu werden."[2])

Um diese Kundgebung, welche eine Periode verschärfter Betonung des ausschließlichen Sprengelrechts der altpreußischen
Großlogen für Preußen einleitete, recht zu würdigen, muß man
sich vergegenwärtigen, daß das Bundesdirectorium der National-
Mutterloge bereits in den Sitzungen vom 1. März und vom
24. Mai 1849 erklärt hatte, das Edict von 1798 sei durch § 4
der Verordnung vom 6. April 1848 über das freie Vereinigungsrecht in seinem strafrechtlichen Theile als vollständig aufgehoben
„und auch die nur die Freimaurerei betreffenden Bestimmungen seien nicht mehr als fortbestehend zu erachten".[3]) Die Art, wie die altpreußischen Großlogen „Fürsprache" zu Gunsten Frankfurts einlegten, ist bereits oben aufgeklärt worden. Das „Bundesblatt" insinuirt offenbar, daß thatsächlich auf Politik gerichtete Bestrebungen in der Frankfurter
Großloge bereits vorhanden sind und daß bisher nur die Aufmerksamkeit der Behörden nicht darauf hingelenkt wurde.

Das im Vorstehenden charakterisirte „Sprengelrecht" der
altpreußischen Großlogen war den fortschrittlichen Maurern um
so mehr ein Dorn im Auge, als erstere hauptsächlich mittelst
desselben das Uebergewicht, welches sie in Folge ihrer sonstigen
günstigen äußern Lage ohnehin schon besaßen, mehr und mehr
zum Nachtheile der andern Großlogen zu befestigen und zu ver-

---

[1]) Es wird hier wohl auf die Möglichkeit hingewiesen, daß die
altpreußischen Logenbehörden die neupreußischen Verbände bei den
Behörden denunciren könnten.
[2]) „Bundesblatt" 1891, 18. Heft; vgl. auch „Bauhütte" 1893,
S. 145; 1891, S. 345.
[3]) Vgl. „Latomia" 1892, Nr. 23 und „Bauhütte" 1893, S. 7.

mehren suchten und als sie sich zu diesem Zwecke in einer Art
Cartell, gleichsam zu „Bund im Bunde" fest aneinander ge=
schlossen hatten.[1)]

8. Die Hochgrade der altpreußischen Großlogen.

Die alt=
preußischen Großlogen halten noch immer an Hochgraden, bezw.
„höheren Erkenntnißstufen", fest, welche theilweise offenbar schwindel=
hafte Systeme des vorigen Jahrhunderts fortsetzen, theilweise
wenigstens noch Reste aus denselben festhalten.

Ueber die Hochgrade der Großen Landesloge und der National=
Mutterloge vermochten wir in unseren Quellen nur dürftige An=
gaben zu finden.

Die Große Landesloge befolgt bekanntlich das an den
französischen Tempel Ritterthum Schwindel anknüpfende sogen.
„Schwedische System", welches ihrem Stifter v. Zinnen=
dorf 1765 aber nur verstümmelt mitgetheilt worden war.[2)] Die
Zahl der Grade desselben schwankte, wie es scheint. Br∴ Findel
spricht von neun eigentlichen Graden, zu welchen sich dann noch
als 10. bis 12. Grad die „höchsterleuchteten Architekten", „Ritter
und Commandeure vom rothen Kreuz" mit dem „Weisesten Ordens=
meister" als „Vicarius Salomonis" an der Spitze, gesellten.[3)]

Die National Mutterloge, deren „rectificirtes System"
aus einer 1797 vom National=Großmeister Zöllner vor=
genommenen Revision der Rituale der ebenfalls schwindelhaften
„Stricten Observanz" hervorging, hat „vier höhere Stufen",
deren erste der Schottengrad ist, und bearbeitet demnach im
Ganzen sieben Grade. 1838 wurden weitere Revisionen der
Rituale und Institutionen dieser Grade vorgenommen.[4)] Die
maßgebende Behörde der National=Mutterloge ist das aus sieben
gleichgestellten Brrn∴, welche die höheren Grade be=
sitzen müssen und den höchsten „Innern Orient" bilden,
zusammengesetzte „Bundes-Directorium".[5)]

[1)] Settegast, Der deutschen Freimaurerei Gegenwart und
Zukunft 1897, S. 108, 155, 285.
[2)] Allg. Handbuch der Freimaurerei III, 534.
[3)] Findel, Geschichte der Freimaurerei, 5. Aufl., 1883 II,
S. 64 f. Die Schwindelhaftigkeit der Hauptlehren bezw. -Legenden
wurde von Schiffmann besonders in seinem Werke „Die Entstehung der Rittergrade in der Freimaurerei um die Mitte des
XVIII. Jahrhunderts" 1882 eingehend nachgewiesen. Vgl. auch „Bauhütte" 1876, S. 329 ff.
[4)] Vgl. Allg. Handbuch der Freimaurerei III, 463, 538 f.
[5)] Vgl. Groddeck, Versuch einer Darstellung des positiven
innern Freimaurerrechts 1877, S. 262 ff.

Br.·. Merzdorf, einer der gewiegtesten freimaurerischen
Geschichtsforscher, bemerkt bezüglich der Systeme der beiden Groß=
logen:

„Bei den drei Weltkugeln liegt es schon anders !als beim
alten und angenommenen schottischen System mit 33 Graden; denn
deren Hochgrade sind Töchter der älteren französischen, mit etwas
verblaßter stritter Observanz verquickt. Aber diese
Grade prätendiren durchaus nicht ein hohes Alter und eine Jahr=
hunderte alte, ungeänderte, treubewahrte Lehre. Ja, sie wollen nicht
einmal Hochgrade [?] sein, sondern nur Stufen, in denen die geschicht=
liche Kenntniß den Brüdern mitgetheilt wird.“ Diese Stufen tragen
„zum Theil ritterlich=priesterliche Färbung“.¹)

„Ganz anders verhält sich die Stellung der Großen Landes=
loge, welche auf alte Documente und Traditionen sich zu stützen
und von diesen nicht lassen zu können meint. Aber — aber. Diese
alten Traditionen haben bis jetzt noch nicht der kritischen Prüfung
Stich gehalten, und die Traditionen sind eben Traditionen —
keine Geschichte.... Br.·. Höfig hat mit großer Mühe aus
den Proceßacten [des Templerordens], welche 1810 zu Paris von
Michelet zum ersten Male vollständig herausgegeben worden sind,
Alles zusammengestellt, was auch in den Ekleff'schen (an Zinnendorf
gegebenen) Acten steht und daraus den Beweis zu führen gesucht, daß
man die Geheimstatuten der Templer — die bis jetzt noch
ganz unbekannt geblieben sind, sich nur aus den Proceßacten er=
rathen lassen — bei der Redaction der Ekleff'schen Statuten noch
gekannt habe. Gut. Rituelles ist auf diese Weise ge=
sichert, auch der Baphomet, den freilich die Schweden nicht kennen.
Hat man auch die Verachtung des Kreuzes und den Kuß in
spina dorsi mit gerettet? Ich weiß es nicht.... Wie aber,
wenn die Geheimstatuten wirklich vorhanden wären? Wie dann, wenn
dieselben geradezu aussprächen, daß kein Unterschied unter den ver=
schiedenen Religionsgenossenschaften sei? Wäre damit nicht den hohen
Tempelrittern, Commandeuren mit dem rothen Kreuz der
Grund und Boden ihrer Christlichkeit weggezogen?
Müßten sie nicht zugeben, daß ihnen das wahre, echte Mysterium
ordinis fehle und daß sie ihren Baphomet noch nicht richtig
verstanden hätten?“²)

Schon dieses Citat zeigt, daß in beiden Großlogen, und
namentlich in der Landesloge nicht wenig „Humbug“
getrieben wird. Br.·. Putsche in Weimar bezeichnet überein=
stimmend mit anderen Freimaurern die „Starr= und Blind=

---

¹) Wenn es sich wirklich nur um Stufen zur Mittheilung „ge=
schichtlicher“ Kenntniß handelte, wozu dann die „ritterlich=
priesterliche“ Färbung derselben?
²) „Bauhütte“ 1876, S. 114.

gläubigkeit" der Großen Landesloge als das Haupt-
hinderniß der Einigung der deutschen Freimaurerei.[1]) Die
in dieser Großloge betriebenen groben Schwindeleien erregten
umsomehr den Unwillen der übrigen deutschen Freimaurer, als
erstere zudem noch den Anspruch erhob, die allein wahre und
echte Freimaurerei zu vertreten und dabei auf andere Systeme
mit Geringschätzung herabsah[2]), und als sie, weil die Hohenzollern'schen Protectoren ihr anzugehören pflegen, „in den
wichtigsten Fragen" thatsächlich „die Führung" ausübte.[3])

Die Großloge „Royal York" besitzt unter den altpreußischen
Großlogen das Mindestmaß von „Hochgraden", bezw. Rudimenten
derselben, in den zwei Stufen des „Innern" und des „Innersten
Orients"[4]), die in weiter unten noch mitzutheilenden Ausführungen des ehemaligen Großmeisters dieser Großloge, Zettegast, eine nähere Charakteristik erhalten werden.

Der Gegensatz zwischen den schottischen Hochgrad-Systemen
und der Johannis-Maurerei kommt äußerlich dadurch zum Ausdruck, daß jene die Freimaurerei als „Orden" und deren Mitglieder als „Ritter" bezeichnen, während die ursprüngliche
Freimaurerei nur einen Freimaurer-Bund und Freimaurer-
Brüder kennt.[5])

Die Gründe, aus welchen die liberalen, fortschrittlichen deutschen Freimaurer diese Hochgrade und die mit
denselben verbundenen Einrichtungen und gesetzlichen Bestimmungen perhorresciren, sind der Hauptsache nach folgende:

Die Hochgrade stellen spätere, der ursprünglichen englischen
Freimaurerei durchaus fremde, ja geradezu schwindelhafte Zu-
thaten dar. Sie sind daher schon vom Standpunkt der historischen
Forschung und der maurerischen Wahrhaftigkeit unhaltbar. Sie
können schließlich nur künstlich, mittelst systematischer Täuschungen,
aufrecht erhalten werden.

Das Hochgrad-Wesen fälscht ferner wieder die wahre Freimaurerei, welche in den Johannis-Graden enthalten ist, und cor-
rumpirt sie von Grund aus. Denn wo Hochgrade bestehen, ver-
schiebt sich der Schwerpunkt der betreffenden freimaurerischen Systeme

---

[1]) „Bauhütte" 1880, S. 117.
[2]) Vgl. „Bauhütte" 1887, S. 129 ff.
[3]) A. a. O. 1881, S. 361.
[4]) Vgl. Allg. Handbuch der Freimaurerei III, 105 und Gerber,
Die Freimaurerei und die öffentliche Ordnung 1893, S. 92. Bis vor
einiger Zeit hatte die Großloge Royal York fünf höhere „Erkenntnißstufen"; vgl. Findel, Geschichte der Freimaurerei. 5. Aufl.
1883 II, 120 f.; Asträa VIII, 209.
[5]) Vgl. „Bauhütte" 1877, S. 316; 1861, S. 266.

naturgemäß im Sinne dieser „fremdartigen" Hochgrade. Eine lächerliche Titel- und Bändersucht, begleitet von entsprechender Ueberhebung
der Hochgrad-Brüder den Johannis-Brüdern gegenüber, reißt ein. Die
Regierung oder wenigstens die maßgebende Rolle fällt in diesen
Systemen, zum Nachtheil der echten, solche Abirrungen verschmähenden
Freimaurer, den Hochgrad-Brüdern zu. Eine Begleiterscheinung dieser
Uebelstände ist, daß durch dieselben auch die b r ü d e r l i ch e Ein-
t r a ch t gestört wird und daß die Brüder der niederen Grade namentlich durch die mit dem Hochgrad-Wesen verbundene G e h e i m n i ß-
k r ä m e r e i in eine durchaus unwürdige, ja mitunter selbst direct
u n m o r a l i s ch e Stellung gebracht werden.

Diese G e h e i m n i ß k r ä m e r e i selbst ist wieder schon nicht
einmal vom sittlichen Standpunkt zu rechtfertigen. Denn wenn die
famosen „Geheimnisse" der Hochgrade, wie vorgeschützt wird, auf die
sittliche Veredelung und die Beglückung des Menschengeschlechtes Bezug haben, so ist es eine Versündigung an der Menschheit, dieselben
nur einigen wenigen bevorzugten Hochgrad-Brüdern zu offenbaren.
Gedachte Geheimnißkrämerei bringt auch die Freimaurerei und die
Freimaurer selbst i n V e r r u f. Das wirklich Gute und Ehrbare
braucht das Licht nicht zu scheuen. Eine Verbindung, welche die
Oeffentlichkeit flieht, ist nicht werth zu existiren. Die genannte
Geheimnißkrämerei steht auch im directen Widerspruch mit der
A u f g a b e d e r F r e i m a u r e r e i, der Menschheitsbund im
Kleinen zu sein, welcher nach seinem Vorbild den Menschheitsbund im
Großen nach seinem Vorbild gestalten und die ganze Menschheit in
einen großen Bruderbund zusammenschließen soll. Denn um dieser
Aufgabe nachkommen, für ihre Ziele Propaganda machen zu können,
muß sie nothwendigerweise dieselben bekannt geben; um die Mensch-
heit nach ihrem Vorbild zu gestalten, ihr dasselbe vor Augen stellen.

Das Schlimmste an den Hochgraden der drei altpreußischen Großlogen aber ist, daß dieselben ein specifisch „ch r i s t l i ch e s" Gepräge
haben und so gegen den Grundgedanken der Freimaurerei selbst, die
vor Allem auf religiösem Gebiet „neutral" sein will, gröblich verstößt.
Auch die Ausschließung der Nichtchristen bezw. J u d e n, welche eine
Folge dieses „christlichen" Princips der altpreußischen Großlogen ist,
läuft wieder dem Grundgedanken der Freimaurerei, welcher in der
möglichsten „Zusammenziehung" der bestehenden Trennungen", in der
Ueberbrückung der Gegensätze mit Bezug auf Religion, Rasse u. s. w.
gipfelt, schnurstracks zuwider. So verkehrt das Hochgrad-Wesen der
altpreußischen Großlogen die Freimaurerei in ihr gerades Gegentheil.
Anstatt im Sinne der Duldung, Bruderliebe, Gleichheit der Brüder
vor dem Allmächtigen Baumeister der Welten; im Sinne der Geistesfreiheit und der individuellen Selbständigkeit ihrer Mitglieder zu
wirken und dem Fortschritt zu dienen, führen die altpreußischen Großlogen durch die Hinterthüre der Hochgrade wieder Titel, Rang und
Privilegien in die Logen ein, bringen ein hierarchisches System zur
Geltung, welches die individuelle Freiheit unterdrückt und zu Unduldsamkeit, Herrschsucht und Geistesunfreiheit führt und die Stagnation

im Gefolge hat. Dadurch werden die altpreußischen Großlogen wieder zum unübersteiglichen Hinderniß für die Einigung der deutschen Freimaurerei und für ihren gedeihlichen Fortschritt und zu den gefährlichsten und bösartigsten Feinden der Königlichen Kunst.[1]

Man wird nicht umhin können, diesen Ausstellungen auch vom freimaurerischen Standpunkt ein gewisses Gewicht zuzuerkennen, zumal da thatsächlich altpreußische Großlogen selbst, und darunter vor Allem die bedeutendste derselben, die National-Mutterloge, deren Berechtigung wenigstens bis zu einem gewissen Grad zugestanden haben. Zum Beweise für letztere Thatsache möge hier ein Auszug aus dem Protokoll der 1001. Sitzung der Großen National-Mutterloge „zu den drei Weltkugeln" vom 17. Mai 1896 Platz finden. Die wesentlichen Stellen

[1] H. Settegast, Der deutschen Freimaurerei Gegenwart und Zukunft 1897, S. 90 f., 135, 160, 36, 187 ff. „Bausteine" 1894, S. 99; 1895, S. 121 ff.; 1896, S. 66, 79 ff., 153 f., 183; 1897, S. 140, 199, 77. Vgl. auch „Bauhütte" 1879, S. 63; 1885, S. 7, 130, 195 u. s. w. Settegast führt gegen die Hochgrade der altpreußischen Großlogen unter Anderm auch folgendes Urtheil des berühmten freimaurerischen Forschers Feßler ins Feld:

„Ein höherer Grad ist eine aus verschiedenen Ceremonien, symbolischen Formeln und hieroglyphischen Bildern in neueren Zeiten zusammengesetzte Mysterie, in welcher Ceremonien, Formeln und Hieroglyphen moralisch gedeutet, die Enthüllung ihres eigentlichen Sinnes aber und die völligen Aufschlüsse erst in einem noch höhern Grade verheißen werden, welches denn so lange von Grad zu Grad fortgeht, als in diesem oder jenem Grade nothwendig scheint, seine letzten und höchsten Aufschlüsse durch mehr oder weniger höhere Grade symbolisch vorzubilden. Diese letzten und höchsten Aufschlüsse, welche dann den Schlußstein des ganzen Logensystems ausmachen, sind selbst nichts Anderes, als eine erdichtete, aller Zeit- und Menschengeschichte widersprechende, jede Prüfung und Kritik scheuende Historie des Ordens, von denjenigen erfunden, welche die immer steigende Wißbegierde der Brüder nicht anders zu befriedigen wußten oder von der traurigen Ueberzeugung geleitet wurden, daß die Menschen überall die Täuschung mehr lieben als die Wahrheit, und selbst das Gute nur durch die Hülle der Täuschung sehen wollen." Settegast, a. a. O., S. 91; „Bausteine" 1894, S. 99.

Solche und ähnliche öffentliche Kritiken an der officiellen Freimaurerei zogen Settegast und seinen Anhängern seitens des National-Großmeisters Br.·. Gerhardt und seiner Getreuen den Vorwurf zu, sie hätten sich „gegen die Keuschheit [!] der Freimaurerei" versündigt. „Bundesblatt" 1894, S. 137; „Bausteine" 1894, S. 99.

dieses, das Verhältniß der Johannis-Grade zu den Hochgraden behandelnden Actenstückes lauten nach dem „Bundesblatt", dem amtlichen Organ der Großloge, 1896, Heft 11:

„... Es ist naturgemäß, daß ein System, welches höhere Stufen besitzt, diese rechtfertigen muß. Aber diese Rechtfertigung zeigt deutlich, daß unsere Vorgänger das Wesen der Freimaurerei in den Johannis-Graden als abgeschlossen erachten ... Die höheren Stufen sind nicht aus Nothwendigkeits-, sondern aus Zweckmäßigkeits-Gründen angefügt worden. Die wahre Maurerei außer den drei blauen Graden arbeitet auch auf Maurerweise im Sinne und Geist der Johannis-Maurerei: es ist dieselbe Maurerei, aber auf höheren Stufen der Erkenntniß und Uebung ihrer Lehren. Es erschien in der Ausführung zweckmäßiger, den reichen Kenntnißschatz des Ordens auf mehrere Grade zu vertheilen, als auf eine Stufe zusammenzuhäufen; ferner bieten die höheren Stufen eine Gelegenheit, Brüder, die Sinn und Interesse für den Orden haben, in das Innerste derselben einzuführen, wie auch die in den höheren Stufen einander näher bekannten Brüder durch ein engeres Band besonders fest und innig mit einander verbunden werden.

„... Anders war es freilich im System der Großen Landesloge; hier wurden ausdrücklich die Johannis-Maurer nicht als voll angesehen, sie waren nicht im Besitze des freimaurerischen Geheimnisses. Aber auch hier ist eine Aenderung eingetreten seit der bedeutungsvollen Rede des Kronprinzen Friedrich am 24. Juni 1870, in der er mit wuchtigen Worten den höheren Graden zurief: „„Geben wir die Furcht „„auf, daß wir unrecht handeln, wenn wir aus den Lehren der „„höheren Grade in die niederen hinübernehmen, was diese befruchtet. „„In unserer Zeit muß die Johannis-Loge das Haupt- „„augenmerk der Freimaurer sein; sie muß das „„Hauptgewicht erlangen."" — In einer späteren Denkschrift wird auch von Seiten der Großen Landesloge zugestanden, daß die höheren Grade kein freimaurerisches Geheimniß besitzen.

„Nachdem so Br Bernhardi die drei Urkunden für die höheren Grade untersucht hat, kommt er zu dem Schluß: daß in dem System der drei Weltkugeln die Darstellung der maurerischen Lehre in den drei Johannis-Graden vollständig und erschöpfend enthalten ist. Diese These gelangte einstimmig zur Annahme. Zu erwähnen bleibt noch, daß Br Bernhardi von dieser Kundgebung sich eine festere Zusammenfügung der deutschen Freimaurerei, zunächst im Großlogen-Bund, verspricht." [1]

Es dürfte wohl keinen einzigen denkenden Leser geben, der

[1] Vgl. „Bauhütte" 1896, S. 271; vgl. auch 1897, S. 381, 395.

sich durch vorstehende Ausführungen befriedigt erklären könnte. Was zunächst die Große Landesloge anbelangt, so folgt aus dem Gesagten nur, wie wenig genau dieselbe es mit der Wahrhaftig=keit nimmt, indem man jetzt „zugesteht", daß die höheren Grade kein Geheimniß besitzen, während man früher behauptete, sie besäßen ein solches. Die Ausführungen des Br Bernhardi sind auch nicht frei von Widersprüchen, da in denselben einerseits zu=gestanden wird, daß „die Darstellung der maurerischen Lehre in den Johannis-Graden vollständig und erschöpfend enthalten ist" und andererseits wieder behauptet wird, daß in den höheren Stufen die Brüder „in das Innerste" des Ordens eingeführt werden u. s. w. Unseres Erachtens könnte ein Vertreter des Alten und Angenommenen Systems mit 33 Graden genau ebenso reden, indem alle höheren Grade als eine „Vertiefung" des Inhalts der niederen Grade dargestellt werden können. Auch sieht man nicht ein, warum diese „Vertiefung" nicht in der Johannis=Maurerei selbst zu erreichen ist, sondern nur in einer Schottenloge. Aus Allem geht hervor, daß die National=Mutter=loge die nicht ihren höheren Stufen angehörenden Brr Maurer wieder einmal mit Worten abzuspeisen sucht.[1] Wenn die Hoch=grade der altpreußischen Großlogen thatsächlich kein Geheimniß enthalten, wie kann man dann andererseits Zettegast, der sie seiner Kritik unterzieht, des Verraths am maurerischen „Ge=heimniß" bezw. des Bruchs seines Verschwiegenheitsgelöbnisses zeihen? Oder ist vielleicht in den Augen der altpreußischen Großlogen gerade die Thatsache, daß sie kein Geheimniß ent=halten, während man den Uneingeweihten gegenüber beständig von einem in demselben verborgenen tiefen Geheimniß redet, d a s Geheimniß, welches seitens der Eingeweihten unter allen Um=ständen gewahrt werden muß?

Auf alle Fälle liegt in den obigen officiellen Ausführungen der National=Mutterloge das Zugeständniß, daß thatsächlich die Freimaurerei in den drei Johannis-Graden ihren Abschluß findet. Dieses Zugeständniß macht in Wirklichkeit auch den Versuch zu Schanden, die Aufrechterhaltung der Hochgrade aus „Zweck=mäßigkeits-Gründen" zu rechtfertigen. Denn wenn die wahre Freimaurerei mit den Johannis-Graden abgeschlossen und mithin in diesen vollständig enthalten ist, so kann die Hinzufügung höherer Grade vom freimaurerischen Standpunkt doch unmöglich „zweckmäßig" sein, da sie nur die Wirkung haben kann, die wahre Freimaurerei zu verdunkeln oder zu fälschen.

---

[1] Vgl. auch „Bauhütte" 1896, S. 412.

Friedrich III. äußerte in feierlicher Sitzung der Großen Landesloge, am 24. Juni 1876, daß „schon in der Arbeitstafel des e r st e n Grades alle Kenntnisse der Freimaurerei enthalten seien". In der That richten sich die obigen Einwendungen gegen die Hochgrade im Wesentlichen auch gegen das freimaurerische Gradwesen und gegen die freimaurerische Geheimthuerei über= haupt, auch insofern letztere den „P r o f a n e n" gegenüber im Bunde allgemein üblich ist. Schon Br.⁒. S ch i f f m a n n erklärte: „H i s t o r i s ch ist gegen die Hochgrade mit Grund nichts ein= zuwenden, was nicht auch gegen die drei Johannis-Grade geltend gemacht werden könnte." ¹) Der jetzt meist accreditirten Anschauung zufolge bestand ursprünglich auch in der englischen Freimaurerei nur e i n Grad oder genauer, das Gradwesen wurde in dieselbe erst später eingeführt und noch ursprünglicher gab es überhaupt keine „freimaurerische" Absonderung den Profanen gegenüber, kein maurerisches „Zunft"=Wesen.

Verschiedene Maurer sprachen denn auch der A u f h e b u n g a l l e r G r a d e das Wort. So schreibt z. B. Br.⁒. J. G. F i n d e l mit Bezug auf einen Vorschlag Br.⁒. Staudinger's zu Gunsten der Aufhebung des M e i st e r = G r a d e s, „der an einem unheilbaren inneren Widerspruche leidet":

„Weshalb [soll] nicht auch der r i t u e l l a r m s e l i g e G e s e l l e n= g r a d [aufgehoben werden]? Wir könnten uns recht wohl m i t d e r A u f n a h m e i n d e n B u n d, mit der Weihe zum Maurer be= gnügen, w i e d i e s a u ch a n f a n g s g e s ch a h, als der Bund ins Leben trat. Schreiber dieses ist seit 33 Jahren Maurer und er kennt die maurerische Litteratur aller Völker; aber er hat weder aus eigener 33jähriger Beobachtung i r g e n d e i n e n n e n n e n s = w e r t h e n N u tz e n der beiden später eingeführten „Grade" wahr= genommen, noch auch in der maurerischen Litteratur einen solchen nach= gewiesen gefunden. Beide bewirken höchstens ein H i n h a l t e n des Eifers solcher Brr.⁒., die am besten gleich nach der Aufnahme wieder Kehrt machen sollten; sie fordern ganz u n n ü tz e Z e i t = u n d G e l d o p f e r und schaden uns durch Nährung des W a h n e s, die Maurerei stecke in Ritualen, Formen, Bräuchen und Graden. F ü r i h r e E r h a l t u n g s p r i ch t g a r n i ch t s, als der äußere Anklang an die Stufen des Handwerks und die — G e w o h n h e i t."²)

Die Loge „Ludwig zu den drei Sternen" in Friedberg hatte sogar, gestützt darauf, daß die drei Johannis-Grade nur der Eitelkeit von Titel= und Bänderjägern ihre Entstehung ver= dankten und die Grundlage der Hochgrade und ihrer Verirrungen

---

¹) „Bauhütte" 1878, S. 115.
²) „Bauhütte" 1889, S. 309 Anm.

bildeten, zu deren Stiftung sie beständig anreizten, bereits 1877 bei ihrer Großloge (Darmstadt) beantragt,

„es wolle dieselbe die Beseitigung der sogenannten Johannis-Grade beschließen und möglichst darauf hir-wirken, daß ein gleicher Beschluß in anderen Großlogen gefaßt und durchgeführt werde“.[1]

Man sollte nun meinen, Brr.·. und Logen, welche solche Ueberzeugungen hegten, müßten es, angesichts der Thatsache, daß man denselben in der Freimaurerei praktisch keinerlei Rechnung trägt, als Ehrensache ansehen, ihren Austritt aus dem Bunde zu nehmen. Wer so schließt, vergißt aber, daß die ganze Frei=maurerei in Widersprüchen lebt und webt und ihre Anhänger längst daran gewöhnt hat, sich aus solchen Widersprüchen in der Theorie und zwischen Theorie und Praxis nicht viel zu machen, und daß bei echten Freimaurern eine gewisse verworren=schwärmerische Richtung einen Grundzug ihrer Geistesart bildet. Br.·. Findel insbesondere verfaßte, obgleich er die „Grade“ überhaupt verurtheilt, sogar salbungsvolle Rituale für dieselben.

Erwähnenswerth ist noch, was Kaiser Friedrich III. als Kronprinz und stellvertretender Protector über die Hochgrade in einer Audienz äußerte, welche er am 7. September 1881 den „Meistern vom Stuhl“ der drei Logen der Stadt Hannover, den Brrn.·. Schütte (Ceder), Bergmann (Bär) und Nagel (Pferd), gewährte. Der im Archiv dieser Logen befindliche Bericht über die Audienz sagt darüber:

„Nachdem Se. Königl. Hoheit erfragt hatte, daß zwei der hiesigen Logen unter Royal York und eine unter der Großen Landesloge arbeite, wunderte er sich, daß trotzdem ein Vertragen, ein Verkehr in Liebe und Freundschaft statthabe. Br.·. Schütte erklärte, daß die Loge „zur Ceder“ unter den ob=waltenden Umständen nur die drei Johannis-Grade bearbeite. — „„Dabei bleiben Sie““, versetzte der Kronprinz, „„diese Grade enthalten alles Schöne, was die Freimaurerei zu bieten im Stande ist.““ Derselbe äußerte ferner, als Er den sechsten und siebenten Grad[2] bekommen, sei ihm Alles durch-

[1] Vgl. „Bauhütte“ 1877, S. 38 f.
[2] Die Titel der Hochgrade der Landesloge lauten: 4. Andreas-Lehrling-Geselle; 5. Andreas-Meister; 6. Ritter vom Osten im Auf-gang von Jerusalem; 7. Vertrauter Bruder Salomos, Ritter vom Westen; 8. St. Johannis-Vertrauter; 9. St. Andreas-Vertrauter; 10. Ritter vom Rothen Kreuz (niedere Architekten); 11. Commandeur vom Rothen Kreuz (höhere Architekten); 12. Vicarius Salomonis („Weisester Ordensmeister“). Vgl. Findel, Geschichte der Frei-maurerei. 5. Aufl. 1883. II, 64 f

einander gegangen; der Prinz von Wales, welcher 33 Grade habe, habe ihm auf seine Frage, was denn der Inhalt dieser vielen Grade sei? geantwortet, das wisse er selbst nicht."[1]

Kronprinz Friedrich Wilhelm ließ auch bezüglich der Hochgrade der Großen Landesloge in Schweden[2]) und später selbst in der Vaticanischen Bibliothek[3]) Forschungen anstellen, die aber nur das Ergebniß hatten, daß die grundlegenden Traditionen der Landesloge aller historischen Beglaubigung entbehrten. — Kaiser Wilhelm I. äußerte sich denselben Meistern vom Stuhl gegenüber, die unmittelbar vorher zuerst bei ihm Audienz gehabt hatten. Er habe Sich „in Sachen der höheren Grade der schwedischen Freimaurerei an des Königs von Schweden Majestät gewandt und angefragt, ob man dort vielleicht Acten habe, welche nur unter Souveränen ausgetauscht werden könnten? Darauf habe derselbe geantwortet, daß man dort nichts habe".[1]

Was speciell die Ausschließung der Nichtchristen, und darum auch der Juden, betrifft, so werden dieselben seitens der Großen Landesloge „principiell", seitens der National-Mutterloge gemäß einem noch zu Recht bestehenden „Gesetze" dieser Großloge von der „Aufnahme" ausgeschlossen. In der Großloge Royal York kam zwar das Gesetz, welches bis dahin die Aufnahme der Juden untersagte, 1872 zu Fall.[5]) Thatsächlich zeigte man sich aber den Juden gegenüber, welche bei Tochterlogen derselben die Aufnahme nachsuchten, so schwierig, daß dadurch ihren Stammes- und Religionsgenossen alle Lust benommen wurde, sich noch ferner bei denselben um die Aufnahme zu bemühen.[6]) In den „Innern Orient" der Großloge wurden

---

[1]) Vgl. H. Wanner, Geschichte der . . . . . Freimaurerloge Friedrich zum weißen Pferde im Orient von Hannover 1897, S. 172.

[2]) Vgl. Allgem. Handbuch der Freimaurerei IV, 68.

[3]) Vgl. „Bauhütte" 1890, S. 316. Diese Forschungen bezogen sich hauptsächlich auf die angebliche Fortführung der Templer-Tradition durch das schwedische System. Vgl. „Bauhütte" 1876, S. 114.

[4]) Vgl. H. Wanner, a. a. O., S. 169.

[5]) Allg. Handbuch der Freimaurerei IV, 41.

[6]) Aus den Mitglieder-Verzeichnissen der Großloge Royal York ergiebt sich, daß von 12 Juden, die 1892/93 der Großloge angehörten, neun in den Jahren 1872 bis 1876 und einer 1882 „aufgenommen", ferner zwei 1887 und 1888 „affiliirt", d. h. nachdem ihre Aufnahme bereits in anderen Logen stattgefunden, adoptirt wurden. 1888 bis 1892 fand weder eine Aufnahme noch eine Affiliation von Juden mehr statt. Vgl. „Bausteine" 1894, S. 17 f.

„Wie oft soll es denn wiederholt werden, weshalb wir Nicht-christen in unsere Loge nicht aufnehmen können! Ich habe schon oben ausgeführt, daß die Lehre der Großen Landesloge sich auf die Lehre Christi als auf einen Felsen von Erz stützt, und daß sie von ihrer ersten bis zu ihrer letzten Stufe von dem Geiste Christi durchweht, ihre Jünger zum innersten Erfassen dieses Geistes der Liebe auf die ihr eigenthümliche Weise hinzuführen trachtet. Wir sträuben uns keineswegs . . ., einen Juden Bruder zu nennen und Hand in Hand mit ihm für die Herrschaft der Humanität auf Erden zu wirken; zum Beweise dafür öffnen wir ihm, wenn er durch seine Aufnahme in eine an-erkannte Loge den Charakter als Freimaurer erhalten hat und unser Bruder geworden ist, gern unsere Tempel und beeifern uns, gerade die jüdischen Brüder mit be-sonderer Liebe und Zuvorkommenheit zu empfangen . . . Aber aufnehmen können wir sie nicht, weil — wir zu ehrlich sind, ihnen verbergen zu wollen, daß nach unserer Auffassung der Geist der Freimaurerei identisch ist mit dem Geiste des Christenthums [!]; wir können sie nicht aufnehmen, weil ihr Eintritt in unsere Logen einer unfreiwilligen Conversion zum Christenthum [!] . . . gleichzuachten wäre u. s. w." [1])

Zur besseren Würdigung dieser Erklärung bemerken wir, daß das „Christenthum" der Landesloge sich im Wesentlichen auf die Behauptung beschränkt, Christus sei der hauptsächliche Ver-treter des freimaurerischen Humanitätsprincips, welches so mit dem Namen Christi unzertrennlich verknüpft sei.

Bezeichnend für die Stellung speciell der National= Mutterloge zur Juden=Frage ist ein Vorgang, welcher sich Anfangs der achtziger Jahre abspielte. Im August 1881 hatten die Groß=Beamten der holländischen Großloge ein amtliches Schreiben an die Große Landesloge und die National=Mutterloge in Berlin gerichtet, in welchem sie letztere ernsthaft und nach-drücklich darauf aufmerksam machte, daß die Ausschließung von Juden von der Aufnahme dem freimaurerischen Grundgesetz widerspreche. Auf dieses Schreiben gab die „National= Mutterloge zu den drei Weltkugeln" in Berlin am 28. Sep-tember 1881 folgende Antwort:

---

[1]) Dr. O. Hieber, Zur Abwehr, Eine Beleuchtung der Schrift des Prof. Dr. Settegast: Die deutsche Freimaurerei u. s. w. 3. Aufl. 1893, S. 26.

„An den Ehrwürdigsten Groß-Osten des Königreichs der Niederlande zu Händen des Deputirten National-Großmeisters Ehrwsten Br Noordziek, im Or. zu Haag.

„Ehrw. u. gel. Brr!

„Auf Ihr brüderliches Schreiben vom August d. J., in welchem Sie die Nicht-Aufnahme der Israeliten in unsere Logen als nicht mit den Freimaurer-Principien vereinbar erklären und uns auffordern, Maßregeln zu ergreifen, um die darauf bezüglichen Bestimmungen in unseren Statuten aufzuheben, erlauben wir uns brüderlichst zu erwidern, daß bereits seit mehreren Jahren von unseren eigenen Bundeslogen Anträge zu dem Zwecke gestellt worden sind, daß dieselben aber in unserer gesetzgebenden Versammlung bisher noch nicht die vorschriftsmäßige Majorität von zwei Drittel der Stimmen haben erlangen können.

„Wir erkennen mit Ihnen im Princip die Ausschließung der Israeliten von der Aufnahme in unsere Logen als nicht vereinbar mit dem Grundwesen der Freimaurerei an und geben uns auch der sicheren Hoffnung hin, daß diese Schranke in nicht allzu ferner Zeit in unserem Bunde fallen wird Wir grüßen Sie u. s. w.

„Das Bundesdirectorium.

„Gez. Marot, Schaper, Frederichs, v. Schwenichen, Großarchivar."[1])

Die „Bausteine" berichten, die letzten Worte des Schreibens . hätten in der holländischen Großloge Beifall hervorgerufen. Ein erfahrener holländischer Freimaurer habe aber schon gleich bemerkt: „Daraus wird doch nichts!"[2])

Im Mai 1884 wurde in der National-Mutterloge über § 139 ihres Gesetzbuches abgestimmt, welcher von den Aufnahmebedingungen handelt. Bei dieser Gelegenheit zeigte es sich, daß die National-Mutterloge sich in einem der „Hoffnung" des Bundesdirectoriums gerade entgegengesetzten Sinne entwickelt hatte. Die „antisemitische" Partei hatte starken Stimmenzuwachs zu verzeichnen. Besonders erwähnenswerth hierbei ist die Thatsache, daß in der Debatte, welche der Abstimmung vorherging, kein einziges Mitglied des hochw. Bundesdirectoriums zu Gunsten des von ihm als maurerisch richtig anerkannten Standpunktes das Wort ergriff.[3])

---

[1]) „Bausteine" 1894, S. 38; „Bauhütte" 1892, S. 79; 1882, S. 142.

[2]) „Bausteine" 1894, S. 38.

[3]) „Bauhütte" 1884, S. 273 bis 275.

Die Abstimmung in der „gesetzgebenden Ver=
sammlung" vom 20. Mai 1876, welche im obigen Schreiben
des Bundesdirectoriums erwähnt wird, hatte ebenfalls ihre höchst
interessanten und bezeichnenden Momente. Die Loge „Wittekind"
zu Minden war es gewesen, welche die Streichung des Juden=
Artikels (§ 165 Al. 1 der Bundesstatuten) beantragt hatte.
Damals war unter der Führung des Großmeisters von Etzel auch
das „Bundesdirectorium" geschlossen für den Antrag
eingetreten. Br.˙. Frederichs befürwortete denselben, als
Referent, aufs Wärmste. Br.˙. Metzel vertrat, als Cor-
referent, in weitschweifiger Rede den gegentheiligen Stand=
punkt. Der Haupttrumpf, den Letzterer zum Schlusse aus=
spielte, bestand darin, „daß er sich und seine verschrobenen An=
sichten durch eine erhabene, von allen Freimaurern
hochverehrte Person [natürlich ist Kaiser Wilhelm I. gemeint]
zu decken suchte".

„Von dem National = Großmeister deshalb zurechtgewiesen,
nahm Br.˙. Metzel keinen Anstand, seine Behauptungen
aufrecht zu erhalten und den Großmeister einer Un=
wahrheit zu zeihen. Die höchst bedauerliche, unerquickliche
Scene, welche hierauf folgte, entzieht sich jeder Schilderung.

„Nachdem sich der Sturm etwas gelegt hatte, erhielt der
Meister vom Stuhl und Deputirte der Loge „Wittekind"
als Antragsteller das Wort. Obwohl Br.˙. Pietsch nur
höchstens vier Minuten sprechen zu wollen erklärte, versuchten es
die Gegner doch, wenn auch natürlich vergebens, durch Schluß=
rufen, Trampeln und anderweitigen Spectakel ihn zum Schweigen
zu bringen. Hierbei soll sich . . . die Majorität der
Berliner Großloge [d. h. des weiteren höchsten Verwaltungs=
Collegiums der Großloge], welche wahrscheinlich bei Herrn
Tölke in die Schule gegangen war, besonders ausgezeichnet
haben."

Schließlich wurden für den Mindener Antrag 88 Stimmen
abgegeben, gegen denselben 57. Acht Stimmen fehlten an der
Zweidrittel=Mehrheit. Von der „Großloge" stimmten nur 23
mit Ja, 29 mit Nein.[1])

Br.˙. Settegast setzte es sich nun zur Aufgabe, die eben
gekennzeichneten Mißstände zu beseitigen und dadurch die Reform
und Einigung der deutschen Freimaurerei auf liberaler Grund=
lage anzubahnen.

---

[1]) Vgl. „Bauhütte" 1876, S. 225 f.

Zweites Capitel.

Professor Dr. Settegast. Sein Kampf gegen den „Antisemitismus" und das „Sprengelrecht" der drei altpreußischen Großlogen und sein Versuch, die deutsche Freimaurerei zu reformiren und zu einigen. Schritte der altpreußischen Großlogen zur Wahrung ihres „Sprengelrechts".

1. Prof. Dr. H. Settegast und die leitenden Grundgedanken seines Vorgehens.

9. Settegast als Mensch, Gelehrter, Freimaurer und Großmeister der Großloge Royal York. Settegast war zur Durchführung der Aufgabe, welche er sich gestellt hatte, zweifelsohne in ganz besonderm Maße befähigt.

Seine Wiege stand in Königsberg i. Pr., der „Stadt der reinen Vernunft". Hier athmete er schon von Kindheit auf die Atmosphäre des „kategorischen Imperativs". Seine irdische Laufbahn begann unter keineswegs verlockenden Umständen. Früh verwaist und auf die eigene Kraft gestellt, verfolgte er die Mahnung des Dichters: „Nimmer sich beugen, rüstig sich zeigen, rufet die Arme der Götter herbei."

Geboren am 30. April 1819 als Sohn eines Calculators beim Commerz- und Admiralitätsgericht, als der fünfte Sohn unter sieben Geschwistern, besuchte er anfänglich das Altstädtische Gymnasium, wo er zu dem Freidenker Jul. Rupp in nahe Beziehungen trat. Bald war er aber in Folge widriger äußerer Umstände genöthigt, als Lehrling in die praktische Landwirthschaft einzutreten. Glänzende Empfehlungen seines Principals Farenheid, sowie ein Staatsstipendium und sonstige Beihülfe ermöglichten es ihm indessen, nach neunjähriger praktischer Thätigkeit die Universität Berlin zu beziehen, wo er Philosophie und Naturwissenschaften studirte. 1847 wurde er Administrator der Gutswirthschaft und Lehrer der Landwirthschaft an der neu errichteten Akademie in Proskau. Von da an wurde er mit wissenschaftlichen Ehren überhäuft. Zuletzt Professor und wiederholt Rector an der landwirthschaftlichen Hochschule in Berlin, wurde Settegast Geheimer Regierungsrath und erhielt den rothen Adlerorden zweiter Classe mit Eichenlaub. Namentlich sein Werk über „Thierzucht" fand auch bei wissenschaftlichen Koryphäen hohe Anerkennung.[1]

Seine epochemachenden Leistungen auf dem Gebiete der Landwirthschaft sind: Die Ersetzung der „Humustheorie" durch die „Theorie der Stofferfatzwirthschaft" in der agrarischen Wissenschaft, und die Ersetzung der sog. „Constanztheorie" durch die „Lehre der Individualpotenz" in der Thierzuchtlehre.[2]

Seine freimaurerische Laufbahn begann Settegast 1851 in der zur National=Mutterloge gehörenden Loge „Psyche" in Oppeln. Hier bis zum Meister befördert, schloß er sich nach seiner Versetzung nach Waldau bei Königsberg 1858 der in dieser Stadt nach dem System der Großen Landesloge arbeitenden Loge „Todtenkopf und Phönir" an, welche ihn bis 1881 in ihrer Mitgliederliste führte. 1863 bis 1881 nahm er wieder als „Ehrenmitglied" an den Arbeiten der Loge in Oppeln theil. Bei seiner Uebersiedelung nach Berlin 1881 schloß er sich der unter der Obedienz der Großloge Royal York stehenden Loge „Friedrich Wilhelm zur gekrönten Gerechtigkeit" an. 1884 stieg er zur zweithöchsten Würde in seiner Großloge empor und bekleidete von da an bis 1889 neben Herrig als Großmeister die Stelle des „zugeordneten Großmeisters", um nach dessen Tod selbst den „ersten Hammer" zu übernehmen.[3] Als „Ehren= Großmeister" wurde 1861 bis zu seinem Tode am 27. April 1897 Prinz Wilhelm von Baden in den Listen der Großloge Royal York geführt. In seiner Eigenschaft als Mitglied des „Innersten Orients" des Systems der Großloge Royal York erlangte Settegast auch Zutritt zu den „höchsten Abtheilungen" [Grade bezw. Erkenntnißstufen] der National Mutterloge und der Großen Landesloge.[1] Nicht weniger als siebzehn Logen hatten ihn zu ihrem Ehrenmitglied ernannt. So hatte Settegast

---

[1] Vgl. Dr. jur. J. Levy in der Zeitschrift „Bausteine" 1895, S. 98 bis 103.

[2] Settegast, Erlebtes und Erstrebtes. Berlin 1892 und Der deutschen Freimaurerei Gegenwart und Zukunft 1897, S. 233.

[3] Settegast, Der deutschen Freimaurerei Gegenwart und Zukunft 1897, p. IX; „Bausteine" 1893, S. 20.

[4] O. Hieber, Zur Abwehr 3. Aufl. 1893, S. IV u. 2.

reichlich Gelegenheit, die Systeme aller drei preußischen Großlogen gründlich kennen zu lernen.

An der Schwelle des höchsten Alters angelangt, das vor
dem Verdacht des Strebertshums und Ehrgeizes schützt, entschloß
sich Br.·. Settegast, seine noch übrige Zeit und Kraft der Reform
der deutschen Freimaurerei im fortschrittlichen Sinne zu widmen,
um so das Werk seines Lebens, welches bereits umwälzende
Neuerungen auf landwirthschaftlichem Gebiete aufzuweisen hatte,
auf „ideal sittlichem" Gebiete zu krönen. Zunächst suchte er als
Großmeister in seiner eigenen Großloge zu reformiren.

Um dem in ihr eingerissenen Gebrauch zu steuern, nach
welchem Juden, die sich zur Aufnahme meldeten, fast sämmtlich
durch Einlegen schwarzer Kugeln in die Urne abgewiesen wurden,
schlug er folgende gesetzliche Bestimmung vor:

„Bei der Kugelung [Abstimmung über Aufnahmegesuche durch
Einlegen von schwarzen oder weißen Kugeln] ist von dem Grundsatze
auszugehen, daß Jeder, der sich veranlaßt sieht, ein ungünstiges
Zeichen zu geben, verpflichtet ist, dasselbe auch zu rechtfertigen; daß
ferner jedes nicht gerechtfertigte bei der späteren Feststellung des Ergebnisses der Kugelung unberücksichtigt bleibt, d. h. nicht mitzählt.
Ein ungünstiges Zeichen darf niemals lediglich mit dem Hinweis auf das Religionsbekenntniß des Aufzunehmenden gerechtfertigt
werden." [1]

Ein anderer Antrag des Großmeisters Settegast bezog sich
auf die Abschaffung der dem System Royal York eigenthümlichen höheren Stufen, welche die Bezeichnungen „Innerer" und
„Innerster Orient" führen. Letztere Forderung begründete
Settegast ausführlich in einer im Jahre 1889 an die „Statuten-
Revisionscommission" gerichteten Eingabe, deren wesentlicher Inhalt folgender ist:

So sehr man auch, unter geflissentlicher Umgehung des Ausdrucks
Hochgrad betonen mag, daß der Innere und Innerste Orient nur
höhere Erkenntnißstufen bilden, so kommen dieselben sachlich eben
doch Hochgraden gleich. Wie anderen Hochgrad-Einrichtungen, so haftete
auch ihnen die Tendenz an, die Johannis-Maurerei hinsichtlich der
Lehre und des Gebrauchthums zu beherrschen. Ja es liegt, wie
die Erfahrung bewiesen hat, selbst die Gefahr vor, daß das sogen.
Regierungs-Collegium [die oberste Verwaltungsbehörde der Großloge]
vom sogen. Lehr-Collegium [dem Innersten Orient] ins Schlepptau
genommen werde. Ueberdies haben der Innere und der Innerste
Orient praktisch auch nicht einmal eine nennenswerthe Bedeutung, indem die Mitglieder derselben von den Hochgrad-Collegien der National-

---

[1] Settegast, Der deutschen Freimaurerei Gegenwart und
Zukunft 1897, S. 155.

Mutterloge und der Großen Landesloge nur zu den Arbeiten ihres
vierten Grades, aber nicht zu denen der höheren Grade zugelassen
wurden. Ein solches völlig belangloses Vorrecht kann in keiner Weise
die Nachtheile aufwiegen, welche die durch diese Erkenntnißstufen be-
wirkte Entfernung von der ursprünglichen Freimanrerei, an der alle
deutschen Logen außer den altpreußischen festhalten, im Gefolge hat.
Seit den Ereignissen von 1870/71, fährt dann Settegast wörtlich
fort, „brach sich die besonders unsern Kaiser Friedrich III. erfüllende Ueberzeugung immer mehr und mehr Bahn, daß die Errungen-
schaften auf dem Gebiete der großen Politik auch
mitbestimmend für die maurerische Politik Deutschlands sein müßten ... Die deutsche Freimaurerei wird und muß
mehr und mehr ein mächtiger Culturfactor werden, wenn
sie in sich und durch ein übereinstimmendes System
fester geschlossen dasteht, als es jetzt durch den Großlogen-Bund mehr
gedacht, als erreicht ist. Ein schwächlicher Versuch ist es geblieben.
Erst durch volle Einheit und Uebereinstimmung der Großlogen-Systeme
ist die Macht der deutschen Freimaurerei zu gewinnen; ohne diese Einheit hat sie keinen Anspruch darauf, ausschlaggebende Führerin des
Geistes der Humanität auf deutschem Boden zu sein.“ [1])

Beide Reformvorschläge Settegast's wurden indes mit großer
Mehrheit abgelehnt. Als Settegast in Folge dessen zur Ueberzeugung gekommen war, daß er sich mit der großen Mehrheit
seiner Großloge nicht in Uebereinstimmung befand, legte er durch
Schreiben vom 15. November 1889 sein Großmeister-Amt nieder.[2])
Sein Rücktritt erregte das größte Aufsehen und wurde in weiten
Kreisen sehr bedauert.[3]) Da man über die Gründe desselben
anfangs selbst in der Großloge Royal York nicht unterrichtet war,
schwirrten allerlei Gerüchte in der Luft umher und es machte
sich in manchen Tochterlogen der Großloge Royal York eine ge-
reizte Stimmung gegen diese geltend. Im Februar 1890 theilte
Settegast selbst die Gründe seiner Amtsniederlegung in einem
vielen Brüdern seiner Großloge zugesandten Schreiben mit.[4])
Br.˙. Flohr, der Obermeister des „Innersten Orients“, warf
ihm nun wegen dieses Schreibens in einem Memorandum, das
er mit noch zehn anderen Brrn.˙. gegen Settegast's Antrag veröffentlichte, Verletzung des „Gelübdes der Verschwiegenheit“ vor[5]),
— einen Vorwurf, den er jedoch später auf der Großlogen-Ver-

---

[1]) „Bausteine“ 1894, S. 84 bis 88; 1896, S. 96; vgl. „Bauhütte“ 1890, S. 59.
[2]) Vgl. „Bauhütte“ 1889, S. 41; 1890, S. 47.
[3]) A. a. O. 1890, S. 7, 23.
[4]) Vgl. „Bauhütte“ 1890, S. 57 bis 60.
[5]) A. a. O. 1890, S. 81 ff. — S. 91 f. ist die Antwort, bezw.
„Verwahrung“ Settegast's gegen die Angriffe Flohr's mitgetheilt.

sammlung wieder zurückzunehmen sich genöthigt sah. [1]) Im Früh=
jahr 1891 wurde der Antrag Settegast's auf Beseitigung der
Nebenregierung des „Innersten Orients" von der Loge „Pytha=
goras zum flammenden Stern" in Berlin wieder aufgegriffen,
aber auch diesmal abgelehnt. [2]) Im Mai 1891 trat darauf
Settegast auch aus seiner Großloge selbst aus[3]), um seine Be=
strebungen zunächst im Anschluß an die Großloge von Hamburg
und später, vom 1. August 1892 an, durch Begründung einer
selbständigen Großloge, der „Großen Loge von Preußen, ge=
nannt Kaiser Friedrich zur Bundestreue", fortzusetzen.

**10. Die leitenden Grundgedanken des Settegast'schen
Reformwerkes.** Settegast über den Freimaurerbund als Träger
der „Cultur" und über die Nothwendigkeit, ihn von der ihm
durch Preußen angelegten Zwangsjacke zu befreien. Gleich
Br∴ Bluntschli betrachtete auch Br∴ Settegast mit vielen
andern Freimaurern der verschiedenen Richtungen den Freimaurer=
bund als den berufensten Träger der „Cultur". Er schreibt
darüber mit einer Ueberschwänglichkeit des Ausdrucks, welche an
ihm ebenfalls den bekannten verworren = schwärmerischen Zug
offenbart, welcher allen echten Freimaurern und Geheimbündlern
eigen zu sein pflegt:

„Die Freimaurerei der Gegenwart wird ihrer wahren und hohen
Aufgabe erst gerecht, wenn sie Licht über Fragen verbreitet, von deren
Lösung alle Culturfortschritte, soweit sie auf sittlich=religiöser Grund=
lage beruhen, abhängig sind. In diesem Sinn stellt die freimaure=
rische Gemeinschaft Deutschlands und des Auslands auch die b e ‑
r u f e n s t e   G e s e l l s c h a f t   f ü r   e t h i s c h e   C u l t u r   d a r."[4]) —
„Sind wir doch einig in der Ueberzeugung, daß ohne das Eingreifen
der Königlichen Kunst die Culturwelt eines der bedeutungsvollsten und
durchgreifendsten Mittel beraubt würde, alles Wahre, Schöne und
Gute zu fördern und den darauf beruhenden Gütern immer weitere

---

[1]) Vgl. a. a. O. 1890, S. 119.

[2]) Vgl. den Text des Antrags in der „Bauhütte" 1891, S. 97 bis
101 und 108 bis 110. Wir bemerken, daß 1890 auch Br∴ Adolf
T i e ß, Meister vom Stuhl der Cöthener Loge, eine Broschüre gegen
den Innersten Orient veröffentlichte (vgl. „Bauhütte" 1890, S. 135).
— Br∴ H ö f i g hatte schon am 16. April 1872 an Br∴ Findel
geschrieben: „Das hochgepriesene System Royal York, das ich in= und
auswendig kenne, hat für tiefere Geister keine Bedeutung mehr; es ist
wenig mehr, als Zeitphilosophie. Die besten Köpfe von dieser Lehrart
haben mir gegenüber dies selbst zugestanden." „Bauhütte" 1881, S. 196.

[3]) Vgl. „Bauhütte" 1891, S. 401.

[4]) H. S e t t e g a s t, Der deutschen Freimaurerei Gegenwart und
Zukunft, 1897, S. 128.

Gebiete zu erschließen."[1]) — „Sie ist's, die wahre Menschlichkeit, die
Humanität, welche die Freimaurerei auf ihre Fahne geschrieben
hat, unter der sie ihre Streiter bereit hält und mit jenem Muthe aus-
rüstet, der — um mit dem Dichter zu sprechen — früher oder später
die kalte Welt besiegt. Der Humanismus schwört auf kein Programm
und hat weder etwas Aeußeres zu begehren noch zu vertheidigen.
Und doch ist jeder Freimaurer ein Culturkämpfer, ein Ritter vom
Geist!"[2]) — „Eine Anerkennung beansprucht . . . die Brüderschaft:
alle dem Weckruf der Humanität gefolgten Eroberungen der Menschen-
cultur [also die Greuel der französischen Revolution, die Segnungen
des geeinigten Italiens, die Erfolge der Socialdemokratie u. s. w.]
wurzeln im Geiste der Freimaurerei, und alle die Männer, welche für
den Fortschritt der Menschheit im Sinne der Humanität gearbeitet,
gestritten und gelitten haben, sind Ritter von ihrem Geiste."[3]) —
„Die wahren Thaten der Freimaurer, so drückt sich Lessing aus, sind
so groß, so weitaussehend, daß ganze Jahrhunderte vergehen können,
ehe man sagen kann: das haben sie gethan. Gleichwohl haben sie
alles Gute gethan, was noch in der Welt ist[4]), und
fahren fort, an allem dem Guten zu arbeiten, was noch in der Welt
werden wird. Die wahren Thaten der Freimaurer
zielen dahin, um größtentheils Alles, was man
gemeiniglich gute Thaten zu nennen pflegt, entbehrlich zu machen."[5])

---

[1]) „Bausteine" 1894, S. 190.

[2]) Settegast, Der deutschen Freimaurerei Gegenwart und
Zukunft, S. 300.

[3]) Settegast, a. a. O., S. 55.

[4]) Br∴ Dr. Däumler (Sangerhausen) machte auf Johannis-
fest 1892 sogar die erstaunliche Mittheilung, daß man, wohl in der
Loge, selbst „die Benedictiner-Mönche aus Fulda" „ob
ihrer Bemühungen um das geistige Wohl ihrer Zeitgenossen als
Freimaurer bezeichnet hat". Vgl. „Bauhütte" 1892, S. 274.
Da wird voraussichtlich auch bald noch den „Jesuiten" der Ehrentitel
„Freimaurer" zuerkannt werden.

[5]) Settegast, a. a. O., S. 81. — Letztere aus Lessing's
„Ernst und Falk, Freimaurer-Gespräche", unzählige Male citirten
Worte stehen bei den deutschen Freimaurern überhaupt in so hohem
Ansehen, daß man sie wohl als die für die deutschen Freimaurer
liberaler Richtung maßgebendste Definition der freimaurerischen Wirksamkeit bezeichnen kann. In denselben wird die sachte, „stille", welt-
umgestaltende Wirksamkeit gepriesen, welche Freimaurer mit und
ohne Schurz durch die Ausbreitung der bekannten, im freimaurerischen Humanitätsprincip wurzelnden Ideen und Grundsätze
ausüben, und durch welche sie, Lessing zufolge, die von der Orthodoxie
angepriesenen guten Werke: Glaube, Kirchentreue, Festhalten an
Dogmen, Uebungen der Frömmigkeit, „christliche" Wohlthätigkeit,
Autoritätsprincip und Festhalten an demselben, Patriotismus im her-

5*

Im Unterschied von den früheren Vorkämpfern des liberalen Flügels der deutschen Freimaurerei ging Zettega st nicht bloß agitatorisch, sondern „handelnd" vor. Er nahm den Kampf gegen die altpreußischen Großlogen offen auf und suchte ihn consequent nach allen Richtungen durchzufechten. Er verhehlte dabei durchaus nicht, daß sein Vorgehen sich zugleich gegen die preußische Regierung richtete, welche offenbar die „frei= maurerisch conservativen" Bestrebungen der drei altpreußischen Großlogen systematisch begünstigte. Er schreibt:

„Jeder Deutsche, der sich von particularistischer Engherzigkeit und Eifersüchtelei frei fühlt, wird die Strebungen der preußischen Landes= fürsten, der Staatsregierung und des preußischen Volksgeistes nach Erweiterung und Verbreiterung vaterländischer Cultur ebenso willig anerkennen, wie der preußische Staatsbürger die Kraftentfaltung, welche im außerpreußischen Deutschland zu dem nämlichen Zwecke thätig war und gegenwärtig wirkt. Daß Preußen dazu berufen war und durch welche Mittel[1]) es ihm gelang, in großen entscheidenden Fragen der Gegenwart die Führerschaft zu übernehmen, um dem geeinten Deutschland Stärke nach innen und Machtfülle nach außen zu verleihen, ist jedem Deutschen bekannt, dessen Urtheil durch die vorgefaßte Meinung einer Partei nicht gefangen genommen wird.

„Um so tiefer werden wir es beklagen, wenn wir finden, daß Preußen in dem einen oder anderen Punkte der Aufgabe nicht gerecht wird, für die Vertiefung und Ver-

gebrachten Sinn u. s. w., überflüssig macht. Lessing spricht offenbar absichtlich so unbestimmt, daß eventuell auch für das fortgeschrittenste anarchistische und communistische Programm bis zur Frauen= und Kinder = Gemeinschaft Raum gelassen ist. Im Sinne des letzteren wären auch die Bethätigung von Ehrfurcht vor Gesetz und Ordnung, von ehelicher Treue, Ausübung von Eltern= und Kinderpflichten u. s. w. den „guten Thaten" von bloß provisorischem Werthe beizuzählen, welche durch die fortschreitende Ausbildung und Verbreitung maure= rischer Grundsätze „entbehrlich" gemacht werden sollen. Die Grund= anschauung Lessing's, gemäß welcher nicht der „Besitz" der Wahrheit, sondern das ewige „Suchen" derselben die wahre Größe des Menschen bedingt, scheint eine derartige Auffassung seiner Worte zu begünstigen. Denn mit dieser Grundanschauung ist ein selbstzufriedenes Haltmachen beim widerspruchsvollen Ideal des liberalen Bourgeois = Philisters, welcher diese Grundsätze nur soweit gelten lassen will, als es seinen Classen=Interessen entspricht, weit weniger in Einklang zu bringen, als die im Nebel des Phantastischen sich verlierenden anarchistischen Zukunftsträumereien.

¹) Sicher war der „Culturkampf" kein geeignetes Mittel, Preußen groß zu machen, und die Zugehörigkeit Hohenzoller'scher Fürsten zum Freimaurerbunde auch nicht.

allgemeinerung der Cultur durch eigenes Beispiel kräftig einzutreten. Es kann ihm der Vorwurf nicht erspart werden, daß es einem der bedeutungsvollsten Träger der Cultur, der Freimaurerei, nicht genügende Aufmerksamkeit geschenkt[1]) und ihr Fesseln angelegt hat, unter deren Druck ihre Wirksamkeit nicht den freudigen Aufschwung nehmen konnte, der ihr aus früher erörterten Gründen in der Neuzeit und in ihr mehr als je zuvor zu wünschen gewesen wäre. Edicte, welche aus der finstersten Zeit der Reaction des vergangenen Jahrhunderts stammen und nach dem übereinstimmenden Urtheil von Staatsrechtslehrern und Juristen längst hinfällig geworden sind, werden herangezogen, um in engherziger Auslegung die Entfaltung eines befreienden Humanismus im deutschen Vaterlande niederzuhalten."[2])

Settegast weist dann darauf hin, daß durch das Edict von 1798 und seine dem bestehenden Recht widersprechende Handhabung durch die preußische Regierung thatsächlich zu Gunsten der reactionären, herrschsüchtigen und unduldsamen Berliner Großlogen, deren im „freimaurerisch-conservativen" und „christlichen" Princip gipfelnde Systeme zudem im Widerspruch mit wahrer Freimaurerei ständen, ein Monopol geschaffen worden sei. So sei es gekommen, daß es in dem Lande, in welchem gemäß Friedrichs II. berühmtem Ausspruch Jeder „nach seiner Façon selig werden" könne, dem preußischen Bürger unmöglich gemacht worden sei, „nach seiner Façon Freimaurer" zu sein. Durch die Erlassung und Aufrechterhaltung des Edicts sei gleichsam eine officielle „Staats-Freimaurerei" errichtet und damit eine „Noth- und Zwangslage" geschaffen worden, welcher „weit über die Hälfte aller . . . Freimaurer Gesammt-Deutschlands unterworfen" seien.[3])

„Es leuchtet ein," so schließt Settegast, „daß dieser Zustand im Widerspruch mit dem großen Gedanken steht, auf dem das geeinte deutsche Vaterland beruht, im Widerspruch auch mit den Erwartungen der deutschen Freimaurerei, daß die Errungenschaften der großen Politik seit der

---

[1]) Dieser Vorwurf muß angesichts der nur zu großen Begünstigung, welche die Freimaurerei seitens der preußischen Könige und anderer deutscher Fürsten und Prinzen — wir erinnern nur an die Großherzoge von Hessen-Darmstadt, an den 1897 verstorbenen Prinzen Wilhelm von Baden, an Herzog Ernst II. von Gotha u. s. w. — gefunden hat, überraschen.

[2]) Settegast, Die deutsche Freimaurerei u. s. w., 3. Aufl. 1892, S. 56; Der deutschen Freimaurerei Gegenwart und Zukunft 1897, S. 106 f.

[3]) Settegast, Der deutschen Freimaurerei Gegenwart und Zukunft 1897, S. 107 bis 109.

Epoche 1870/71 auch mitbestimmend für die maurerische Politik sein müßten. Wer das einzuräumen nicht geneigt ist, soll hier von Neuem erfahren, daß der letzte Hohenzoller, den die Freimaurer mit Stolz[1]) Bruder nennen durften, daß der Kaiser Friedrich von dem Bestreben beseelt war, auch der deutschen Freimaurerei freie Bahn zu schaffen. Liegt das nicht in seinen mahnenden Worten:

„danach zu trachten, die reine und unverhüllte einsache Bahn der Freimaurerei zur Geltung zu bringen, aber auch den Kampf der Meinungen, mögen sie noch so weit auseinandergehen, nicht zu scheuen, weil eben dann die echte Läuterung erreicht wird, welche zu den edlen und schlichten Grundsätzen unserer königlichen Kunst führt?"

Das sind die eigensten Worte des allen wahren Freimaurern Unvergeßlichen; sie wollen wir hoch halten, und in ihrem Geiste werden wir siegen."[2])

11. Kaiser Friedrich III. als Aushängeschild der Settegastschen Bewegung. Der „frische maurerische Geist" in Italien und die Giordano Bruno-Feier. Gemeinsame maurerische Leichenfeier für Kaiser Friedrich III. und Br.·. Petroni. Auch sonst stellte Br.·. Settegast den „Kaiser Friedrich" bei seinem Beginnen in den Vordergrund, indem er vorgab, das von ihm aufgestellte freimaurerische Programm zu verwirklichen. In diesem Sinne gab er der von ihm begründeten neuen Großloge den Titel „Große Loge von Preußen, genannt Kaiser Friedrich zur Bundestreue". Die Aussprüche Friedrichs III., auf welche Br.·. Settegast und seine Anhänger sich zumeist berufen, sind folgende:

„Zwei Grundsätze bezeichnen vor Allem unser Streben: Gewissensfreiheit und Duldung. An ihnen lassen Sie uns festhalten mit unserer ganzen Kraft. Daß dieselben immer vollkommener werden, dazu lassen Sie uns allezeit mithelfen. Nicht nur loben wollen wir diese Tugenden, sondern sie auch fleißig üben. Wenn wir also wirken, dann wird es wohl um uns sein, wohl um die Freimaurerei stehen. Dazu verhelfe uns der Große Baumeister der Welten." (Worte gesprochen 1886 in der Loge zu Straßburg.)

„Wenn der ideale Gehalt, der unsern Bund erfüllt, bei denen, die die Arbeit leiten sollen, sich zu einem Zuge ihres eigenen

---

[1]) In diesen Worten liegt angesichts der Thatsache, daß seit dem 13. Februar 1889 Prinz Friedrich Leopold dem Freimaurerbunde angehört, offenbar ein abträgliches Urtheil über diesen prinzlichen „Bruder".

[2]) Settegast, a. a. O., S. 109 f.

Herzens gestaltet; wenn sie dieselben in warmen Worten den versammelten Brüdern aus Herz legen; wenn die Brüder dann das Dargebotene mit ernstem Sinn aufnehmen, es in stiller Arbeit an sich selbst zur Veredelung des eigenen Lebens verwenden; wenn es dann bewußt oder unbewußt mit hinausgetragen wird in die Außenwelt, auch hier anregend und sich verbreitend: dann wird die Freimaurerei, die hier eine neue Stütze gefunden hat, ein Segen für die Brüder, für das Volk, für unsere Zeit. Daß sich das erfülle, ist der Wunsch, mit dem ich Sie heute begrüße." (Aus der Ansprache anläßlich der Einweihung des neuen Logenhauses der Großloge Royal York in Berlin. 1883.)

„Soll unser Orden nicht dastehen, wie eine Ruine aus alter Zeit . . .: dann muß es zur Geltung kommen, daß in h e u t i g e r Zeit die Johannis-Loge das Hauptaugenmerk der Freimaurerei sein, das Hauptgewicht erlangen muß. Sie umschließt den größten Theil der Brüder; durch sie wird der Orden am meisten den Segen verbreiten, die Wirkung üben können, die von ihm ausgehen soll. Denn das ist meine Hoffnung; das ist's, was mein Interesse für den Orden rege erhält, daß ich ihn geeignet erachte, vermittelst seiner stillen Arbeit die Wurzeln eines gesunden sittlichen Lebens in unserem Volke zu nähren, und das wird er am besten, wenn die Keime des Geistes, die er enthalten soll, mit Bewußtsein in die weitesten Kreise aufgenommen werden können.

„Unsere Acten lehren, daß schon in der Arbeitstafel des ersten Grades alle Kenntnisse der Freimaurerei enthalten seien. Wohlan, lassen wir diese Wahrheit immer mehr zur Wirklichkeit werden und den Verdacht entfernen, als lehrten unsere höheren Grade etwas Anderes, als die Johannis-Maurerei. Gebe ein Jeder die Eitelkeit auf, die da glaubt allein die ganze und echte Wahrheit zu besitzen und allein für die Wahrheit die echte und richtige Form anzuwenden. Möge darin das neue Jahrhundert eine neue Zeit werden, daß hinfort Jeder in brüderlicher Achtung und Anerkennung auch dem Andersdenkenden, in anderer Form Arbeitenden begegne, daß Jeder den Schild des Friedens vor seinem Herzen hertrage." (Aus der Ansprache am Johannistage 1870 in der Großen Landesloge.)

„Wir Maurer dürfen an dem Herkömmlichen, selbst wenn es uns theuer und werth geworden ist, nicht darum festhalten, weil wir es als Ueberlieferung empfangen haben, weil wir uns in dasselbe, wie in eine Gewohnheit nun einmal eingelebt haben. Auch bei uns heißt es:

Nicht Stillstand, sondern Fortschritt!"[1]

---

[1] S e t t e g a s t, Der deutschen Freimaurerei Gegenwart und Zukunft 1897, S. 74 bis 76, 214, 226; Großmeister Prof. S c h a u e r, nach Settegast der angesehenste Maurer der neuen Großloge, in „Bausteine" 1895, S. 169 bis 171.

rath" mit einem „National-Großmeister" an der Spitze zu setzen.
Als solchen dachte es sich einen „Prinzen des Hohen-
zollernhauses". Zugleich plädirte es für einen allgemeinen
Maurertag, zu welchem jede Großloge eine zu ihrer numerischen
Stärke im Verhältniß stehende Zahl von Abgeordneten entsenden
sollte.[1]) Letztere Bestimmung hätte natürlich den altpreußischen
Großlogen die große Mehrheit gesichert.

Die liberalen Freimaurer, besonders die süddeutschen, erklärten aber die Agitation zu Gunsten einer National-Großloge
bei den obwaltenden inneren Verschiedenheiten zwischen den altpreußischen und den anderen deutschen Großlogen für durchaus
ungesund.[2]) Das „Bundesblatt" (1890, Heft 19) sah sich selbst
genöthigt, festzustellen, daß zwischen süddeutschen und norddeutschen Freimaurern eine tiefe Kluft bestehe, und machte seinem
Grimme darüber besonders durch Ausfälle auf die „Bauhütte"
und den Lessingbund Luft.[3]) Die Angegriffenen blieben den
wenig liebenswürdigen Berliner Tadlern natürlich die Antwort
nicht schuldig.[4])

Ein Schritt zur Einigung war bereits am 14. Mai 1883
durch die Annahme eines „Allgemeinen Aufnahme-Gesetzes für
die zum Deutschen Großlogen-Bund gehörigen Logen" auf dem
Großlogen-Tag zu Darmstadt gethan worden.[5]) Die Berliner
Großlogen verabsäumten es indes, ihr Verhalten mit demselben
in Einklang zu bringen, indem sie immer noch an der Ausschließung der Juden festhielten. Die Anregung des „Bundesblatts" bezüglich des „Allgemeinen Maurertags" wurde von
einer Anzahl rheinisch-westfälischer Logen weiter verfolgt, auf
deren Gesuch der Großlogen-Tag von Berlin am 24. Mai 1890
einen Fünfer-Ausschuß zur Vorlegung eines Entwurfs für den
nächsten Großlogen-Tag einsetzte.[6]) Der Bericht dieses Aus-
schusses vom 10. und 11. December 1890 faßte in Form eines
„Nachtrags zum Statut des deutschen Großlogen-Bundes" eine
„engere Vereinigung der deutschen Maurerei auf föderativer

---

[1]) Vgl. „Bauhütte" 1889, S. 137.
[2]) Vgl. „Bauhütte" 1887, S. 318; 1888, S. 77, 339, 374, 388;
1889, S. 373 u. s. w.
[3]) Vgl. „Bauhütte" 1890, S. 358 bis 360.
[4]) Vgl. „Bauhütte" 1890, S. 363 bis 365, 368, 369 bis 371.
[5]) Vgl. „Bauhütte" 1883, S. 177; 1884, S. 121, 366. Der
Text des Aufnahme-Gesetzes findet sich abgedruckt in „Bauhütte" 1883,
S. 409 ff. und 1884, S. 323 ff.
[6]) Vgl. „Bauhütte" 1890, S. 184.

Grundlage" ins Auge.¹) Als der Entwurf auf dem Großlogen=
Tag gegen die Stimmen der altpreußischen Großlogen abgelehnt
worden war, wurde der Ausschuß um drei Mitglieder erweitert
und beantragt, eine neue Vorlage auszuarbeiten.²) Die „Achter=
Commission", die zu Eisenach zusammentrat, ließ am 25. Oct.
1891 das Project des „Allg. Maurertags" fallen und setzte
einen „erweiterten Großlogen Tag" an dessen Stelle.³) Der
Löwenantheil war auch hier wieder den altpreußischen Großlogen
zugedacht, welche danach zusammen 16 Stimmen im Großlogen=
Tag erhalten hätten, während die außerpreußischen Großlogen
im Ganzen nur über 23 Stimmen verfügt hätten.⁴) Der
Großlogen = Tag nahm den Entwurf im Wesentlichen an.⁵)
Letzterer fand indes nicht die nach dem Statut des Großlogen=
Bundes erforderliche Zustimmung sämmtlicher deutscher Groß=
logen. Er wurde vielmehr von vier Großlogen (Frankfurt,
Sachsen, Hamburg, Bayreuth) verworfen. Die Berliner Groß=
logen hatten damit eine neue Niederlage erlitten. An ihrer
Seite stimmte nur der kleine maurerische Gern-Groß der Darm=
städter Großloge.⁶)

Auf dem Großlogen = Tag vom 24. Mai 1896 in Berlin
wurde auf Antrag des „National Großmeisters" Br.·. Gerhardt
abermals eine „Achter Commission" behufs Vorlage neuer Vor=
schläge über „eine weitere Ausgestaltung des deutschen Groß=
logen = Bundes" eingesetzt.⁷) Um diesen Beschluß durchzusetzen,
bedurfte es aber schon der Erklärung, seine Ablehnung würde
das Ansehen des Großlogen Tags empfindlich schädigen.⁸) Die
Achter = Commission erstattete einen langen eingehenden Bericht,
welcher im I. Kreisschreiben vom 20. November 1896 den ein=
zelnen Großlogen mitgetheilt wurde.⁹) Auch die neuen Entwürfe,
welche seitens des Referenten Br.·. Smitt und der Commission
in diesem Bericht vorgelegt wurden, stießen bei den fortschrittlichen

---

¹) A. a. O. 1891, S. 8; der Entwurf selbst ist mitgetheilt
„Bauhütte" 1891, S. 21 bis 23.
²) A. a. O. 1891, S. 183.
³) A. a. O. 1891, S. 359.
⁴) A. a. O. 1891, S. 369.
⁵) A. a. O. 1892, S. 202. Der Entwurf in der Fassung,
welche er auf dem Großlogen = Tag 1892 erhielt, ist abgedruckt eben=
daselbst 1892, S. 212 f.
⁶) „Bauhütte" 1893, S. 151; vgl. S. 123, 246.
⁷) A. a. O. 1896, S. 227.
⁸) A. a. O. 1896, S. 200.
⁹) A. a. O. 1897, S. 1 ff., 10 ff.

Maurern der süddeutschen Großlogen auf lebhaften Widerspruch, da diese das Stimmenverhältniß im Großlogen-Tag in keiner Weise zu Gunsten der altpreußischen Großlogen verrückt zu sehen wünschten.[1] Auf dem Großlogen-Tag vom 1897 kam es indes noch zu keiner Entscheidung. Ein Antrag der Frankfurter Groß-loge, welche die Johannis-Maurerei, die Alten Pflichten und die sieben Grundsätze des Großmeister-Tags von 1870 als Grundlage des Großlogen-Bunds erklärt wissen wollte, wurde abgelehnt.[2]

Das „Hamburger Logenblatt", das Organ der Ham-burger Großloge, stößt angesichts der intransigenten Haltung der „Großen National-Mutterloge" folgenden Seufzer aus:

„O möchte doch diese älteste und an Mitgliederzahl immer noch stärkste Großloge Deutschlands erkennen, daß sie es in der Hand hat, Deutschlands einige Großloge zu werden, falls sie nur ihre Hochgrade, die ja doch nur Erkenntnißstufen sein sollen, über Bord werfen und sich auch sonst auf den Standpunkt der kleineren humanitären Schwestern stellen wollte! Der Anschluß der letzteren an die mächtigere Schwester würde sich dann ja geradezu von selbst vollziehen. Aber im S o n d e r - b u n d m i t d e m Z i n n e n d o r f 'sch e n S y s t e m ... werden die drei Weltkugeln immer mehr ins Hintreffen kommen, und die Hoffnung, noch jemals eine deutsche Reichsgroßloge erstehen zu sehen, ... wird, falls das „treue Zusammenhalten aller drei Systeme" noch lange dauert, wohl allmälig auf immer eingesargt werden können."[3]

Das „Bundesblatt", Organ der National-Mutterloge, brachte hinwieder ein Referat des Br∴ Windecker-Friedberg für den Eintrachtsbund zum Abdruck, in welchem den Großlogen von Hamburg und Frankfurt a. M. mit Rücksicht auf ihre besprochene Haltung der geradezu lächerliche Vorwurf gemacht wird, „daß ihre Auffassung nicht getragen ist von der Höhe der Toleranz, wie sie in unserem Menschheitsbund erwartet werden soll, ge-fordert werden muß".[4]

Mit Recht empfiehlt die „Bauhütte" dem „Eintrachtsbruder", welcher die Dinge so auf den Kopf stellt, und dem „Bundesblatt", welches sein Referat wiedergiebt, die alte Lafontaine'sche Fabel vom Wolfe und vom Schafe zur Beherzigung.[5]

Trotz aller bisherigen Mißerfolge halten indes die alt-preußischen Großlogen unter der Führung des Großmeisters der National-Mutterloge, Br∴ Gerhardt, an der Hoffnung fest,

[1] „Bauhütte" 1897, S. 121, 169, 206.
[2] A. a. O. 1897, S. 197, 227.
[3] Vgl. „Latomia" 1897, S. 134.
[4] „Bundesblatt" 1898, Heft 8; „Bauhütte" 1898, S. 137 f., 135 f.
[5] „Bauhütte" 1898, S. 138.

zunächst eine größere ä u ß e r e Einigung der deutschen Freimaurerei zu erreichen und durch dieselbe auch der inneren Einigung näher zu kommen. Freimaurer verschiedener Richtungen heben hervor, daß bereits bedeutsame Fortschritte in dieser Richtung gemacht seien.[1]

Der „National-Großmeister", Br.·. Gerhardt, selbst er= klärte noch in der Sitzung der National= Mutterloge vom 10. März 1898:

„Er wolle die Hoffnung nicht aufgeben, daß der eingeschlagene Weg doch noch von Erfolg sein werde. Das Eine stehe fest, daß die deutsche Gutmüthigkeit[2] denn doch nicht so weit gehen dürfe, daß eine so stattliche Majorität, wie die drei altpreußischen Großlogen sie darstellen, sich einer so geringen Minorität der übrigen deutschen Großlogen unterordne."[3]

Richtiger kennzeichnete unstreitig Br.·. Robert Fischer die Aussichten der „Einheitsbestrebungen" auf einem Freimaurer-tage in Gößnitz (S. = A.) am 13. Februar 1898. Nach seiner Meinung ist die Lösung der Frage „infolge der Stellungnahme der preußischen Großlogen vorderhand aussichtslos und a u f un= a b s e h b a r e Zeit verschoben".[4]

Im gleichen Sinn sprach sich noch jüngst die „Bauhütte" aus.[5]

Dem eben geschilderten, hauptsächlich vom „National-Groß-meister", Br.·. Gerhardt, vertretenen Versuche, eine zunächst mehr ä u ß e r e Einigung der deutschen Freimaurerei zu bewerk stelligen, welche die Verschiedenheiten der bestehenden Logensysteme unberührt läßt, trat Br.·. Settegast um Pfingsten 1896 mit einem Versuch entgegen, gemäß seinen uns bereits bekannten An schauungen eine Einigung der gesammten deutschen Freimaurerei auf Grund der ursprünglichen freimaurerischen Grundsätze und der „Alten Pflichten" anzustreben. Seine erste diesbezügliche Veröffentlichung war die Schrift „Was die deutsche Freimaurerei noch retten kann. Ideen und Plan zu einer Reform des deut= schen Großlogen = Bundes" 1896. Dieser Schrift ließ er in

---

[1] Vgl. „Bauhütte" 1897, S. 391 ff. Vgl. zum Gegenstand auch die Thesen, welche Br.·. Rob. Fischer in Gera zur Grundlage der Einigung machen möchte, und die Gegenthesen der Brr.·. Possart und Hieber von der deutschen Landesloge in „Latomia" 1897, S. 177 ff „Bauhütte" 1897, S. 390 f.; 1898, S. 41 bis 45.

[2] Diesbezüglich erinnerte schon die „Bauhütte" an die Fabel vom Wolf und Schaf.

[3] Vgl. „Bauhütte" 1898, S. 138.

[4] Vgl. „Bauhütte" 1898, S. 104.

[5] Vgl. „Bauhütte" 1898, S. 140.

Septemberheft der „Bausteine" 1896 weitere Mittheilungen folgen,
in welchen er die Grundsätze und die Verfassung des Allgemeinen
deutschen Freimaurerbundes auf „liberaler Grundlage" und die
Bedingungen des Anschlusses an denselben im Einzelnen darlegte. Zugleich setzte er fest, daß Ostermontag, am 19. April
1897, die constituirende Versammlung des „Vereinigenden Bundes"
stattfinden sollte. Der Anschluß an denselben sollte sowohl
großlogen= als logenweise und bloß persönlich geschehen können.
Aus dem Project ist indeß bis auf den heutigen Tag nichts
geworden. Der einzig äußerlich zu Tage getretene Erfolg desselben scheint ein nicht ohne Erbitterung geführter Federkrieg
zwischen Br.·. Gerhardt und Genossen einerseits und Br.·.
Settegast und seinen Anhängern andererseits gewesen zu sein.
Br.·. Gerhardt zog, bevor Settegast auch nur die Einzelheiten
seines Planes mitgetheilt hatte, im „Bundesblatt" (1896,
Heft 15)[1]) gegen seinen Plan zu Felde. Um denselben gleich
zu Anfang mit Stumpf und Stiel auszurotten, widmete er ihm
nicht weniger als 59 Seiten in 15 Abschnitten. Er klagt Settegast an, daß sein Plan „darauf hinauslaufe, den deutschen Großlogen-Bund zu vernichten und zu diesem Zweck die Revolution
in die Reihen seiner Tochterlogen und deren Mitglieder zu
tragen".[2]) Er ruft dann aus: „Das sind in der That Reformvorschläge, wie sie nur ein dem realen Logenleben völlig ent-
fremdeter Gelehrter in seinem stillen Kämmerlein auszudenken
vermag."[3]) Daneben fehlen auch persönliche Angriffe nicht.
Settegast wird vorgeworfen, er habe das Gelübde maurerischer
Verschwiegenheit gebrochen und säe, während er das Wort „Liebe"
im Munde führe, nur Haß. Hinsichtlich des Standpunktes der
National-Mutterloge führt Br.·. Gerhardt aus:
„Wer die grundsätzliche Uebereinstimmung der deutschen
Großlogen — wie in der Verfassung (durch Beseitigung der sog.
Hochgrade), so in der Lehre (durch Aufhebung des sog. christ-
lichen Princips) — erstrebt; wer dies als Vorbedingung der
Einigung der deutschen Freimaurerei annimmt, der wird darauf
verzichten müssen, sie zu erleben. Sind doch die altpreußischen
Großlogen groß genug, um auch für sich allein für eine gedeih-
liche Entwickelung der Maurerei in einem weiten Gebiete des
Deutschen Reiches eintreten zu können."[4])

[1]) „Broschirte Sonderabzüge zum Preise von 75 Pf. von Logen
und Brüdern zu beziehen."
[2]) Vgl. „Bundesblatt" 1896, S. 434 f.
[3]) „Bundesblatt" 1896, S. 439
[4]) „Bundesblatt" 1896, S. 463 ff.

Br.·. Settegast nimmt in seiner Erwiderung zunächst die „belustigenden Zeitensprünge" und „höhnenden Bemerkungen" des „National Großmeisters" unter das Seciermesser. Er weist dann die „verleumderischen Bezichtigungen" und „ausgesuchten Beleidigungen" desselben mit Schärfe zurück.[1] Er hebt ferner hervor, daß Br.·. Gerhardt sich „trotz der polternden Sprache und den nationalgroßmeisterlichen Anwandlungen" dem großen „unverrückbaren Ziele, einem einigen, einigenden und einzigen System der deutschen Freimaurerei, gegenüber" verhalte, „wie ein schwankendes Rohr, um es mit keinem System zu verderben".

„Im pluralis majestaticus wird verkündigt: „Wir selbst machen auch kein Hehl daraus, daß wir zunächst eine Neugestaltung des deutschen Großlogen-Bundes für ausgeschlossen halten" („Bundesblatt" 1896, S. 133). Gleich darauf ist zu lesen: „Ueber die Reformbedürftigkeit des deutschen Großlogen-Bundes bestand schon lange vor dem Vorgehen des Br.·. Settegast in weiten Maurerkreisen volles Einverständniß" (ebendas. S. 446). Dann: „Der deutsche Großlogen-Bund müsse sich auf sich selbst besinnen und das Einigungswerk da wieder aufnehmen, wo er es habe liegen lassen" (ebendas. S. 317).[2]

Settegast bemerkt schließlich, daß gerade die Ausführungen des Br.·. Gerhardt und das darin hervortretende übermüthige Selbstbewußtsein der altpreußischen Großlogen die deutsche Freimaurerei anspornen müsse, „ihre Verquickung mit dem reactionären Princip, das durch den Antisemitismus und das Hochgrad-Wesen gekennzeichnet ist, ein für allemal durch „Constituirung eines deutschen Freimaurerbundes auf liberaler Grundlage" zu lösen".

„Ist es nicht beschämend für einen deutschen National-Großmeister", so schließt er, „entsagungsvoll sich damit zufrieden zu geben, daß wir heute von dem freimaurerischen Einheitsideal, das schon unser Br.·. Goethe anstrebte, für das er wirkte und auch das passende System gefunden hatte, noch fast ebenso weit entfernt sind, als vor 100 Jahren?!"[3]

Vermochte nun Br.·. Settegast auch nicht, diesen seinen Plan auf Ostern 1897 zu verwirklichen, so fährt er mit den Seinigen doch fort, „das weite Gebiet Altpreußens für den Einzug und das Aufblühen der Freimaurerei auf liberaler Grundlage urbar" zu machen „und in heißem Bemühen die Saat für Aufklärung und Fortschritt auszustreuen", wobei er die Gründung von Logen seitens geistesverwandter deutscher Großlogen auf altpreußischem

---

[1] H. Settegast, Ideen und Plan zu einer Reform des deutschen Großlogen-Bundes 1896, S. 1 bis 7.
[2] A. a. O., S. 8.
[3] A. a. O., S. 10.

Gebiet[1]), als Fortschritte der von ihm eingeschlagenen Richtung, von Herzen willkommen heißt.

Der Vollständigkeit halber muß schließlich im Zusammenhang mit dem Settegast'schen Versuche, eine Einigung der deutschen Freimaurerei herbeizuführen, noch der Einigungsversuch erwähnt werden, welchen Bankdirector Br∴ Friedr. Holtschmidt, Meister vom Stuhl der unter dem System der Hamburger[2]) Großloge arbeitenden Loge „Karl zur gekrönten Säule" in Braunschweig und Herausgeber der „Braunschweiger Logen-Correspondenz" durch die Gründung des „Einheitsbunds deutscher Freimaurer" am 22. August 1897 im gerade entgegengesetzten Sinn machte. Wie Br∴ Settegast und die fortschrittlichen Maurer, strebt zwar auch Br∴ Holtschmidt vor Allem eine „innere" grundsätzliche Einigung der deutschen Freimaurerei an; aber nicht auf der Basis des vom Christenthum losgelösten Humanitätsprincips, sondern im Gegentheil auf „Grund der Lehre Christi von einem alle Völfer und alle wahre Gottes-verehrung umfassenden Reiche Gottes", zu der sich daher alle Freimaurer zu bekennen hätten. Diese Lehre sei indes nicht im „einseitig confessionellen" Sinn zu verstehen.[3])

Der „Einigungsversuch" Br∴ Holtschmidt's fand zwar im Organ der Großen Landesloge, der „Zirkel-Correspondenz", eine sympathische Aufnahme[4]); er wurde aber nicht einmal seitens der altpreußischen Großlogen ernsthaft unterstützt und ist auch praktisch aussichtslos. Von Seiten der fortschrittlichen Freimaurer wurde er natürlich aufs Entschiedenste bekämpft.[5])

---

[1]) Die Großloge von Hamburg errichtete am 22. Juni 1893 meist aus den Brüdern der „Berliner Vereinigung u. s. w.", der Settegast 1891 beigetreten war, die Loge „Hammonia zur Treue" (vgl. „Bauhütte" 1893, S. 296) Am 8. Februar 1896 folgte eine zweite Berliner Loge des Hamburger Systems „Friedrich Ludw. Schröder" nach. Die Frankfurter Großloge gründete am 12. Mai 1893 die Loge „Friedrich zur Gerechtigkeit" in Berlin, welche am 18. Oct. 1893 eingeweiht wurde. Es traten derselben ferner im altpreußischen Gebiete, wie wir noch sehen werden, bei: die Logen „Hermann zur Beständigkeit" in Breslau und „Georg zur gekrönten Säule" in Clausthal-Zellerfeld. Am 4. April 1897 errichtete die Großloge von Bayreuth in Berlin die Loge „Galilei zur ewigen Wahrheit".

[2]) Der Antrag Holtschmidt's reiste augenscheinlich dant dem örtlich nahen Zusammenleben der Hamburger Brüder mit den Brüdern der Großen Landesloge in Hamburg. Mecklenburg Hannover u. f. w.

[3]) Vgl. „Bauhütte" 1897, S. 350 bis 353.

[4]) Vgl. „Bauhütte" 1897, S. 313.

[5]) Vgl. „Bauhütte" 1897, S. 223, 313; 1898, S. 133 f. „Latomia" 1897, 153 f. (Hier tritt Br∴ von Reinhard, Großmeister

III. Schritte der altpreußischen Großlogen zur Wahrung ihres „Sprengelrechts". Kritische Bemerkungen zu ihrer Auffassung von der rechtlichen Stellung der Freimaurerlogen in Preußen und in Deutschland überhaupt.

15. Schreiben der drei altpreußischen Großlogen an die Großlogen von Hamburg und von Frankfurt a. M. nebst erläuternden Aeußerungen des ersten abgeordneten Landes-Großmeisters Br.·. Garß dazu. Anläßlich der von Settegast geplanten Gründung einer Loge unter der Constitution der Hamburger Großloge, machte letztere unter dem 17. October 1891 den Berliner Großlogen die in § 5 des Statuts des deutschen Großlogen-Bundes vorgeschriebene vorgängige Anzeige. Darauf erhielt sie von Berlin aus folgende Antwort:

„Berlin, 29. October 1891.

„In Erwiderung Ihres brüderlichen Schreibens vom 17. d. M., nach welchem Sie hierselbst eine Johannis-Loge zu errichten beabsichtigen, haben wir Ihnen g e m e i n s c h a f t l i c h folgende Bedenken auszusprechen:

„Nach § 5 des Statuts des deutschen Großlogen-Bundes können Sie in Preußen Logen gründen, s o w e i t   n i c h t   d i e   L a n d e s - g e s e t z e   e n t g e g e n s t e h e n.   J n w i e w e i t   d i e s   d e r   F a l l s e i n   m ö c h t e, m ö g e n   w i r   n i c h t   e n t s c h e i d e n, zumal zum ersten Male von einer verbündeten deutschen Großloge eine Tochterloge in Preußen [sollte heißen: in Altpreußen] und insbesondere in Berlin errichtet werden soll.

„Das Edict vom 20. October 1798 dürfte Ihrem Vorhaben als V e r b o t s g e s e t z n i c h t entgegenstehen und ebensowenig mögen di· nach J h r e m Constitutionsbuch begründeten Tochterlogen unter § 128 des Strafgesetzbuchs für das Deutsche Reich fallen.

„Dagegen erscheint es uns keineswegs ausgeschlossen, daß auf die von Ihnen hier errichtete Tochterloge die Bestimmungen der §§ 1, 2 und 4 der Verordnung über die Verhütung eines die gesetzliche Freiheit und Ordnung gefährdenden Mißbrauchs des Versammlungs- und Vereinsrechts vom 11. März 1850 Anwendung finden (cf. Koch, Commentar zum Allgem. Landrecht zu § 22 II. 6). Und da könnte Jhr Vorgehen leicht auch für andere Logen in Preußen unliebsame Folgen nach sich ziehen.

„Sollte nun Jhre neu errichtete Tochterloge nach den letzteren Bestimmungen der polizeichen Beaufsichtigung unterstellt werden, d a n n   s t ä n d e n   e b e n   i n   P r e u ß e n   d i e   L a n d e s g e s e t z e d e r   E r r i c h t u n g   v o n   T o c h t e r l o g e n   s e i t e n s   e i n e r   i n P r e u ß e n   n i c h t   p r i v i l e g i r t e n deutschen Großloge entgegen.

der Bayreuther Großloge gegen Holtschmidt auf); „Freimaurer-Zeitung" 1897, Nr. 50; „Signale" 1898, S. 9; „Bausteine" 1898, S. 5 bis 15, 28 ff.

„Wir würden daher, ehe wir Ihre Loge als legal begründet ansehen können, den Nachweis erwarten, daß gegenüber der von Ihnen zu errichtenden Loge seitens der Polizeibehörde
die Erfüllung der Vorschriften im gedachten Vereinsgesetze nicht verlangt worden ist."[1])

[1]) Vgl. „Bauhütte" 1892, S. 150; 1893, S. 9 bis 12. — Die
hier angezogenen gesetzlichen Bestimmungen vgl. im Anhang V.

Die Aeußerungen bei Koch, Commentar zum Allgem.
Landrecht II. Theil, Titel 6 (1875), § 22, auf welche im Schreiben
verwiesen wird, lauten:

„Die Rechte und Verhältnisse einer vom Staate ausdrücklich
genehmigten oder privilegirten Gesellschaft müssen hauptsächlich nach
dem Inhalt des ihr ertheilten Privilegii beurtheilt werden."

Anmerkungen: „Dagegen sind hier als universitates personarum
ob. societates mere personales zu erwähnen die zahlreichen
Freimaurerlogen = Gesellschaften, welche in Preußen alle als Tochterlogen auf drei vom Staate anerkannte und privile-
girte Mutterlogen zu Berlin: zu den drei Weltkugeln, Große Landesloge und Royal York zurückzuführen sind. Die Privilegien
der beiden letzteren sind [in der Gesetzes-Sammlung] nicht veröffentlicht;
das der ersteren aber ist abgedruckt in der N. Edict-Sammlung
Bd. 10. S. 79 (Confirmation und Protectorium für die Freimaurer-
Mutterloge zu den drei Weltkugeln vom 9. Febr. 1796). Ueber Ver-
tretungen dieser Corporationen bei Rechtsgeschäften bestimmt der
Ministerial-Erlaß vom 9. Oct. 1797 . . .

„Das Verbot anderer Freimaurerlogen, welches
im Edict vom 20. Oct. 1798 enthalten ist, fällt zwar in Folge der
Verfassungsurkunde Art. 30 weg. Die Stiftung ohne die
Mitwirkung und den Schutz einer der Mutterlogen
verbietet sich aber unter der Handhabung des Gesetzes vom
11. März 1850 von selbst, wenn nicht die Ausschließung
Ungeweihter aufgegeben werden kann.

„Das Edict vom 20. Oct. 1798 enthält besondere Vorschriften
über die drei Mutterlogen und bestimmt, daß diese zwar von dem im
Edict enthaltenen Verbote sämmtlicher geheimer Verbindungen nicht
betroffen werden sollten, daß sie dagegen bestimmten in den §§ 10—13
enthaltene Bedingungen den Staatsbehörden gegenüber erfüllen sollten.

„Nimmt man dies nicht an, so fehlt es überhaupt an gesetzlichen
Bestimmungen, welche die rechtliche Stellung der Logen fixiren. Bei
der Berathung §§ 98 und 99 des preußischen Strafgesetzbuches vom
14. April 1851 erklärte der Regierungscommissar ausdrücklich, daß
sich das in denselben enthaltene Verbot auf die Logen nicht beziehe,
weil diese ja durch eine General-Concession geschützt seien; aber diese
General-Concession giebt der Existenz der Logen keine gesetzliche
Basis. Auch das deutsche Strafgesetzbuch gedenkt der Logen nicht."
Vgl. „Bauhütte" 1892, S. 150.

Ungefähr ein Jahr später als die Hamburger Großloge, am 25. September 1892, meldete die Frankfurter Großloge bei ihren Berliner Colleginnen ihre Absicht an, im Orient von Berlin eine Loge ihres Systems zu errichten. Die altpreußischen Großlogen gaben der anfragenden Schwester Großloge in einem Schreiben vom 16. November 1892 anheim, „zunächst feststellen zu wollen, daß gegenüber der in Aussicht genommenen Gründung dieser Tochterloge zu Berlin nach den Landesgesetzen ein staatliches Bedenken nicht bestehe". Zugleich verwiesen sie auf den Settegast zu Theil gewordenen abschlägigen Bescheid des Ministers des Innern vom 12. Mai 1892 und glaubten, die Sache damit wohl als abgethan betrachten zu können.

Die Frankfurter Großloge zeigte sich aber auf den Verkehr mit ihren altpreußischen Schwestern besser eingeschult, als die von Hamburg. Vielleicht mochte auch das inzwischen ergangene Erkenntniß des Berliner Bezirksausschusses in der Angelegenheit Settegast's ihren Muth gehoben haben. Sie antwortete unter dem 30. Januar 1893 mit folgendem Schreiben, in welchem sich unter der höflichen Form eine ausgesprochene satirische Spitze gegen die altpreußischen Großlogen, deren diplomatische Art durch ein anscheinend einfältiges Mißverstehen ihres Briefes verhöhnt wird, nicht verkennen läßt:

„Ihr brüderliches Schreiben vom 16. November v. J. ist uns zugekommen. Wir g l a u b e n aus demselben ersehen zu können, daß Sie Einwendungen gegen die beabsichtigte Gründung einer Loge unserer Lehrart in Berlin n i c h t zu erheben haben, was uns zu um so größerer Genugthuung gereicht, als wir daraus die Hoffnung schöpfen, daß sich zwischen den dortigen Logen Ihrer Lehrart und der neu zu gründenden eklektischen Bauhütte brüderliche und herzliche Beziehungen entwickeln werden.

„Für Ihren f r e u n d s c h a f t l i c h e n Rath, uns zu vergewissern, ob der Ausführung unserer Absichten gesetzliche Bedenken nicht entgegenstehen, d a n k e n wir Ihnen v e r b i n d l i c h st. Es ist selbstv e r s t ä n d l i c h, daß wir nicht zur Gründung einer Loge schreiten werden, bevor wir nicht nach gewissenhafter Prüfung und nach Einholung juristischen Rathes die f e s t e U e b e r z e u g u n g gewonnen haben, daß der Ausführung unseres Vorhabens die Landesgesetze in keiner Weise entgegenstehen.

„Wir grüßen Sie in aufrichtiger Bruderliebe b. d. u. h. Z u. s. w."

Auf dieses Schreiben erging seitens der altpreußischen Großlogen folgender neuer, nun trocken ablehnender Bescheid:

„Berlin, den 9. Februar 1893.

„Ehrwürdigſter Großmeiſter!

„Ehrwürdige und geliebte Brüder!

„Was Sie nach Ihrem brüderlichen Schreiben vom 30. v. M.
aus unſerem Schreiben vom 16. November v. J. glauben ent-
nehmen zu können, entſpricht dem Inhalt dieſes
Schreibens nicht. Wenn wir darin, in Erwiderung
Ihres brüderlichen Schreibens vom 25. September v. J. uns
darauf beſchränkt haben, unter Bezugnahme auf die
Entſcheidung des Herrn Miniſters des
Innern vom 12. Mai v. J. Ihnen anheimzugeben,

„zunächſt feſtſtellen zu wollen, daß gegenüber der in
Ausſicht genommenen Gründung einer Tochterloge zu Berlin
nach den Landesgeſetzen ein ſtaatliches Bedenken nicht beſtehe —
ſo iſt damit zum Ausdruck gebracht, daß für uns ein
Anlaß zu einer Verhandlung im Sinne des § 5
Abſatz 2 des Statuts des deutſchen Großlogen-Bundes noch
nicht vorliegt, weil die Vorausſetzung des § 5 Abſatz 1
a. a. O — daß die Landesgeſetze Ihrem Vorgehen nicht ent-
gegenſtehen — nicht dargethan iſt.

„Da dieſe Entſcheidung des Herrn Miniſters auch die von
Ihnen beabſichtigte Gründung einer Freimaurerloge in Preußen
trifft, ſo ſind wir, ſolange dieſe Entſcheidung nicht aufgehoben
iſt, zu unſerem Bedauern nicht in der Lage, eine von Ihnen
hier gegründete Tochterloge als eine gerechte und vollkommene
Freimaurerloge anzuerkennen. Die Anſicht der von
Ihnen zugezogenen Rechtsverſtändigen wäre
für unſere Stellungnahme ohne Einfluß.

„Wir begrüßen Sie in aufrichtiger Bruderliebe d. d. u. h.
Zeichen

„Große National-Mutterloge   „Große Landesloge der Freimaurer
 zu den drei Weltkugeln.   von Deutſchland.
 gez. Gerhardt.   Zöllner.

„Große Loge von Preußen, genannt
Royal York zur Freundſchaft
von Schönaich-Carolath.“

Die Frankfurter Großloge wies dieſen Beſcheid mit Recht
durch folgendes Schreiben zurück:

„Frankfurt a. M., 6. März 1893.

„In Beantwortung Ihres brüderlichen Schreibens vom 9. Febr.
geſtatten wir uns, darauf hinzuweiſen, daß wir durch unſere Mittheilungen vom 25. September v. J. und 30. Januar d. J. der uns
nach § 5 Abſatz 2 des Bundesſtatuts obliegenden Pflicht voll-
ſtändig genügt zu haben glauben. Im Uebrigen dürfte unſeres
Erachtens die Entſcheidung der Frage, ob die Errichtung einer Loge
nach den Landesgeſetzen zuläſſig ſei, nicht in der Com-

tetenz maurerischer Behörden liegen. Wir begrüßen
Sie u. s. w."[1]

Der erste „abgeordnete Landes-Großmeister" der Großen
Landesloge, der Landesgerichtsdirector Br.·. Carl Joh. Emil
Gartz, erläuterte in einer Ansprache vom 11. Januar 1893
den springenden Punkt der eben mitgetheilten Schreiben durch
folgende weitere Ausführung:

„Eine andere Frage ist, und darauf kommt es allein an, . . . :
ob nach den jetzt bestehenden Gesetzen eine hier gegründete Loge anderen
Systems auch wirklich freimaurerisch arbeiten kann. In
dieser Beziehung kommt das Vereinsgesetz vom 11. März 1850 in
Betracht. Die Stelle verordnet in § 4: „Die Ortspolizei-Behörde
ist befugt, in jede Versammlung, in welcher öffentliche Angelegenheiten
erörtert und berathen werden sollen, einen oder zwei Polizeibeamten,
oder einen oder zwei andere Personen als Abgeordnete zu senden.

„Ob der Minister des Innern als oberste Polizeibehörde die
Logenversammlungen zu solchen Versammlungen, in denen öffentliche
Angelegenheiten erörtert oder berathen werden, rechnet, ist mir nicht
bekannt. In den Versammlungen der Tochterlogen der drei Berliner
Großlogen werden jedenfalls derartige Angelegenheiten nicht erörtert [?]
und berathen; in ihren Versammlungen sind vielmehr Erörterungen
über politische und religiöse Gegenstände verboten und die Großlogen
besitzen verfassungsmäßig die Mittel, das Verbot aufrecht zu erhalten.
Aber selbst, wenn trotzdem die Polizeibehörden die Versammlungen dieser Logen als unter den gedachten § 4 fallend, erachteten,
würden sie doch [durch den § 3 des Edicts und durch die Protectorien]
ihnen gegenüber gehindert sein, von der Befugniß dieses
Paragraphen Gebrauch zu machen . . . ?]

„Anders würde das Verhältniß der drei preußischen Polizeibehörden zu den von einer der drei übrigen deutschen Großlogen gegründeten Tochterlogen sein. Wenn die Polizei annehmen sollte, daß
in deren Verhandlungen öffentliche Angelegenheiten erörtert oder
berathen werden, so sind diese Logen durch den im Edict enthaltenen
königlichen Befehl zur Tolerirung nicht davor geschützt, daß die
Polizei von ihrer Befugniß der Ueberwachung ihnen gegenüber Gebrauch macht, und ich muß leider sagen, daß in den
außerpreußischen Logen nicht Alles vermieden
wird, was die Polizeibehörden vor einem solchen Irrthum bewahren könnt; denn in diesen Logen wird von Zeit zu Zeit immer
wieder das Begehren laut, daß in den Logen
Fragen über politische und religiöse Gegenstände
erörtert werden sollen . . .

---

[1] Obige Actenstücke sind sämmtlich mitgetheilt in „Bauhütte"
1893, S. 113 f.
[2] Vgl. „Bauhütte" 1893, S. 131, 115 f.

„Und die Gefahr solcher Anträge wird noch dadurch ver-
größert, daß die außerpreußischen Großlogen in ihren
Verfassungen nicht die Mittel besitzen, sie zu verhindern.

„Wir würden nun aber eine Loge nicht als eine gesetz-
mäßige oder als eine gerechte und vollkommene ansehen können,
der gegenüber die Polizeibehörde das Recht in Anspruch nimmt, —
ob sie es thatsächlich auszuüben beabsichtigt, ist
gleichgültig, — ihre rituellen Arbeiten durch Abgeordnete überwachen zu lassen. Diese Frage ist, wie gesagt, durch das Urtheil des
Bezirksausschusses noch nicht entschieden, und deshalb steht auch
noch immer nicht fest, ob in Preußen der Gründung
von Logen anderer Systeme die Landesgesetze entgegenstehen. Die Antwort also, die die drei preußischen Großlogen am 29. October 1891 der Hamburger Großloge ertheilten,
bleibt noch immer in Gültigkeit. In ähnlicher Weise
ist auch der Großen Mutterloge des Eklektischen Freimaurerbundes
[Frankfurt a. M.] unter dem 16. November 1892 geantwortet worden."[1]

Begreiflicherweise erregten vorstehende Verlautbarungen der
altpreußischen Großlogen in den Kreisen der fortschrittlichen Freimaurer große Mißstimmung. Sie beeinflußten auch in hohem
Maße den Gang der gleichzeitigen Verhandlungen betreffend die
Einigung der deutschen Freimaurerei. Rechtsanwalt Br.˙. Kullmann äußert zum Schreiben an die Hamburger Großloge:

„... Aus diesem Schreiben strömt etwas wie — nun wie soll
ich sagen — wie Duft von einer zertretenen, verdorrten Blume, nicht
aber wie der erquickende Hauch sich gegenseitig helfender und unter-
stützender brüderlicher Liebe. O, ihr schönen Worte in den
Ritualen! O, du schöneres Sprengelrecht! Doch das ist
Sache derer, die es angeht; dagegen haben alle Brüder ein Interesse
an der Klarstellung der rechtlichen Verhältnisse. Die Sachlage ist die
denkbar einfachste.

„Nach Artikel 13 der Verfassung von Preußen ist die Bildung
von Vereinen, welche dem Strafgesetz nicht zuwiderlaufen, völlig
frei; nur politische Vereine können Beschränkungen im Wege
der Gesetzgebung unterworfen werden. Das Gesetz vom 11. Mai
1850 unterwirft demgemäß nur politische Vereine gewissen Beschränkungen.

„Sind die Logen politische Vereine, so rettet
auch die Berliner Großlogen das Edict vom
20. October 1798 nicht vor den Folgen des Gesetzes
vom 11. Mai 1850. Denn jenes Edict droht mit sofortigem Verlust des Protectorii, falls eine Loge zu einem politischen Verein werden
sollte; sind die Logen aber keine politischen Vereine, so sind sie eben

---

[1] Vgl. „Bauhütte" 1893, S. 247.

Gruber, Einigungs-Bestrebungen ꝛc.   7 völlig frei, und Hamburg kann sogar in Berlin soviel Logen gründen, wie es will . . .

„Ein ganz besonderes Interesse haben aber die eklektischen Logen an dem fraglichen Schreiben. In ganz unzweideutiger Weise wird in diesem Schreiben, dessen officieller Charakter doch wohl nicht zu bestreiten ist, wieder die Rechtsbeständigkeit derselben angezweifelt. Die Angriffe im „Bundesblatt" und das weiterbeliebte Verfahren gewinnen dadurch eine ganz eigenartige Beleuchtung."[1])

Für die „brüderliche" maurerische Correspondenz zwischen Berlin und Frankfurt verspricht sich ein Br∴ Simplicius ganz wesentliche „Vortheile" von der eben eingeführten telephonischen Verbindung zwischen beiden Städten. Denn „im telephonischen Verkehr" würden „die liebenswürdigen Höflichkeitsformen, mit denen man sonst . . . die schärfsten Hiebe und die spitzesten Stiche zu verhüllen pflegt, in Wegfall kommen müssen". Br∴ Simplicius höhnt dann über die zwischen dem „Dreigestirn der Berliner Großlogen" und der Frankfurter Großloge „in aufrichtiger Bruderliebe" ausgetauschten „diplomatischen Noten". Angesichts derselben sei es schwer, den Ernst zu bewahren. „Wie herrlich", ruft er aus, „offenbart sich da der Geist echter, die ganze Menschheit umfassender Brüderlichkeit! Mit welcher Bewunderung muß er jene gewöhnlichen Sterblichen erfüllen, die noch außerhalb des Bruderbundes stehen!"[2])

An einer anderen Stelle führt die „Bauhütte" aus, die Frankfurter Großloge sei gerade so gut „tolerirt", wie die drei Berliner Großlogen. Es sei aber auch, abgesehen hiervon, für die altpreußischen Großlogen in hohem Maße charakteristisch, daß sie sich „das Recht anmaßen, darüber zu wachen, ob nicht an Tochterlogen anderer Großlogen seitens irgend einer Polizeibehörde der bezeichnete Anspruch erhoben wird . . . Difficile est satiram non scribere. Die Art und Weise, wie die preußischen Großlogen sich an einen Strohhalm anklammern, um ihr vermeintliches Monopol nicht einzubüßen, könnte uns heiter stimmen, wenn es nicht gar zu traurig wäre, sehen zu müssen, wie der Logik Zwang angethan wird, nicht um die Freimaurerei gegen äußere Feinde zu vertheidigen, sondern um zu verhindern, daß befreundete Großlogen, mit denen man im Großlogen-Bund vereint ist, Logen ihres Systems in Berlin errichten."[3])

Um die Kabulisterei, welche in obigen Ausführungen der altpreußischen maurerischen Stimmführer zu Tage tritt, noch

---

[1]) „Bauhütte" 1892, S. 161.
[2]) „Bauhütte" 1893, S. 129.
[3]) „Bauhütte" 1893, S. 132.

mehr ins Licht zu stellen, sei hier noch auf folgende Thatsachen aufmerksam gemacht: In der bloßen „Möglichkeit", daß irgend eine Polizeibehörde einmal das Recht beanspruche, Abgeordnete in die Versammlungen eines Vereins zu entsenden, schon den Fall zu erblicken, daß die „Landesgesetze" der Gründung dieses Vereins „entgegenstehen", ist einfach lächerlich. Die alt-preußischen Großlogen setzen sich überdies durch Aufstellung solcher Grundsätze offenbar mit sich selbst in Widerspruch. Denn sie selbst haben ja schon in Gebietstheilen Logen gegründet, in welchen das Edict von 1798, auf das sie sich steifen, keine Geltung hat und in welchen ihre Logen daher auch gleich allen anderen Vereinen eventuell von der Polizei beaufsichtigt werden können.[1]

Die stolze Weigerung der altpreußischen Großlogen selbst, Logen anderer Systeme auf altpreußischem Gebiete anzuerkennen, und die Art und Weise, wie sie sich hierbei auf das ihnen durch das Edict von 1798 eingeräumte „Privileg" berufen, kann an-gesichts des Inhalts und der wahren Bedeutung des Edicts nur höchst komisch anmuthen. Denn dieses Edict unterwirft in Wirklichkeit die „tolerirten" bezw. „privilegirten" drei alt-preußischen Großlogen der schärfsten im Grund doch staatlichen und polizeilichen Controle. In Wirklichkeit wurde durch das Edict vom 20. October 1798 eine Art „Staats-Freimaurerei" geschaffen, die man füglich am besten mit einer Züchtigungs-anstalt für zahme Elephanten vergleichen kann, deren Aufgabe es ist, wilde Elephanten entweder einzufangen und zu nützlichen Hausthieren des preußischen Staates oder wenigstens unschädlich zu machen. Thatsächlich erfüllen die auf Grund des Edicts von 1798 arbeitenden Logen das erste Erforderniß für eine „gerechte und vollkommene" Loge, daß sie nämlich „gehörig gedeckt" sei, weit weniger, als die einfach unter dem allgemeinen Vereins-gesetz arbeitenden Logen. Denn erstere stehen „wirklich" unter permanenter, wenigstens esoterischer, Polizei-Aufsicht, während bei letzteren nur die entfernte „Möglichkeit" vorliegt, daß sie gelegentlich, wenn besondere Verdachtsgründe auftauchen sollten, polizeilich überwacht werden können.

Recht interessant in dieser Hinsicht ist ein im Jahre 1876 von der Großloge von Pennsylvania (Ver. Staaten) gefaßter Beschluß, schon wegen des Hohenzollern'schen Protectorats, die Beziehungen zu den deutschen Großlogen abzubrechen.

---

[1] Vgl. hierzu die Ausführungen des Justizrathes Dr. Alexander-Katz in „Latomia" 1892, Nr. 23 und „Bauhütte" 1893, S. 3.

In der Begründung zu diesem anläßlich der Ausstellung zu
Philadelphia gefaßten Beschlusse einer Begründung, welche auch
in den Transactions der New-Yorker Großloge (1876, App. p.
66 ff) als sehr beherzigenswerth für die amerikanischen Großlogen
erklärt wird, heißt es:

„Als einer der ersten maurerischen Grundsätze ist angenommen,
daß die Freimaurerei ein Institut ist, das keinem andern Gesetze unterworfen ist, als denen, welche es sich selbst giebt. Die Selbst-
regierung und Rechtspflege der Freimaurerei sind die Ergebnisse
maurerischer Gewalt, geübt innerhalb der Grenzen der Landmarken.
Nur einen Augenblick ernstlich in Betracht ziehen, ob weltliche
Regierungen eine Controle über die Freimaurerei üben
können, heißt eine Frage in Erwägung ziehen, welche sofort die Grundlagen der Brüderschaft gefährdet. . . .

„Die Ausübung irgend einer weltlichen Macht,
sei sie nun beschützend (protective), gegnerisch oder feindlich, ist
ein Angriff auf die organische Structur der Freimaurerei ebenso furchtbar,
als todtbringend. . . .

„Sie [die Großloge von Pennsylvania] kann daher nicht umhin,
zu behaupten, daß, wenn eine Körperschaft freier und angenommener
Maurer erlaubt oder gestattet, daß eine weltliche Gewalt
irgend einen oder auch nur den geringsten Theil hat
an der Controle über sie oder ihre eigensten und
unveräußerlichen Gerechtsame, sie nicht als eine höchste
und souveräne Institution anerkannt werden kann. Wenn
die Erlaubniß irgend einer politischen Regierung irgend einer Nation
nachgesucht wird, eine Körperschaft von Freimaurern zu sanctioniren,
oder wenn einer solchen Regierung gestattet wird, die Art der Organisation vorzuschreiben, oder wenn sie sich irgend eine Controle
über die Verwaltung einer maurerischen Körperschaft anmaßt, so
ist diese nicht eine Großloge, sondern nur ein Theil jener weltlichen
Regierung, und ihr einziger Anspruch darauf, als maurerisch anerkannt zu werden, besteht in der Thatsache, daß sie aus Mitgliedern
zusammengesetzt ist, welche einige Kenntniß eines Ritus haben, der
für maurerisch ausgegeben wird. Den Beweis zu versuchen, daß eine
Großloge sowohl souverän, als auch suprem sein muß, ist ein ganz
überflüssiges Beginnen; es ist ein Satz, der sich selbst erläutert und
beweist. . . . Eine Großloge, welche erklärt oder beansprucht, eine
souveräne Autorität zu sein, kann die ihr innewohnenden Rechte [!]
nicht aus sich selbst heraus theilen, übergeben, verleihen oder veräußern.
Der Act der Abtretung ist zugleich der der Selbstvernichtung.“

Auf Grund dieser und ähnlicher Erwägungen erklärte die
Großloge von Pennsylvania, daß mit den „entmannten“ maurerischen Körperschaften, welche den Deutschen Großlogenbund
bilden, kein maurerischer Verkehr möglich sei und daß daher allen
Mitgliedern derselben die Pforten der Logen in Pennsylvanien

verschlossen bleiben müßten. Sie bezeichnet ihr Einschreiten gegen die deutschen Logen und Freimaurer zugleich als die größte Wohlthat, welche sie den Schwester-Großlogen der Ver. Staaten und jeder echten, die alten Landmarken achtenden Freimaurerei habe erweisen können[1]).

Bezüglich der drei altpreußischen Großlogen muß ferner hervorgehoben werden, daß die Beanspruchung einer „privilegirten" Stellung schon in sich ganz und gar unmaurerisch ist. Nach den freimaurerischen Grundsätzen von Gleichheit sollen alle Arten von „Vorrechten", „Rangunterschieden" u. s. w. vor der Logenthüre bleiben. Darum bemerkte schon 1778 Lessing in seinen Frei-maurer-Gesprächen:

„Kurz das Logenwesen, wie ich höre, daß es ißt getrieben wird, will mir gar nicht zu Kopfe. Eine Casse haben, Capitale machen, diese Capitale belegen, sie auf den besten Pfennig zu benutzen suchen, sich ankaufen wollen, von Königen und Fürsten sich Pri-vilegien geben lassen, das Ansehen und die Gewalt derselben zur Unterdrückung der Brüder anwenden, die einer anderen Observanz sind, als der, die man gern zum Wesen der Sache machen möchte — wenn das in die Länge gut geht!"[2])

16. Die Denkschrift der altpreußischen Großlogen vom 19. April 1893. Am unverhülltesten kam die komische Selbst-überhebung der drei altpreußischen Großlogen in der Denkschrift zum Ausdruck, welche sie nur drei Tage vor dessen Spruch in der Settegast'schen Angelegenheit dem Berliner Polizei-Präsidium zu Händen des preußischen Oberverwaltungsgerichts überreichten. In dieser Denkschrift wird ganz besonders auf die angebliche „öffentlich-rechtliche" Stellung der drei altpreußischen Groß logen Gewicht gelegt, welche sich sowohl auf die Protectorien, als ganz besonders auf das Edict von 1798, namentlich §§ 3, 4, 9 bis 13, gründe. Es wird ferner behauptet, daß das Edict im Ganzen sicher „durch kein Gesetz ausdrücklich aufgehoben ist". Dasselbe sei vielmehr von den Landesherren, Ministern und

---

[1] „Bauhütte" 1877, S. 3—5. Zu bemerken ist, daß die Groß-loge von Pennsylvanien in ihren weiteren Ausführungen, welche sich gegen jeden Versuch unabhängiger Großlogen richten, sich sich in National-Großlogen zusammenzuschließen, offenbar flunkert. Die „Bauhütte" (1877, S. 13 ff.) weist ihr nach, daß sie selbst in früheren Zeiten schon wiederholt auf Gründung einer National-Großloge der Vereinigten Staaten hinarbeitete.

[2] Lessing, Ernst und Falk, viertes Gespräch 1778. Vgl. „Bauhütte" 1893, S. 9.

Polizeibehörden, soweit es sich auf die Freimaurerlogen beziehe und andere, als die drei „tolerirten" verbiete (§ 4), „mit Recht noch für fortbestehend erachtet worden". Wenn daher auch durch spätere Gesetze die „Verbotsbestimmung" in § 2 aufgehoben sei, so dürften doch Gesellschaften mit den in diesem Paragraphen angegebenen Merkmalen nicht als „Freimaurer" Logen auftreten.

Ganz besonderes Interesse dürfen in der Denkschrift die Ausführungen einerseits über die angeblichen engen Beziehungen der im Edict — „tolerirten" Freimaurerlogen zum öffentlichen Wohl und andererseits über die hohe Staatsgefährlichkeit der nicht „tolerirten" beanspruchen.

Gemäß § 2 des Edicts, so führt die Denkschrift aus, bedienen sich die Logen, auch die „tolerirten", „zur Erreichung ihrer namhaft gemachten Absicht, das Wohl und Beste der menschlichen Gesellschaft zu befördern und für das Wohl und die Glückseligkeit der menschlichen Gesellschaft zu arbeiten", „geheimgehaltener Mittel und verborgener (mystischer, hieroglyphischer) Formen" und lassen sich „für diese den Mitgliedern zu offenbarenden Geheimnisse Verschwiegenheit" angeloben". Dem Edict gingen nun Perioden freimaurerischer Verirrungen voraus (Schrepfer, Gugumos, Cagliostro, Eindringen von Illuminaten und Jesuiten in die Logen). „Wenn nun auch die preußischen Großlogen sich von diesen Verirrungen fast vollständig frei [?!] gehalten hatten, . . . so war doch bei der, durch die französische Revolution hervorgerufenen Aufregung die Gefahr naheliegend, daß, wenn durch das Edict die in § 2 Nr. 1 bis 3 aufgeführten Gesellschaften und Verbindungen verboten würden, diese sich in neu zu errichtende selbständige oder unter außerpreußische Großlogen zu stellende Logen zurückziehen und ihre politischen Bestrebungen unter dem Deckmantel des in denselben herrschenden Geheimnisses betrieben würden. Deshalb konnte der Zweck, der durch das Edict erreicht werden sollte, und der in dessen Eingang ausdrücklich ausgesprochen ist [Verhütung gemeingefährlicher geheimer Verbindungen], nur erreicht werden, wenn darin auch die im § 2, Nr. 4 und 5 aufgeführten Gesellschaften und Verbindungen und damit im Allgemeinen die Freimaurerlogen verboten wurden.

„Der König würde sich aber der besten Bundesgenossen [?!] für den im Anfang des Edicts ausgesprochenen Endzweck desselben, die Beförderung der öffentlichen Glückseligkeit, beraubt, und dabei eine Ungerechtigkeit [?!] begangen haben, wenn er zu Gunsten der drei preußischen Großlogen und ihrer Tochterlogen keine Ausnahme gemacht hätte. Denn diese Logen hatten denselben Endzweck nicht bloß in ihre Statuten geschrieben, sondern strebten auch demselben, wie ihnen bekannt war, auf das Eifrigste nach; und außerdem boten ihre Lehren die Gewähr gegen das Eindringen politischer und sonstiger staatsgefährlicher Bestrebungen. Die Großlogen hatten auch durch ihre Verfassungen das Mittel, eine genügende Aufsicht über die Tochterlogen zu üben."

Den Umstand, daß der „Endzweck der Logen, das Wohl und das Beste der menschlichen Gesellschaft zu erreichen und für das Wohl und die Glückseligkeit der menschlichen Gesellschaft zu arbeiten, von ihnen noch immer erreicht werden kann", macht die Denkschrift auch als Hauptgrund für die Behauptung geltend, daß das Privilegium der drei „tolerirten" Großlogen seither nicht überflüssig geworden und darum nicht aufgehoben sei. Bezüglich der durch das Edict nicht „tolerirten" heutigen Logen, also aller außerhalb des allein seligmachenden Schooßes der drei altpreußischen bereits gegründeten oder noch zu begründenden „Freimaurer"-Logen führt die Denkschrift aus:

„Wenn nämlich das Urtheil des Bezirksausschusses zu Berlin in der Verwaltungs-Streitsache des Geheimen Regierungsraths Professor Dr. Settegast wider den Königl. Polizei-Präsidenten zu Berlin vom 22. November v. J. rechtskräftig würde, so steht aus den uns bereits gewordenen Anzeichen mit zweifelloser Sicherheit zu erwarten, daß sich alsbald hier in Berlin und an anderen Orten des preußischen Staates eine große Menge ähnlicher Verbindungen unter dem Namen Freimaurerlogen bilden werden. Die vom Geheimrath Dr. Settegast gegründete Großloge „Kaiser Friedrich zur Bundestreue" hat in der kurzen Zeit ihres Bestehens bereits zwei Tochterlogen in Berlin errichtet und soll mit der Errichtung weiterer Tochterlogen außerhalb Berlins umgehen. Diese Gründungen würden bald Nachahmung finden von Seiten solcher Elemente, die den Logen eine größere und unmittelbarere Einwirkung auf öffentliche Angelegenheiten verschaffen und sie zum Tummelplatz politischer und religiöser Erörterungen machen möchten, hierin aber in den jetzigen Logenleitungen, welche wiederum durch die Großlogen gemäß der ihnen im § 13 des Edicts auferlegten Pflicht und mit den ihnen in den Großlogen-Verfassungen gewährten Mitteln auf das Schärfste beaufsichtigt werden, ein Hinderniß finden und deshalb mit den jetzigen Logenleitungen unzufrieden sind.

„Sobald das Recht, von den drei preußischen Großlogen unabhängige Freimaurerlogen zu gründen, anerkannt würde, hätten diese Elemente nur nöthig, aus ihren bisherigen Logen auszuscheiden und unabhängige Logen zu stiften, in deren Satzungen sie in Nachahmung der Protectorien der privilegirten Großlogen als ihren Endzweck die Verbreitung der menschlichen Glückseligkeit angeben und die Erörterung öffentlicher Angelegenheiten ausschließen würden; dann unterlägen sie nicht der im § 4 des Vereinsgesetzes den Polizeibehörden gegebenen Befugniß, Abgeordnete in ihre Versammlungen zu entsenden, und jede andere Art von polizeilicher Ueberwachung würde illusorisch, da sie das Recht haben, ihre Mit= glieder zur Verschwiegenheit in Ansehung der ihnen zu offenbarenden Geheimnisse zu verpflichten.

„Ist aber erst auf diese Weise der Weg gezeigt, das polizeiliche Ueberwachungsrecht zu vereiteln oder doch auf das Aeußerste zu er= schweren, dann würden bald auch Mitglieder staats= gefährlicher Parteien, selbst wenn sie nicht Freimaurer wären, denselben benutzen, um unter dem Deckmantel sogenannter Freimaurerlogen ihren verborgenen Zielen nachzustreben. Den Polizei= behörden aber würde die Ausübung ihrer Pflicht umsomehr er= schwert, als sie bei der Gleichartigkeit der äußeren Beziehungen nicht sofort erkennen könnten, sondern erst durch weitläufige Nachforschungen feststellen müßten, ob sie es mit einer privilegirten Frei= maurerloge, von deren Ueberwachung sie sich fern= zuhalten und die sie zu schützen, oder ob sie es mit einem Aftergebilde, das ihrer strengen Ueberwachung unterliegt, zu thun haben.

„Und noch mehr würde das Publicum irregeführt werden. War Mancher, der das ernsthafte Bestreben hat, an der Arbeit der echten Logen zur Förderung der menschlichen Glück= seligkeit [!] theilzunehmen, wird aus Unkenntniß durch den gleichartig klingenden Namen einer Afterloge zum Eintritt in diese ver= anlaßt und in dem Glauben, dem richtigen Wege [!] zugeführt zu werden, auf den Abweg staatsgefährlicher Unternehmungen gerathen. Auch würde das Publicum alles Unheil, das von Afterlogen angerichtet wird, den echten Logen zur Last legen und diesen mehr und mehr seine Achtung entziehen.

„Deshalb geht hier das Interesse der echten Logen mit dem öffentlichen Interesse Hand in Hand, und die Polizei hat den Beruf und durch den § 10 Theil II Titel 13 des Allgemeinen Landrechts das Mittel, dieses Interesse zu schützen. Sie kann dies aber mit Erfolg nur, wenn sie auch hier den Grundsatz befolgt:

„Principiis obsta“.[1]

In der eben nach ihrem Hauptinhalt skizzirten Denkschrift muß namentlich die Zuversicht auffallen, mit welcher in derselben versucht wird, das Erkenntniß des Berliner Bezirksausschusses vom 22. November 1892 in seinem das Edict von 1798 be= treffenden Theile, welcher das Edict einfach als „aufgehoben“, in „Wegfall gekommen“ bezeichnete, als unrichtig darzustellen.

---

[1] Vgl. „Bausteine“ 1893, S. 59 f. und Dr. Hugo Alexander= Katz, Die Freimaurerei in Preußen und das Edict vom 20. October 1798. In letzterer Schrift, wie in „Bauhütte“ 1893, S. 273—278, ist die Denkschrift der Berliner Großmeister in ihrem vollständigen Wortlaut mitgetheilt. Die Worte Principiis obsta sind im Original durch Fettdruck hervorgehoben.

Diese Zuversicht erscheint noch merkwürdiger, wenn man sie mit Aeußerungen zusammenhält, welche im Schooße der altpreußischen Großlogen noch kurz zuvor im gegentheiligen Sinne gefallen waren. Der Landesgerichtsdirector Br.·. Gartz, der Jurist der Großen Landesloge, welcher die Denkschrift mit unterzeichnete, hatte z. B. noch am 11. Januar 1893 in der Quartal-Versammlung seiner Großloge geäußert:

„Soweit mir bekannt, haben sich alle Juristen, die sich mit der Frage beschäftigt haben, gegen den Fortbestand [des Edicts], ausgesprochen."

Der Großredner der Landesloge, Br.·. Meyer, hatte bald darauf, anläßlich der Feier des Geburtsfestes des Kaisers (27. Januar 1893), sich also vernehmen lassen:

„Lebhaft tobt draußen ein vorläufig noch kleiner Haufe ehemaliger Mitglieder uns befreundeter Großlogen und freut sich, daß das in dem Edict vom 20 October 1798 enthaltene Verbot geheimer Gesellschaften durch ein Verwaltungsgerichts-Erkenntniß aufgehoben ist, d. h. sich Vereine unter dem Namen Logen, auch Freimaurerlogen, constituiren dürfen. Wir können diesen Erörterungen noch kühl gegenüberstehen; denn wenn auch, wie wohl zu erwarten, jenes Erkenntniß in weiterer Instanz bestätigt wird, bleiben doch unsere Confirmations-Patente und Protectorien, welche von der derzeitigen höchsten gesetzgebenden Behörde gegeben sind u. s. w."[1])

Durch den denunciatorischen Theil der Denkschrift fühlten sich natürlich alle preußischen und deutschen Freimaurer, welche nicht einer der altpreußischen Großlogen angehörten, aufs Tiefste verletzt. Der Vertreter des Polizei-Präsidiums erklärte selbst vor dem Oberverwaltungsgericht, daß er sich diesen Abschnitt der Denkschrift nicht aneignen könne. Das Polizei-Präsidium sei in der Angelegenheit nicht thätig, um die Geschäfte der drei altpreußischen Großlogen zu besorgen, sondern lediglich im ordnungspolizeilichen Interesse.[2])

Ganz entschieden Verwahrung einlegen müssen wir gegen die Behauptung der Denkschrift, daß „Jesuiten in die Logen Einlaß zu finden gestrebt, um durch dieselben . . . ihre Zwecke zu fördern". Die Thatsache, daß die drei altpreußischen Großlogen in einer amtlichen Denkschrift eine so abgeschmackte Fabel von Neuem aufzuwärmen wagen, die selbst von ernsthafteren maurerischen Geschichtsforschern, z. B. Schiffmann, längst

---

[1]) Vgl. „Bausteine" 1893, S. 47 f.
[2]) Vgl. „Bausteine" 1893, S. 47

aufgegeben ist, bildet einen sprechenden Beweis für ihre „Rück=
ständigkeit".

Schließlich sei noch darauf hingewiesen, daß sich selbst über
die Frage, ob die altpreußischen Großlogen aus sich die Ent=
scheidung des Oberverwaltungsgerichts zu beeinflussen suchten,
oder vom Polizei=Präsidium zur Einreichung der Denkschrift auf=
gefordert worden seien, eine Controverse entspann, die insofern
von Interesse ist, als sie zeigt, wessen Brr.·. Maurer, welche die
altpreußischen Großlogen näher kennen, letztere für fähig halten.

Justizrath Br.·. Alexander Katz hatte, da ihm aus der
Gerichtsverhandlung, der er persönlich anwohnte, durchaus dieser
Eindruck geworden war, die preußischen Großlogen angeklagt, sie
hätten in der Denkschrift den Versuch gemacht, die Entscheidung
des Gerichts durch Geltendmachung von Gründen, die mit der
Rechtsfrage nichts zu thun hatten, in ihrem Sinn zu beein=
flussen.[1] Diesbezüglich von Br.·. Meinecke (Coblenz) inter=
pellirt, erklärte in der Sitzung der National = Mutterloge vom
11. Mai 1893 der Vorsitzende (wohl Br.·. Gerhardt), daß
„die Großmeister der drei altpreußischen Großlogen wohl=
bedacht Alles vermieden hätten, was als eine widerrechtliche
Einmischung in ein schwebendes Verfahren oder als Versuch
einer Einwirkung auf eine gerichtliche Entscheidung ausgelegt
werden könnte. Erst als an sie — kurz vor dem Termin zur
öffentlichen Verhandlung der Sache vor dem obersten Gerichts=
hofe — seitens der obersten Polizeibehörde ein Ersuchen er=
gangen, sich darüber zu äußern, wie nach ihrer Auffassung die
öffentlich=rechtliche Stellung der drei Großlogen sich ge=
staltet und im Laufe der Zeiten Anerkennung gefunden habe, da
haben sie in voller Würdigung ihrer Pflichten diesem Ersuchen
entsprochen u. s. w." („Bundesblatt" 1893, S. 283 f.).

Aus dieser Erklärung geht, in Verbindung mit der eben
erwähnten Erklärung des Polizei=Präsidiums vor Gericht, zunächst
unzweifelhaft hervor, daß der Versuch, die nicht=altpreußischen
Logen zu denunciren, lediglich auf die Initiative der alt=
preußischen Großlogen zurückgeführt werden muß. Bezüglich der
Darlegung des Br.·. Gerhardt im Uebrigen bemerkt Br.·.
Alexander=Katz, daß damit noch nicht bewiesen sei, daß
nicht von Seiten der altpreußischen Großlogen dem Polizei=
Präsidium der Gedanke nahe gelegt worden sei, eine Denkschrift
einzufordern. Alle Umstände deuteten vielmehr darauf hin, daß
dem so sei und daß man nur vergeblich den Schein zu er=

---

[1] Vgl. „Bausteine" 1893, S. 46, 49.

wecken gesucht habe, als hätte man sich nicht ein=
gemischt.[1])

Wenn man die sonstigen Winkelzüge in Betracht zieht,
welche seitens der Berliner Großlogen schon so reichlich an=
gewendet wurden, wird man kaum behaupten können, daß
Dr. Alexander = Katz denselben mit seinem Verdacht Unrecht
gethan habe.

**17. Bemerkungen zur staatsrechtlichen Stellung der Frei-
maurerlogen in Preußen und Deutschland überhaupt mit be-
sonderer Berücksichtigung der amtlichen Actenstücke aus dem
Settegast-Proceß.** Am 18. Mai 1896 hielt der stellvertretende
Redner der Loge „Friedrich Wilhelm zur gekrönten Gerechtigkeit"
in Berlin (Royal York) einen sehr ausführlichen Vortrag über
die „Gültigkeit des Edicts vom 20. October 1798", in welchem
er unter Beibringung fast aller in der Frage „erwachsenen amt=
lichen Schriftstücke" eine übersichtliche Darstellung des Sach
verhalts gab, welche auch von der „Bauhütte" als recht beachtenswerth bezeichnet wird. In demselben führte er bezüglich
der heutigen Rechtslage der Freimaurerlogen in Preußen im
Wesentlichen aus:

„Ueber die Frage nach der Gültigkeit des Edicts [von 1798]...
herrschen seit Beginn des Settegast'schen Intriguenspiels in freimaurerischen Kreisen sich diametral entgegenstehende Meinungen. Es
giebt Vertreter einer absoluten Bejahung dieser Frage, wie es solche
einer absoluten Verneinung giebt ...

„Fragen Sie nun: ob das Edict als solches — d. h. als Ge =
je tz — durch ein anderes, neues Gesetz ausdrücklich aufgehoben worden
sei, so ist diese Frage zu bejahen. Fragen Sie jedoch, ob damit
auch das **den drei Großlogen verliehene „Privileg"** beseitigt worden
sei, so ist diese Frage aufs Entschiedenste zu verneinen."

Em. Knorr stützt sich bei seinen diesbezüglichen Ausführungen hauptsächlich auf die als Autoritäten bekannten Rechts-
lehrer: Koch (Hinschius), Wentzel, Zachariä, Windscheid, Rönne,
Förster, Rüdorff u. s. w. und im Besondern auf die auch im
Settegast Streit vor Gericht viel citirte Schrift von Rosenthal
über die „öffentlich = rechtliche Stellung der Freimaurerlogen in
Deutschland" (1878) und auf theils im Besitz der Logenarchive
befindliches, theils aus anderen Quellen geschöpftes actenmäßiges
Material.

Hinsichtlich der **nicht privilegirten Freimaurerlogen** geht seine
Ansicht dahin, daß die Frage, ob sie verboten seien, heute nicht

---

[1]) „Bausteine" 1893, S. 71 bis 73

mehr allgemein durch das positive Recht entschieden sei sondern im einzelnen Falle auf Grund thatsächlicher Feststellungen durch den Strafrichter entschieden werden müsse.

„Wird also", führt er aus, „im einzelnen Falle festgestellt, daß die Mitglieder einer nicht privilegirten Freimaurerloge das Dasein, die Verfassung oder den Zweck ihrer Verbindung vor der Staats- regierung geheim zu halten beabsichtigen, so unterliegen dieselben den Strafen des § 128 des Reichs-Strafgesetzbuches; kann dagegen diese Feststellung nicht erfolgen, so ist die betreffende Freimaurerloge, zu welchem System sie auch gehöre, ein erlaubter Verein, der unter dem gemeinen Vereinsrecht steht."

Br.·. Knorr verweist ferner auf die bereits oben mitgetheilte Königl. Cabinets-Ordre vom 30. August 1869 und bemerkt, daß die Zurücknahme derselben nicht in deren „Unrichtigkeit" ihren Grund ge- habt habe, woraus er zu schließen scheint, daß sie thatsächlich nur die zu Recht bestehenden Gesetze in richtiger Weise in Anwendung gebracht habe.[1]

Hinsichtlich der thatsächlichen Stellung der Freimaurerlogen zu §§ 1, 3 und 4 des Versammlungs- und Vereinsgesetzes vom 11. März 1850 und §§ 98 und 99 des preußischen, bezw. § 128 des Reichs-Strafgesetzbuches bemerkt Br.·. Knorr:

„Keine einzige dieser gesetzlichen Voraussetzungen der Unstatt- haftigkeit oder Strafbarkeit einer Verbindung oder der Zulässigkeit einer hindernden oder beschränkenden Einwirkung der Polizeibehörde auf Versammlungen aber trifft bei den Freimaurerlogen zu. In ihren Versammlungen dürfen statutengemäß „keine öffentlichen Angelegenheiten berathen werden". Sie bezwecken nicht im Ent- ferntesten [!] „eine Einwirkung auf öffentliche Angelegenheiten". In ihnen wird kein Gehorsam gegen unbekannte Obere und kein un- bedingter Gehorsam gegen bekannte Obere gelobt[2]), und am aller- wenigsten gehört zu ihren Zwecken oder Beschäftigungen, Maßregeln der Verwaltung oder die Vollziehung von Gesetzen durch ungesetzliche Mittel zu verhindern oder zu entkräften. Hiernach kann die Königl. Regierung nicht befugt sein, Freimaurerlogen zu unterdrücken oder

---

[1]) Vgl. „Mittheilungen" der Großloge Royal York zur Freund- schaft vom 7. September 1896 und „Bauhütte" 1896, S. 398 f.

[2]) Diese Behauptung trifft mindestens nicht auf alle Freimaurer- verbände zu, darunter auch auf solche nicht, mit denen die Berliner Großlogen in Beziehungen stehen. So kann z. B. nach dem Con- stitutions-Buch der Großloge von Schweden der Obere unbekannt bleiben (vgl. „Bauhütte" 1893, S. 10) und es wird im schwedischen System unbedingter Gehorsam verlangt (vgl. „Bauhütte" 1865, S. 16). Auch Großmeister Lemmi in Italien, der Freundschaftsbürge der Berliner Großlogen beim italienischen Großorient, forderte für die häufig stark ins politische Gebiet überspielenden Anordnung des Groß- orients unbedingten Gehorsam.

Logenversammlungen durch Abordnung oder Stationirung von Polizei-
agenten in denselben unmöglich zu machen."

Br.·. Knorr faßt schließlich das Resultat seiner Untersuchung in die Sätze zusammen:

„1. Die Stellung der drei privilegirten Freimaurerlogen
nebst ihren Tochterlogen im öffentlichen Recht regelt sich
nach den §§ 3, 9 bis 12 des Edicts vom 20. Oct. 1798.

„2. Diejenige aller übrigen Freimaurerlogen im Preußischen Staate nach dem gemeinen Vereinsrecht und ändert
sich mit diesem."[1])

Vorstehende Ausführungen Br.·. Knorr's scheinen uns sowohl bezüglich der „privilegirten" als bezüglich der „nicht
privilegirten" Freimaurerlogen in wesentlichen Punkten der Be-
richtigung zu bedürfen.

Das Erkenntniß des Oberverwaltungsgerichts vom 22. April
1893 läßt zwar die Frage, ob die §§ 3 und 9 bis 13 des Edicts
von 1798 noch gesetzliche Gültigkeit haben, „formell" dahin-
gestellt. Indessen scheint aus dem leitenden Grundgedanken des
Entscheids, daß durch die Verordnung vom 6. April 1818 „jede
die Vereinsfreiheit beschränkende Norm, ohne Unterschied, ob sie als jus commune oder singulare oder ob sie als
lex specialis sich darstellt, unzweideutig und daher . . . ausdrücklich beseitigt" sei, klar hervorzugehen, daß durch diese Verordnung auch die §§ 9 bis 13 des Edicts, welche thatsächlich sehr
beschwerende Beschränkungen des allgemeinen Vereinsrechts darstellen, und damit auch der § 3 des Edicts, welcher mit jenen
Paragraphen in unzertrennlichem Zusammenhang steht und thatsächlich weder ein „Privileg" im Sinne des Preußischen Landrechts noch auch irgend einen rechtlichen Vortheil im Vergleich
mit dem allgemeinen Vereinsgesetz begründen kann, in Wirklichkeit ihre gesetzliche Gültigkeit verloren haben.

In der Denkschrift der altpreußischen Großlogen vom
19. April 1893 wurde zwar der Versuch gemacht, aus dem
Edict von 1798 in Verbindung mit den Protectorien
speciell ein „Vorrecht" der altpreußischen Großlogen abzuleiten,
kraft dessen im Unterschied von anderen Vereinen ihnen gegenüber
das polizeiliche Ueberwachungsrecht suspendirt sei.

Dieses „Vorrecht", so führt die Denkschrift aus, ist zwar „in den
Protectorien nicht ausdrücklich ausgesprochen"; es gehört aber
zu den „Rechten, Vorrechten und Freiheiten", in welchen die Logen

---

[1]) Mittheilungen der Großloge „Royal York zur Freundschaft"
vom 7. September 1896; vgl. „Bauhütte" 1896, S. 398 f.

gemäß „dem Wortlaut des Schlusses der Protectorien von den staatlichen Civil- und Militärbehörden geschützt werden" müssen. Dieses
Vorrecht „ist von den Polizeibehörden stets anerkannt worden. Niemals ist ein solches Ueberwachungsrecht in Anspruch genommen worden.
Dasselbe wäre auch unvereinbar mit dem Rechte der Logen, von
ihren Mitgliedern Berschwiegenheit in Ansehung der ihnen zu
offenbarenden Geheimnisse zu fordern und sich geloben zu lassen,
und sich geheim gehaltener Mittel oder verborgener Formen zu bedienen. Denn wenn die Geheimnisse in Gegenwart eines über-
wachenden Polizeibeamten mitgetheilt und die Formen in Gegenwart
eines solchen ausgeübt werden müßten, so bleiben sie nicht mehr geheim
und verborgen. Deshalb sind auch die Logenmitglieder im Allgemeinen
nicht gehalten, den Staatsbehörden über die ihnen mitgetheilten Geheimnisse und über die Mittel und Formen, deren sie sich bedienen,
Rede zu stehen. Nur dann, wenn ein begründeter Verdacht des Mißbrauchs entstände, könnten die Staatsbehörden insoweit Rechenschaft
fordern, ob die mitgetheilten Geheimnisse und die angewandten Mittel
und Formen auf die Beförderung des Wohles und des Besten der
menschlichen Gesellschaft abzielen. Die Fortdauer des Privi-
legiums, und zwar nicht bloß, soweit es auf den Protectorien beruht, sondern auch soweit es durch das Edict bestätigt, ergänzt und
beschränkt wird, ist auch von den höchsten Staatsbehörden stets
anerkannt worden."

Daß theilweise die Berufung der altpreußischen Großlogen
auf Entscheidungen der höchsten Staatsbehörden und theilweise
diese Entscheidungen und sonstige auf den gleichen Rechtsirrthümern
beruhende Handlungen derselben irrig waren, hat schon das
Oberverwaltungsgericht in seinem Erkenntniß festgestellt. Das
ganze im letzten Satz geltend gemachte Argument wird damit
hinfällig. Die in den „Protectorien" den drei „privilegirten"
Großlogen thatsächlich eingeräumten „Vorrechte" bestanden lediglich in einem Allerhöchsten Schutz im Allgemeinen und in der
Verleihung des Rechts einer juristischen Person[1]) und in
der Genehmigung des zugestandenen Logensiegels im Besonderen. Und diese Gunsterweise wurden den genannten Logen
in der ausdrücklichen Voraussetzung ertheilt, daß dieselben für
„das Wohl und das Beste der menschlichen Gesellschaft" im Ganzen und im Einzelnen arbeiten. Es wird ferner
in den Protectorien ausdrücklich bemerkt:

---

[1]) Zu bemerken ist, daß gemäß Entscheid des Oberverwaltungsgerichts vom 23. September 1892 kraft der Protectorien
nur die drei Großlogen, nicht aber deren Tochterlogen, das
Recht einer juristischen Person besitzen. Manchen Einzellogen wurde
es indes besonders verliehen. Vgl. „Bauhütte" 1893, S. 7.

„In Rücksicht dieser uns zu einem allergnädigsten Wohlgefallen gereichenden Absicht und Bestrebung ertheilen wir . , die Erlaubniß, daß sie [die Mutterloge zu den drei Weltkugeln] sich der ihr als echten und wahren Freimaurer-Mutterloge zugestandenen Rechte und Vorrechte in sämmtlichen unserem Scepter unterworfenen Staaten bedienen und sowohl in unserer Residenz als in unseren sämmtlichen Landen frei, öffentlich und ungehindert nach deren Gesetzen und Statuten zum Wohl und Besten der menschlichen Gesellschaft arbeiten könne, und wollen wir ihr unseren Königl. Schutz und Schirm in allen gerechten, billigen und rechtmäßigen Dingen kräftig angedeihen lassen und nicht zugeben, daß diese Mutterloge noch die von ihr abhängigen und mit ihr vereinigten gesetzmäßigen und guten Logen, sowie die Mitglieder derselben sowohl überhaupt als insbesondere in ihren wohlhergebrachten Rechten, Vorrechten und Freiheiten gestört oder beeinträchtigt werden." [1]

Die Protectorien sind außerdem hinsichtlich der freien Bewegung der drei „tolerirten" Mutterlogen durch das Edict vom 20. October 1798, welches die Freimaurerlogen im Allgemeinen als gemeingefährliche Gesellschaften behandelt, wesentlich beschränkt worden.

In Anbetracht aller dieser Umstände muß der Versuch der altpreußischen Großlogen, aus den Protectorien in Verbindung mit genanntem Edict ein „Privileg" oder Vorrecht abzuleiten, welches den „tolerirten" Freimaurerlogen die Immunität von der alle anderen gleichartigen Vereine treffenden polizeilichen Ueberwachung gewährleisten soll, als durchaus mißglückt bezeichnet werden. Ein derartiger Verzicht auf Ausübung staatlicher Hoheitsrechte einer Verbindung gegenüber in einem Edicte, in welchem thatsächlich gerade dieser selben Verbindung gegenüber die Nothwendigkeit ganz besonders scharfer Maßnahmen anerkannt ist, damit die „öffentliche Ordnung" durch sie nicht aufs Ernstlichste gefährdet werde, — würde jedenfalls nicht mehr zu den „gerechten, billigen und rechtmäßigen" Dingen gezählt werden können. Derselbe würde vielmehr als ein öffentliches Aergerniß bezeichnet werden müssen.

---

[1] Aus dem der National-Mutterloge am 9. Februar 1796 verliehenen Protectorium, welches, weil im Novum Corpus Constitutionum Marchicarum (Bd. 10, S. 79) veröffentlicht, als das maßgebende gilt. Im Protectorium der Großen Landesloge vom 16. Juli 1774 findet sich ein fast gleichlautender Abschnitt. Das Protectorium der Großloge Royal York vom 4. Januar 1798 dehnt einfach die den beiden anderen Großlogen bereits gewährten Vergünstigungen auf diese aus. Vgl. Die Protectorien im Anhang III.

Geradezu komisch wirkt der Versuch der altpreußischen Großlogen, die von ihnen beanspruchte Immunität von dem allgemeinen
polizeilichen Ueberwachungsrechte, aus dem „Recht der Logen"
herzuleiten, „von ihren Mitgliedern Verschwiegenheit in Ansehung der ihnen zu offenbarenden Geheimnisse zu fordern
und sich geloben zu lassen, und sich geheimgehaltener Mittel und
Formen zu bedienen". Denn — so bemerkt die Denkschrift, wie
wir schon sahen, an anderer Stelle — das Edict „spricht es
aus, daß diese Logen zur Erreichung ihrer namhaft gemachten Absicht, das Wohl und das Beste der menschlichen Gesellschaft zu befördern und für das Wohl und
die Glückseligkeit der menschlichen Gesellschaft zu arbeiten, sich
geheimgehaltener Mittel und verborgener (mystischer, hieroglyphischer) Formen bedienen, und daß sie für diese den Mitgliedern zu offenbarenden Geheimnisse Verschwiegenheit fordern
und sich angeloben lassen". Die Behauptung, daß die „geheim-
gehaltenen Mittel und hieroglyphischen Formen" unentbehrliche
oder auch nur geeignete Mittel seien, die Glückseligkeit der
menschlichen Gesellschaft zu befördern, wird jedem Urtheilsfähigen
nur ein spöttisches Lächeln abringen können. Wie es einer ernsthaften und ehrenhaften Verbindung unwürdig ist, mit derartigem
Gallimathias die Behörden, Gerichte und das Publicum zu
befassen, ist es hinwieder der Staatsbehörden, der Gerichte und
des Publicums unwürdig, demselben irgendwelche Beachtung
zu schenken.

Das Edict als „Ergänzung" und „Beschränkung" der
Protectorien — so wird das Edict in der Denkschrift der altpreußischen Großlogen charakterisirt — wirft auch auf die freimaurerische Arbeit „zum Wohl und Besten der menschlichen Gesellschaft sowohl überhaupt als insbesondere", welche die Voraussetzung der Protectorien bildet, ein so merkwürdiges
Licht, daß es jene Voraussetzung geradezu zu einer bitteren Ironie
stempelt. Denn dem Edict zufolge ist die freimaurerische Arbeit
„zum Wohl und Besten der menschlichen Gesellschaft" derart, daß,
wie schon erwähnt, ganz außerordentliche, mit der Androhung der
schärfsten Strafen verbundene Maßnahmen für nothwendig erachtet wurden, um die öffentliche Ordnung vor derselben zu
schützen.

Bezüglich der Großen Landesloge von Deutschland im
Besondern, welcher der „Protector" als Mitglied angehört und
welche sich auf ihr „Protectorium" am Meisten zu gute thut,
führt die „Bauhütte" nicht unzutreffend aus:

„Die Große Landesloge hat in den dreißiger Jahren, ohne staatliche Genehmigung, Lehre, Verfassung und Rituale, namentlich in den
höheren Graden, geändert, ist also heutzutage nicht mehr
dieselbe, die sie war, als ihr das staatliche Protectorium ausgestellt
ward. Dem jetzigen Kaiser ist dies nicht bekannt. Er legt ja großes
Gewicht darauf, daß die alte, überlieferte Lehre beibehalten werde.
Was würde er sagen, wenn er erführe, daß die Große Landesloge
gegen diese Forderung am meisten gesündigt hat. Der Kronprinz
ist aber über die Geschichte dieser Aenderung genau informirt. Hat
man denn garnicht daran gedacht, daß er beim Antritt seiner Regierung
einmal erklären könnte: Ich bestätige das Protectorium der Großen
Landesloge nicht; denn sie ist nicht mehr die Loge, welcher
dieses Protectorium einst ausgestellt ward."[1]

Die „Bauhütte" weist ferner mit Recht darauf hin, daß
auch das Protectorium der Landesloge ausdrücklich unter der
Voraussetzung ertheilt worden sei, daß dieselbe in be-
sonderer Weise zum Wohle und zur Glückseligkeit der Menschen
beitrage; daß aber thatsächlich „Eitelkeit, Beschränktheit, Herrschsucht und Intrigue" dort Hof halten.[2] Sie äußert dann weiter
hinsichtlich der Folgen, welche der Verlust des Protectoriums für
die Landesloge nach sich ziehen müßte:

Auf Grund des Edicts würde sie dem Verbote verfallen. „Im
günstigsten Falle würden . . . die Vorrechte aufhören, welche die Logen
trotz des Protectoriums vor andern Vereinen genießen. Auch dies
käme einer Vernichtung sehr nahe. Ohne Weiteres aufgehoben wäre
damit das Recht einer juristischen Person, welches die Großlogen nur
durch das Protectorium und die einzelnen Johannis-Logen nur durch
ihren Zusammenhang mit der Großloge genießen. Das vorhandene
Vermögen wäre mithin herrenlos." Zur gerichtlichen Ueber-
tragung desselben auf einen einzelnen Bruder wäre die Zustimmung
aller Brr. erforderlich.

„Und wenn dies wirklich geschehen wäre, was hätten die Brüder
erlangt? Sie stünden nun wie jeder Verein unter dem Vereinsgesetz.
Zu jede Versammlung hätte die Polizei das Recht, einen oder zwei
ihrer Beamten oder andere von ihr beauftragte Personen zu schicken.
Wieviel Suchende würden bei solchen Logen sich melden? Die sich
aber meldeten, könnten nach dem Ritual der Großen Landesloge von
Deutschland nicht aufgenommen werden. Denn bei dieser Gelegenheit
müßten die Brüder bewaffnet erscheinen, und bewaffnet
darf nach dem Vereinsgesetz in den Versammlungen
Niemand sein. Das ganze Ritterthum der Großen Landesloge wäre damit zu Ende. Selbst in diesem Falle wäre mithin
das allmähliche Aussterben der Großen Landesloge gewiß."[3]

[1] „Bauhütte" 1876, S. 191.
[2] A. a. O. 1876, S. 214.
[3] „Bauhütte" 1876, S. 206.

Der Berliner Correspondent der „Bauhütte" stellt fest, daß diese und ähnliche Erwägungen in den Kreisen der Großen Landesloge großen Eindruck hervorgebracht hätten. Als einzigen Trost in den dadurch hervorgerufenen Besorgnissen habe man geltend gemacht, „der Kronprinz sei viel zu edel, um auf solche Weise sich für [ihm seitens der Landesloge zugefügte] persönliche Kränkungen zu rächen".[1]

Um die „rechtliche Begründung" der seitens der altpreußischen Großlogen beanspruchten „privilegirten" „öffentlich = rechtlichen" Stellung sieht es demnach sehr schlecht. Aber dabei ist zu beachten, daß schon allein die hartnäckige Beanspruchung derselben, wofern ihr nicht wirksam entgegengearbeitet wird, thatsächlich eine bevorzugte Stellung, gemäß den erhobenen Ansprüchen, widerrechtlich bedingen kann. Hinsichtlich des seitens derselben Großlogen lange Jahre beanspruchten maurerischen Monopols ist dies ja klar zu Tage getreten. Nicht nur Verfügungen hoher Polizeibehörden, sondern selbst ministerielle Erlasse und Königliche Cabinets-Ordres hatten irrige Rechtsanschauungen, die ihrerseits wieder auf unberechtigten Ansprüchen der altpreußischen Großlogen beruhten, zur Grundlage. Die Gefahr liegt um so näher, als der Einfluß der Freimaurer gerade der Berliner Großlogen auch in hohen amtlichen Kreisen keineswegs gering anzuschlagen ist.

Die Ausführungen des Br.·. Em. Knorr über die „nicht privilegirten" Freimaurerlogen sind womöglich noch weniger zutreffend, als jene über die „privilegirten".

Wenn Br.·. Knorr sich darauf beruft, daß in den Versammlungen der Freimaurerlogen „statutengemäß" keine öffentlichen Angelegenheiten berathen oder erörtert werden düfen, so weiß heute Jedermann, daß der betreffende, so ziemlich in allen Logengesetzen vorkommende Paragraph vielfach praktisch nicht beachtet wird. Recht bezeichnend hierfür ist, daß selbst Großmeister Lemmi in Italien, welcher doch notorisch eine systematische Einwirkung der Loge auf die öffentlichen Angelegenheiten im großen Maßstab erstrebte und daraufhin alle seine Bemühungen concentrirte, gelegentlich einschärfte, es sei statutengemäß in der Loge „nie erlaubt, Religion oder Staatsangelegenheiten zur Sprache zu bringen".[2]

Der französische Großredner Br.·. Gonnard äußerte am 18. September 1886 bei feierlichem Anlaß geradezu: „Man erklärte seinerzeit allerdings . . ., daß die Freimaurerei sich weder mit

[1] „Bauhütte" 1876, S. 214.
[2] Rivista della Massoneria Italiana 1895. p. 107.

Religion noch mit Politik beschäftigte. War das eine Heuchelei? Ich möchte es nicht so nennen. Vielmehr sahen wir uns unter dem Druck der Gesetze und der Polizei gezwungen, dasjenige zu verheimlichen, was zu thun unsere eigentliche, ja unsere einzige Aufgabe ist."[1]

Selbst die drei altpreußischen Großlogen, welche, in der Denkschrift und anderwärts, wiederholt betonten, daß in ihren und in den Versammlungen ihrer Tochterlogen die Beschäftigung mit politischen und religiösen Angelegenheiten streng ausgeschlossen seien, und daß sie auch, im Unterschied von den andern deutschen Großlogen, die Mittel besäßen, eine solche thatsächlich zu verhindern, haben schon, und zwar in recht unmittelbarer Weise, „auf öffentliche Angelegenheiten" amtlich einzuwirken versucht. Wir erinnern beispielsweise nur an den viel erörterten gemein= samen Erlaß dieser Großlogen an alle ihre Tochterlogen aus der Conflictszeit vom 14. Juni 1864,[2] welcher eine Beeinflussung

---

[1] Mémorandum du Suprême Conseil de France 1886 IV, p. 55: Bulletin du Grand Orient de France 1886, p. 545.

[2] Der Erlaß ist mitgetheilt bei Gerber, Die Freimaurerei und die öffentliche Ordnung 1893, S. 108—110; „Bauhütte" 1864, S. 337. — Bezüglich der Genesis des Erlasses ging das Gerücht, die Großmeister hätten sich nur deshalb dazu verstanden, „weil da= von die Fortdauer der Duldung der Logen abhängig gemacht worden sei" (vgl. „Bauhütte" 1864, S. 367). Das Rundschreiben selbst stelle das Mindestmaß der Concessionen dar, welche unter der Androhung eventueller Schließung der Logen gefordert worden sei („Freimaurer= Zeitung" 1864, S. 367; „Bauhütte" 1864, S. 391).

Ein Beamter einer altpreußischen Großloge erklärte es dagegen für undenkbar, daß der Inhalt des Rundschreibens vom Protector König Wilhelm könnte gebilligt worden sein. Denn, führt er aus, „es kann nicht bezweifelt werden, daß in Preußen die Ver= fassung vom 31. Januar 1850 vollgültiges Staatsgesetz geworden, und die Verpflichtung, sie gewissenhaft zu beob= achten, auch vom Könige beschworen ist. Für den letzteren als Maurer gilt auch das Bundesgesetz [d. h. das freimaurerische Gesetz]. Schon der bloße Gedanke, daß der König seinen Eid und der Protector die Bundespflichten verletzen wolle, ist für ihn beleidigend, und ist auch von ihm undenkbar.... Durch die beschworene Verfassung, an welche der oder die Verfasser nicht gedacht zu haben scheinen, ist ein Theil der dem Könige früher allein zustehenden Befugnisse, namentlich auch ein Antheil an der Gesetzgebung an die Staatsbürger übergegangen. Sie sind dadurch nicht nur berechtigt, sondern auch verpflichtet, nach innigster Ueberzeugung zu handeln und das Wohl des Staates fördern zu helfen. Wer dies nicht nach eigener Ueberzeugung

der Wahlen für das preußische Abgeordnetenhaus im conservativen
Sinne bezweckte. Zu bemerken ist hierbei, daß damals die

thut, mißachtet die Gesetze des Königs, die Einrichtungen des
Staates und vernachlässigt seine Pflichten. Soweit die Staatsbürger
Freimaurer sind, verletzen sie auch §§ 5—7 u. a. des Bundesstatuts.
Sind zufällig in Ausübung dieser Pflichten und Rechte die Ansichten
einiger Bürger im Widerspruch mit den Anschauungen der zeitigen
Minister oder gar des Königs selbst, so ist dies durch die Verfassung vorgesehen. Niemand ist berechtigt, darin
etwas Unbescheidenes zu erblicken. Die größte Liebe,
Achtung und Verehrung kann man dem Könige nur dadurch bezeigen,
daß man die von ihm gegebenen reiy vollzogenen Gesetze beobachtet."
Der preußische Logenbeamte schließt: „Dadurch, daß das erwähnte Rundschreiben vom 14. Juni d. J. von den zu Recht bestehenden, beschworenen Gesetzen des Staates gar keine Notiz
nimmt, dagegen als die größte Pflicht von den preußischen Maurern
verlangt, daß sie auch in staatsbürgerlichen Angelegenheiten nur den Allerhöchsten Intentionen entsprechend handeln, verletzt und mißachtet es die
Staatsgesetze, sowie die Einrichtungen der Regierung; es verletzt die Bundesgesetze und insbesondere den § 3 der letzteren. Ein
Protest gegen dies Rundschreiben ist gewiß begründet, aber unnöthig,
weil sein Inhalt kein maurerischer ist und gemäß dem § 29 der Grund-
verfassung als Gesetz nicht gelten kann." „Bauhütte" 1864, S. 370;
vgl. noch „Bauhütte" ebendas., S. 321 f., 334, 367, 390; 1865, S. 12.
Später machte die „Freimaurer-Zeitung" folgende Mittheilung
zur Genesis des Rundschreibens: Im Winter 1863/64 meldete sich
bei der Loge „Friedrich zum goldenen Scepter" in Breslau ein Candidat
zur Aufnahme, dessen politische Ansichten zu denen der Regierung im
Gegensatz waren, derselbe hatte wegen seiner schätzenswerthen Eigenschaften gute Aussichten. Mitglieder höherer Gesellschaftsclassen drohten
indes für den Fall seiner Aufnahme mit dem Austritt aus der Loge.
Br.·. Messerschmidt, Großmeister der National-Mutterloge, an
den man sich wandte, gab den Wink, den „Suchenden" bei der
Angelung durchfallen zu lassen, worauf letzterer sein Aufnahmegesuch
selbst zurückzog. In der Zwischenzeit nahm ein hochgestellter Bruder,
früherer Adjutant des Königs, mit diesem Rücksprache über die Angelegenheit. Daraufhin sprach sich Seine Majestät bei der nächsten
Großmeister-Versammlung energisch gegen die Aufnahme solcher
Männer aus, welche die Regierungsmaßregeln bekämpfen und bemerkte,
daß unter solchen Umständen die Logen in Preußen geschlossen werden
müßten. Das Endergebniß dieser Versammlung war der Beschluß,
das Rundschreiben zu erlassen. „Bauhütte" 1865, S. 285.
Die „Bauhütte" (1864, S. 334) berichtet ferner: „Sicherem
Vernehmen nach ist das Rundschreiben der preußischen Großlogen,
das politische Verhalten der Brr.·. betreffend, von Seiner Majestät im
Concepts-Entwurfe genehmigt worden."

Mehrheit der Mitglieder der preußischen Großlogen politisch
liberal gesinnt war.

Br.·. Kullmann bemerkt zu diesem Erlaß:

„Viele Logen schickten damals dieses Rundschreiben, welches den
gröblichsten Bruch maurerischer Pflichten enthielt,
welchen jemals eine maurerische Oberbehörde sich
hat zu Schulden kommen lassen, unter Protest zurück:
damals mußten also die Tochterlogen die Mutterlogen belehren, daß
die Politik nicht in die Logen gehört. Heute stellen diese
selbigen Großlogen, anstatt die Augen über ihre
Vergangenheit erröthend zu Boden zu schlagen,
sich hochmüthig als die einzigen Schutzwehren gegen
das Eindringen der Politik in den Logen, den Behörden gegenüber, hin. Es ist nöthig, diese Thatsachen wieder einmal den
Brüdern der deutschen Logen ins Gedächtniß zurückzurufen. Wenn es
dem Appell an die Brüderlichkeit nicht gelungen ist, den ewigen Ver-
dächtigungen seitens der drei Berliner Großlogen ein Ende zu machen,
vielleicht gelingt es dem Appell an die Scham.“[1]

War es ferner nicht eine directe Einmengung in die Politik
und zwar eine Einmengung der gehässigsten Art, wenn das amtliche Organ der National-Mutterloge, das „Bundesblatt“
(1891, S. 30), alle Berliner Brüder dringend aufforderte, „nicht
nur diese Petitionen [gegen die Wiederzulassung der
Jesuiten] selbst zu unterzeichnen, sondern auch in ihren Be-
kanntenkreisen für die Unterzeichnung zu wirken“.[2] Und bedeutet
die ganze Haltung der Logen, auch der altpreußischen, der religiösen Frage, dem „positiven“ Christenthum gegenüber nicht
einen permanenten Versuch, in der eingreifendsten Weise „öffentliche Angelegenheiten“, das ganze öffentliche Leben zu beeinflussen? Ist ferner die Einwirkung auf die Umgestaltung der
menschlichen Gesellschaft im Sinne der freimaurerischen Grundsätze, welche zu den bisherigen „positiven“ christlichen Grundlagen derselben im schroffsten Gegensatz stehen, nicht geradezu der
eigentliche, letzte Endzweck der Freimaurerei? Der Umstand,
daß diese Einwirkung auf das öffentliche Leben, welche die Loge
mit Vorliebe als „culturelle“ bezeichnet, hauptsächlich mittelst
der Ausbreitung der freimaurerischen „Grundsätze“ erstrebt
wird, vermag an der „Gemeingefährlichkeit“ der Freimaurerei,
auch gemäß den in der preußischen Staatsgesetzgebung aufgestellten Normen für die Beurtheilung derselben, nichts zu
ändern. Das Edict vom 20. October 1798, auf welches die

---

[1] „Bauhütte“ 1893, S. 148.
[2] Vgl. ebendas. S. 48 f.

altpreußischen Großlogen selbst sich immer wieder als auf die maßgebendste staatliche Urkunde zur Beurtheilung der Frei= maurerei berufen, nennt als das an den „geheimen Gesellschaften" überhaupt und an den Freimaurerlogen im Besonderen zu be= kämpfende Uebel ausdrücklich die „Ausstreuung falscher verderblicher Grundsätze" unter dem Vorwand der Beförderung menschlicher Glückseligkeit. Es heißt diesbezüglich eingangs des Edicts wörtlich:

„Da nun in den gegenwärtigen Zeiten, außerhalb unserer Staaten zahlreich, und in denselben bisher nur einzeln, zerstreut und ohnmächtig, Verführer vorhanden sind, welche, entweder selbst verleitet, oder aus freventlicher Absicht, jenes glückselige Verhältniß [zwischen Landesfürst und Unterthanen] zu stören, zu untergraben, falsche verderbliche Grundsätze auszustreuen, fortzupflanzen und zu verbreiten und auf diese Weise die öffentliche Glückseligkeit ihren eigennützigen und verbrecherischen Endzwecken aufzuopfern sich be= mühen und welche zu diesen Endzwecken jedes ihnen bequem scheinende Mittel, besonders aber das Mittel der so= genannten geheimen Gesellschaften und Ver= bindungen leicht versuchen könnten, so wollen wir hiermit aus landesväterlicher Gesinnung und ehe noch das Uebel entstanden ist, dasselbe im ersten Keim angreifen und vertilgen, und hiermit unsere geliebten Unterthanen landesväterlich vor jenen Verführern warnen, welche, mit der Sprache der Tugend im Munde, das Laster im Herzen führen, Glückseligkeit versprechen und, sobald sie können, unabsehliches Elend über die Getäuschten verbreiten."

Man wird nicht in Abrede stellen können, daß in diesen Worten die Art und Weise, wie in den Freimaurerlogen, auch in den altpreußischen, auf das öffentliche Leben vorzugsweise einzuwirken versucht wird, treffend geschildert ist. Ganz im Ein= klang mit dieser wohl vom Grafen von Haugwitz, einem ge= nauen Kenner des Logenwesens, stammenden Charakteristik des freimaurerischen Wirkens ist, was der französische Logenhistoriker Br∴ Louis Blanc über die Art und Weise schreibt, in welcher die Freimaurerei entscheidenden Einfluß auf die Herbeiführung der französischen Revolution übte:

„Ueber ganz Europa verbreitet, kam sie dem Denkergenie Deutschlands entgegen, wühlte in der Stille Frankreich auf und bot überall das Bild einer Gesellschaft, welche auf Grundsätzen beruhte, die zu denen der bürgerlichen Gesellschaft im Gegensatz standen."[1]

[1] Louis Blanc, Histoire de la Révolution française II, p. 76; vgl. „Bauhütte" 1896, S. 213.

Bezüglich der „exclusiven" Stände [Prinzen, Adel, Geist=
lichkeit], welche vom Strudel mit fortgerissen wurden, bemerkt
Br.·. A d o l f M a n n h e i m e r:

„... Die exclusiven Stände stellten sich hier in den Dienst
von J d e e n , welchen ihre Exclusivität erliegen mußte. Sie selbst
sprachen diese Jdeen aus ... und konnten sich, wie auch Findel betont, ihnen unmöglich entziehen." [1]

An einer anderen Stelle bemerkt die „Bauhütte": „Geistige
und litterarische Kämpfe müssen immer erst das Terrain ebnen, d i e
a l t e M u t t e r E r d e z u r E m p f ä n g n i ß e i n e s n e u e n
K i n d e s e m p f ä n g l i c h m a c h e n , ehe die Zeit der praktischen
Gestaltung kommt." [2]

Br.·. G r o h m a n n in Mittweida weist besonders auf die
Wichtigkeit der Beeinflussung der Jugenderziehung durch die Loge hin
und bemerkt: „Lernen wir von unseren Feinden — die S c h u l e
b e h e r r s c h e n! Sorgen wir, daß die edeln, humanen Grundsätze
der königl. Kunst schon der jugendlichen Knospe, dem e m p f ä n g=
l i c h e n G e m ü t h e , der f r ü h e s t e n K i n d h e i t eingepflanzt
werden!... viel, s e h r v i e l ist meiner Ansicht nach — freilich,
o h n e d a ß e s d e r p r o f a n e n W e l t b e m e r k b a r i s t —
d i r e c t u n d i n d i r e c t f ü r d e n G e i s t d e r S c h u l e von
Seiten der Freimaurerei gethan worden." [3]

Um unsere Angaben über die staatsrechtliche Stellung der
Freimaurerlogen in D e u t s c h l a n d zu vervollständigen, bemerken
wir noch, daß ähnlich wie in Preußen (alte und neue Provinzen,
Verordnung vom 11. März 1850 § 1 und vom 25. Juni 1867),
auch in B a y e r n (Ges. vom 26. Febr. 1850, Art. 7), S a c h s e n
(Ges. vom 22. Nov. 1850 § 6), S a c h s e n = A l t e n b u r g (Ver=
ordn. vom 28. Jan. 1888 § 4), A n h a l t (Ges. vom 26. Dec.
1850 § 4), L i p p e = D e t m o l d (Ges. vom 23. Febr. 1891 § 5),
H a m b u r g (Ges. vom 30. Juni 1851 § 6), O l d e n b u r g (Ver=
ordn. vom 13. Juli 1854, Art. 2), B r a u n s c h w e i g (Verordn.
vom 4. Juli 1853 § 1), S c h w a r z b u r g = S o n d e r h a u s e n
(Ges. vom 9. Juni 1856 § 4 und Ges. vom 16. Febr. 1874 § 8),
S c h a u m b u r g = L i p p e (Ges. vom 30. Juni 1850, Art. 3 u. 5)
der Staat das Recht hat, Abgeordnete zu den Arbeiten der
Logen zu entsenden, insoweit dieselben als Vereine aufgefaßt
werden, zu deren Zwecken es gehört, öffentliche Angelegenheiten
zu erörtern. Thatsächlich hat jedoch der Staat nach der Ver=
sicherung des Justizraths Dr. A l e x a n d e r = K a t z in allen
diesen Ländern dieses Recht noch nie ausgeübt. In den vier

---

[1] „Bauhütte" 1896, S. 213.
[2] „Bauhütte" 1878, S. 306.
[3] „Bauhütte" 1876, S. 212.

letztgenannten Ländern genießen die Logen wieder insofern eine Sonderstellung, als die „Genehmigung" derselben seitens der Regierung möglich ist und sie dann kraft Gesetzes vor der Entsendung von Regierungs-Abgeordneten in ihre Versammlungen sichergestellt sind. [1])

Zur Gründung jeder Loge ist eine **vorhergehende Genehmigung der Behörde** erforderlich: in Elsaß-Lothringen (Einführungsgesetz zum Reichsstrafgesetzbuche vom 30. Aug. 1871, Code pénal Art. 291, Ges. vom 10. April 1834, Art. 1); in Reuß ä. L. (Verordnung vom 23. Mai 1856); Waldeck-Pyrmont (Verordnung vom 19. Juli 1855).

Durch **ausdrückliches Gesetz** ist die Stiftung jeder Loge und die Gründung und das Wirken jeden Vereins zugelassen im Großherzogthum Hessen-Darmstadt (Ges. vom 16. Mai 1848, Art. 2). **Stillschweigend** zugelassen, indem keinerlei beschränkende Bestimmungen gegenüber der in den Verfassungen der betreffenden Länder garantirten Versammlungsfreiheit besteht, ist sie in Württemberg, Baden, Mecklenburg-Schwerin, Mecklen- burg-Strelitz, Sachsen-Weimar-Eisenach, Sachsen-Meiningen, Sachsen-Coburg-Gotha, Bremen, Lübeck.[2])

Die Versicherung der deutschen Freimaurer aller Systeme, daß ihre Logen „nicht im Entferntesten eine Einwirkung auf öffentliche Angelegenheiten bezwecken", und daß weder „ihr Zweck, noch . . . ihr Dasein der Regierung ein Geheimniß sein" soll, ist offenbar nur ein trügerisches Manöver, um den wohlbegründeten Verdacht der Regierungen abzulenken.

Wenn wir hier vom „Zweck" der Freimaurerei reden, so verstehen wir darunter natürlich den „wahren" Hauptzweck des Bundes, insofern derselbe sich unzweifelhaft auf die Um- gestaltung der menschlichen Gesellschaft gemäß den Grundsätzen desselben bezieht, nicht die bloß vorgeschützten oder nebensächlichen Zwecke, wie sie die bekannten Formeln in den Gesetzbüchern der Logen und Großlogen zur Täuschung der Uneingeweihten darlegen. Für die „Eingeweihten" bezeichnen bekanntlich auch diese vieldeutigen Formeln und zwar in erster Linie den angegebenen wahren Hauptzweck der Freimaurerei.

---

[1]) Vgl. die Ausführungen des Justizraths Dr. Alexander-Katz in „Bauhütte" 1893, S. 5 f. und des Rechtsanwalts Dr. Kull- mann in „Bauhütte" 1891, S. 373 f.

[2]) Vgl. Dr. Alexander-Katz in „Bauhütte" 1893, S. 5.

Drittes Capitel.

Sonstige an Prof. Dr. Settegast's Vorgehen sich anschließende Logenzwistigkeiten.

I. Versuche der altpreußischen Großlogen, Br.·. Settegast zu discreditiren und seiner Logengründung das Wasser abzugraben. Abwehr dieser Versuche.

18. Maurerische Anklagen gegen Br.·. Settegast und deren Zurückweisung durch Settegast und Genossen. Bevor noch die von Settegast geplante unabhängige Freimaurerloge förmlich errichtet war, richteten die drei Großmeister der alt preußischen Großlogen unter dem 15. October 1892 schon ein Schreiben an die Hamburger Großloge, dessen bemerkenswerthere Stellen lauten wie folgt:

„Nach der ministeriellen Entscheidung vom 12 Mai b. J. glauben wir unseren Schriftwechsel vom 17. bezw. 29. October v. J. über die Gründung einer Tochterloge Ihrer Lehrart hierselbst als erledigt an= sehen zu dürfen.

„Wenn darauf Br.·. Settegast selbständig mit Gründung einer Loge in Gestalt eines Vereins hierselbst vorgegangen ist, so würde derselbe sich damit einer **schweren Verletzung der maure= rischen Pflichten** schuldig gemacht haben. Wir erachten dieses Vorgehen für so unvereinbar mit der Zugehörigkeit des Br.·. Settegast zu Ihrem Logenbunde, daß wir annehmen, derselbe werde vorher aus derjenigen Ihrer Tochterlogen, welcher er angehörte, freiwillig aus= geschieden sein. Sollte dies jedoch nicht der Fall sein, so sehen wir uns zu unserem schmerzlichen Bedauern veranlaßt, gegen den ge= nannten Bruder auf Grund seiner vorgenannten Schrift [„Die deutsche Freimaurerei u. s. w."] das maurerische Verfahren **wegen Bruches seines Gelöbnisses der Verschwiegenheit,** sowie wegen Beleidigung der drei preußischen Großlogen zu beantragen.

„Große National=Mutterloge ꝛc. Große Landesloge ꝛc.
    „Gerhardt.   Zöllner.
     „Große Loge . . . Royal York ꝛc.
           „Flohr."[1)]

[1)] „Bausteine" 1893, S. 14 f.

Dieses Schreiben, welches am 5. December 1892 auf der Quartal Versammlung zur Kenntniß der Brr.˙. der Großloge Royal und gelegentlich zweifelsohne auch zur Kenntniß der Brr.˙. der anderen betheiligten Großlogen gebracht wurde, hatte seitens Settegast's und seiner Anhänger scharfe Erwiderungen zur Folge.

Settegast führte unter Anderm aus:

„Ob ich noch Mitglied der Hamburger Johannis-Loge war oder nicht, thut gar nichts zur Sache: ich war und bin Freimaurer und als solcher verbunden, meiner Pflicht eingedenk zu sein. Daß ich, wie mir vorgeworfen wird, gegen diese gefehlt habe, weise ich mit Entrüstung zurück und erkläre diese Behauptung für u n m a u r e r i s ch , u n w a h r und v e r l e u m d e r i s ch . Was ich in meiner Schrift über freimaurerische Verschwiegenheit gesagt habe, enthüllt kein Geheimniß der Königlichen Kunst, das nicht von den hervorragendsten Freimaurern Deutschlands längst dem Laien-Publicum mitgetheilt worden wäre. Darf doch des Beispiels wegen nur an die bei F. A. Brockhaus in Leipzig erschienene „Encyklopädie der Freimaurerei" [Allg. Handbuch der Freimaurerei] erinnert werden ... Ist's da nicht k i n d i s ch , v o n f r e i m a u r e r i s ch e n G e h e i m n i s s e n z u s ch w a tz e n und damit groß zu thun?

„Nicht minder verfehlt ist es, mich der B e l e i d i g u n g der drei preußischen Logen zu bezichtigen. Ich habe in meiner Schrift Thatsachen mitgetheilt, die ehrlich nicht bestritten werden können. Es liegt aber eine Begriffsverwirrung vor, unleugbare Thatsachen für Beleidigungen auszugeben.

„Die mir gemachten Vorwürfe sind nur die Wiederholung der B e s ch i m p f u n g e n , die bessere und bedeutendere Männer als ich von den Berliner Großlogen erfahren mußten, sobald sie deren Unzulänglichkeiten und Schwächen rügten oder Reformen anzubahnen trachteten. Ich rechne es mir zum Vorzuge an, mich den F e ß l e r , S ch i f f m a n n und verwandten Geistern angereiht und wie sie von f r e i m a u r e r i s ch e n K e tz e r r i ch t e r n d e r d r e i p r e u ß i s ch e n G r o ß l o g e n verurtheilt zu sehen."

Die Großloge „Kaiser Friedrich" glaubte es ihrerseits bei dieser Abwehr ihres Großmeisters nicht bewenden lassen zu sollen. Sie erließ nach eingehender Berathung folgende weitere Erklärung:

„Nicht nur wir, sondern jeder Maurer muß empört sein über den Versuch, die Ehre eines Mannes zu beflecken, welcher nicht allein auf ein langes, thatenreiches und ehrenvolles Leben im Dienste des Staates und der Freimaurerei zurückblickt, sondern welcher auch von d e r Großloge selbst mit den höchsten Ehrenämtern, zuletzt mit der Führung des großmeisterlichen Hammers betraut worden ist, deren zugeordneter Großmeister seinen Namen unter jenes Schreiben zu setzen, sich nicht gescheut hat.

„Ist es unter Maurern und Profanen schon unerhört, daß eine die Ehre des Maurers und des Mannes beschimpfende Behauptung des Bruches des maurerischen Geheimnisses erhoben wird ohne jede nähere Begründung als mit allgemeiner Bezugnahme auf ein Buch, so zeigt dieser Mangel an Begründung zugleich auch eine Leicht= fertigkeit bei Verwaltung der höchsten Ehrenämter der drei alt= preußischen Großlogen, wie man sie selbst bei einem geringeren Anlaß nicht vermuthet hätte.

„Die grobe und schwere Verleumdung gegen Br∴. Settegast entbehrt derart jeder wahren Unterlage und darum jeden Maurersinns, daß sie überhaupt nur verständlich wird durch den weiteren Vorwurf der Beleidigung der drei altpreußischen Groß= logen. Aber auch dies ist unwahr. Wahr ist nur, daß in der Schrift des Br∴. Settegast die Grundsätze getadelt sind, nach welchen die drei altpreußischen Großlogen zur Zeit thätig sind. Hiergegen mußten sie sich auf demselben Wege verwahren, auf dem sie getadelt sind, dem litterarischen. Statt dessen haben sie, allerdings vergeblich, versucht, den Tadler zum Angeklagten zu machen.

„Wir können nur bedauern, daß Br∴. Settegast aus maurerischen Gründen es ablehnen zu müssen glaubt, die Mitglieder des Groß= meister = Vereins zu Berlin wegen ihrer ehrabschneidenden Verleumdung auf Grund der §§ 186, 187 des deutschen Strafgesetzbuches zur Verantwortung zu ziehen." [1]

Daß der im Schreiben der Berliner Großmeister gegen Settegast erhobene Hauptvorwurf auf Bruch des Verschwiegen= heits=Gelöbnisses in der That unhaltbar war, geht aus einer Ehrenerklärung hervor, welche der Vorstand der Großloge Royal York alsbald Dr. Settegast zustellte. In dieser Er= klärung wurde anerkannt, daß die Großloge sich zu ihrem leb= haften Bedauern im Irrthum befunden hatte. „Wir beeilen uns", schrieb der Vorstand weiter, „den Tochterlogen hiervon Kenntniß zu geben und bitten Sie wegen dieses Vor= kommnisses brüderlich um Entschuldigung." [2]

Die leitenden Kreise der National = Mutterloge fuhren indessen fort, Settegast und seine Loge vor der Maurerwelt herabzusetzen. Br∴. Grabenstein, „Großsekretär" der National= Mutterloge, schrieb z. B. am 28. März 1893 an Herrn H. Stößer in New=York, der ihn um Auskunft über die neue Großloge gebeten hatte, unter Anderm:

„An der Spitze stehen ehemalige Brüder, die in wort= brüchiger Weise unsere Arbeiten profaniren, da sie, von der

---

[1] „Bausteine" 1893, S. 16 f.
[2] „Bausteine" 1893, S. 19; „Bauhütte" 1895, S. 236.

Regierung nicht anerkannt, **unter Polizeiaufsicht als Privat-gesellschaft** nach unserem Ritual arbeiten."

Diese sonderbare Verlautbarung über das Weltmeer hinüber wurde in New-York als „Warnung" verbreitet. Von Seiten der Anhänger Settegast's mit gerichtlicher Verfolgung bedroht,[1] sah sich Br.·. Gravenstein zu einer Erklärung veranlaßt, in welcher er feststellte, daß die genannten irrigen Mittheilungen durch wiederholt gemachte, unwidersprochen gebliebene Angaben in seiner Loge veranlaßt worden seien. Inzwischen habe er sich aber davon überzeugt, daß „alle oben wiedergegebenen Behauptungen unrichtig" seien und bedaure daher, daß „durch die Veröffentlichung Aergerniß hervorgerufen wurde".[2]

In der „Kreuzzeitung" vom 21. Juni 1893 wiesen Parteigänger der drei altpreußischen Großlogen haarscharf nach, daß nunmehr, nachdem wegen der Entscheidungen der Verwaltungsgerichte „der Versuch des Polizeipräsidiums, die Loge nach dem Vereinsgesetz in der mildesten Form zu behandeln", nicht gelungen sei, nur noch der **Strafrechtsweg** übrig bleibe. Da das Edict ein Strafgesetz sei und das Einführungsgesetz zum Strafgesetzbuch „die bestehenden Strafgesetze unter anderen über Mißbrauch des Vereins- und Versammlungsrechts bestehen läßt", so sei es Sache des Staatsanwalts, unverzüglich, da die Sache keinen Aufschub erleide, nach § 158 der Strafprozeßordnung einzuschreiten.[3] Wie streng die Artikelschreiber der „Kreuzzeitung" das Vorgehen Settegast's und seiner Anhänger beurtheilten, bezeugt der Umstand, daß sie Strafen bis zu vier Jahren Festungsarrest oder Zuchthaus nebst Amtsentsetzung angesichts des von ihnen begangenen Frevels nicht für zu hoch erachteten.[4]

Die „Bausteine" bemerken zu dieser Auseinandersetzung, dieselbe scheitere schon an der Thatsache, daß das Edict gemäß den ergangenen Entscheidungen schon 1848 aufgehoben wurde und daher, weil nicht mehr „bestehend", durch das Einführungsgesetz zum „Strafgesetzbuch für den Norddeutschen Bund" vom 31. Mai 1870, schon aus diesem Grunde, nicht aufrecht erhalten werden konnte.[5]

---

[1] „Bausteine" 1894, S. 100.
[2] „Bausteine" 1893, S. 110.
[3] Vgl. „Freimaurer-Zeitung", 2. Sept. 1893; „Bausteine" 1893, S. 110 f.
[4] Vgl. „Bausteine" 1896, S. 17.
[5] „Bausteine" 1893, S. 111; „Bauhütte" 1893, S. 327.

Im Uebrigen wurde man in den führenden Kreisen der altpreußischen Großlogen nicht müde, die Settegast'sche Großloge als freimaurerisches „Aftergebilde" [1]) und als „Winkel=loge" [2]) zu bezeichnen; ihrem Haupte Bruch des Maurer=Wortes und des Verschwiegenheits=Gelöbnisses [3]), „unbegreiflichen Eigen=sinn", „unmaurerische Kampfesweise", „Eitelkeit und Ehrgeiz oder Voreingenommenheit", „grobe Unkenntniß oder böswillige Ent=stellung", „Bewußtsein absoluten Besserwissens", „Tactlosigkeit" [4]), „Streit= und Zanksucht" [5]) u. s. w. vorzuwerfen; und die Stiftung der Großloge selbst auf einen „offenbaren Rechtsbruch" [6]) zurück=zuführen und als ungeheuerliches, „unerhörtes Beginnen" [7]) hin=zustellen. Die sichtlich von Berlin inspirirte und darauf wieder seitens der Berliner Freimaurer beifällig citirte „Braunschweiger Logen Correspondenz" drang darauf, daß man die Settegast'schen Brüder ein und für allemal abthue. [8]) „Möge man nicht länger", so schreibt sie an anderer Stelle, „in verschwommener Senti=mentalität auf unnütze Friedensverhandlungen eingehen, sondern **den Frieden dictiren."** [9])

Die Anhänger Settegast's hinwieder versäumten nicht, derartige Angriffe mit entsprechender Schärfe zurückzuweisen. Be=züglich der gegen Settegast erhobenen Beschuldigungen schrieb z. B. Justizrath Dr. Alexander=Katz:

„Ich hänge diese Schandreden für das maurerische Publicum niedriger. Gegenüber dieser lüderlichen Art, einen 75jährigen, in Ehren grau gewordenen, mit staatlichen und maurerischen Ehren über=häuften, auf seinem Specialgebiet berühmten Gelehrten und Praktiker mit dem Schimpfe des Wortbruchs anzufallen, ohne irgend eine Thatsache zum Beweise vorzubringen, und sich dafür mit allgemeinen Redensarten zu begnügen, hört jede Discussion auf. Hier hilft auch kein Appell an die Scham. Be=trübt kann man hierin und in der womöglich noch schlimmeren That=sache, daß das amtliche Organ der National=Mutterloge zu den drei

---

[1]) Vgl. die Denkschrift der Berliner Großmeister vom 19. April 1893.
[2]) Vgl. „Bausteine" 1894, S. 96.
[3]) „Bausteine" 1894, S. 144.
[4]) „Bundesblatt" 1894, S. 315 f.; „Bausteine" 1894, S. 142.
[5]) „Bundesblatt" 1894, Heft 5; „Bausteine" 1894, S. 88.
[6]) „Bundesblatt" 1895, Heft 11, S. 298; „Bausteine" 1895, S. 111.
[7]) „Bausteine" 1894, S. 101.
[8]) „Braunschweiger Logen-Correspondenz" 1894, Nr. 12; „Bau=steine" 1895, S. 127.
[9]) „Braunschweiger Logen-Correspondenz" 1895, Nr. 1; „Bau=steine" 1895, S. 146.

Weltkugeln zum Mundstück solcher Erbärmlichkeiten gemacht wird, nur den Beweis dafür sehen, daß der seit Jahrzehnten in den deutschen Freimaurer-Zeitschriften beklagte Niedergang der Maurerei in Deutschland wirklich eingetreten ist."[1])

Dr. jur. J. Levy führte zum selben Gegenstand aus:

„Was hätten aber die zu gewärtigen, die einem Settegast Wortbruch vorzuwerfen wagen, wenn der Streit vor der unbeschränkten Oeffentlichkeit ausgetragen, wenn sie für jeden ihrer Ausfälle vor aller Welt zur Verantwortung gezogen würden? Nein, sie brauchen das mystische Dunkel; sie brauchen es namentlich, weil es Nacht sein muß, wenn die Sterne der Schwärmer und Streber leuchten sollen. Nacht muß es sein, wenn man prahlen will, ein Bund der Bünde zu sein, in dem Menschen nur den Menschen zu sehen; und dann ganze Classen von Menschen um ihres Glaubens, um ihrer Abstammung oder ihrer [„krummen"] Nasen willen ausschließt oder auch vielleicht schon, weil sie den verdächtigen Namen „Meyer" führen."[2])

Ihrerseits erhoben die Anhänger Settegast's gegen die „reactionäre Freimaurerei" der Berliner Großlogen den Vorwurf, daß dieselbe kleinlich, mißgünstig und durch und durch unmaurerisch sei und daß sie selbst den Clericalismus an „Jesuitismus" noch weit übertreffe. Handelsrichter und Commercienrath Hugo Lissauer läßt sich diesbezüglich also vernehmen:

„Man könnte sogar sagen, ohne daß sich eine Widerlegung fände, daß der Jesuitismus und Clericalismus weniger zu verurtheilen ist, wie eine derartige Freimaurerei.... Die reactionäre Freimaurerei wirft... mit Schlagworten, wie christliche Nächstenliebe, Duldsamkeit, Bruderbund, Aufklärung, Bekämpfung des Dunkelsinns um sich, sodaß der gutgläubige Uneingeweihte vermuthen muß, daß doch etwas Dergleichen dahinter stecken müsse. Statt dessen steckt ein antiquirter Club- und Ressourcen-Geist dahinter. Der Clericalismus ist offener in der Darlegung seiner Ziele und wird an Jesuitismus von diesen versteckten, unter der Flagge der Aufklärung und Bruderliebe arbeitenden Rückschrittlern bei Weitem übertroffen. Der Clericalismus macht vor dem Rassenkampfe Halt, wo bei dem freimaurerischen Rückschrittsgeist erst die Arbeit beginnt. Der Jesuitismus glaubt an die Weltbedeutung seiner Lehre, die er allen Menschen und Völkern einpflanzen möchte; der freimaurerische Rückschrittsgeist hat garnicht so weite Gesichtspunkte. Kleinlichkeit, Mißgunst, Uebelwollen, Ueberhebung verhindern, daß er überhaupt die Weltbedeutung des Freimaurergeistes erfassen, seine Aufgaben begreifen kann... „Die geradezu widerchristliche Unduldsamkeit und Herrschsucht der Priester", sagt das „Bundesblatt",

---

[1]) „Bausteine" 1894, S. 144.
[2]) „Bausteine" 1895, S. 103.

„trägt die Schuld an dem Zerwürfniß zwischen Kirche und Loge." Es kann diesen Satz getrost erweitern „auch zwischen Freimaurerei und Logenwesen altpreußischer Observanz". Der Kampf mit den Ultramontanen ist nur Spiegelfechterei." [1]

„Was die Oeffentlichkeit scheut", führt das Settegast'sche Organ an anderer Stelle aus, „verträgt meist die Oeffentlichkeit nicht. Wenn die allerweisesten und höchsterleuchteten Brüder der alten preußischen Großlogen bei einander sind, dann lächeln sie wie die Auguren im alten Rom. Und wenn Einer nicht mehr lächelt, sondern zürnt: dann gerathen sie außer sich, als sei er ein Verräther. Settegast kannte jedes der preußischen Systeme; er hatte jedem angehört; er führte den ersten Hammer in der Großloge Royal York und war in alle Hochgrade eingeführt. Aber als er die Worte, die man bei jeder Aufnahme predigt, zur That machen wollte, da zogen sie die Augenbrauen hoch. Und als er sein Amt niedergelegt und eine neue Loge begründet hatte, da traf ihn der Bannstrahl der Olympier. Oder waren es wirklich Olympier, die den Blitz schleuderten und nicht Erdenkinder, die mit Kolophonium spielten, um sich dann einzureden, daß sie Gewitter machen könnten? Zerschmettert haben sie weder Settegast noch seine Loge trotz all der Ausfälle, die sie seit Jahr und Tag unternommen haben; trotz all der kleinlichen Gehässigkeiten, in denen sich ihre „Brüderlichkeit" erschöpfte." [2]

„Br∴ Gerhardt hat ganz Recht: Wir sind eine Winkelloge. Die Großloge Friedrich hat . . . das vermoderte, vergilbte Bild der Freimaurerei, das die preußischen Großlogen in einem staubigen Winkel hatten verkommen lassen . . . gesäubert, es aus dem Winkel hervorgeholt und den preußischen Freimaurern vorgeführt als das reine Idealbild der Menschenliebe und Brüderlichkeit . . . Wir sind also in diesem Sinne eine Winkelloge. Wir sind stolz darauf und werden auch weiter in den Winkeln der preußischen Freimaurerei aufzuräumen suchen, aber immer getreu dem Symbol der echten Freimaurerei, dem Winkelmaß, dem Sinnbild der Gerechtigkeit, der Mäßigung und des rechtschaffenen Handelns." [3]

„Sehr viele Anhänger Settegast's stehen überhaupt auf dem Standpunkt, daß die von den preußischen Großlogen vertretene Freimaurerei keine derartige ist, daß man diese Großlogen, die sich im offenen Widerspruch mit den Bestimmungen der Anderson'schen grundlegenden Pflichten befinden . . ., ohne bis

---

[1] „Bausteine" 1895, S. 152 f. Mit letzterem Satz spielt Lissauer auf die vorher erwähnte Begründung dieses Kampfes an, mit der nach seiner Meinung ebensowohl und noch mehr der Kampf gegen die altpreußischen Großlogen begründet werden könnte.
[2] „Bausteine" 1896, S. 14 f.
[3] „Bausteine" 1896, S. 157 f.

jetzt Wandel geschaffen zu haben, als Oberbehörden der Freimaurerei
a n e r k e n n e n k ö n n e".[1]

Zu diesem Sinn gab Settegast die Bezeichnung „m a u r e =
r i s c h e A f t e r g e b i l d e", welche die altpreußischen Großmeister
zuerst auf die neugestiftete Settegast'sche „Loge" angewendet
hatten, an die Adresse der „privilegirten" Berliner Großlogen
zurück.[2]

„Diejenigen Gegner der Freimaurerei", so schließt Hugo
Lissaner, „die sich offen als solche bekennen, sind nicht die ge=
f ä h r l i c h s t e n. Die wahren Durchlöcherer des freimaurerischen
Gedankens sind da zu suchen, wo u n t e r d e r M a s k e des=
selben J n t o l e r a n z, H o c h m u t h u n d H e u c h e l e i ge=
t r i e b e n wird. Die Entstehung dieser Richtung hängt mit dem
freimaurerischen Gevatter= und Logenbrüderthum zusammen . . .
Die Logenbrüder sind die alten und zugleich d i e g e f ä h r =
l i c h s t e n F e i n d e d e r F r e i m a u r e r."[3]

Jm Sinne dieser Ausführungen wird Br∴ S e t t e g a s t
seitens seiner Anhänger und Freunde als „ein lebendiger Protest
gegen die Dunkelmänner der Freimaurerei" gefeiert, als ein
Mann „nicht nur des Wortes, sondern der That, ein Ritter
St. Georg, d e r u n e r s c h r o c k e n d e n L i n d w u r m d e r
Heuchelei und der Unduldsamkeit in seinen Höhlen
aufgescheucht und angegriffen", als „der Schöpfer des
freimaurerischen Protestantismus".[4]

**19. Aechtung der Settegast'schen Großloge durch den
deutschen Großlogen=Bund.** Es ließ sich bei der hochgradigen
Erregung der drei altpreußischen Großlogen über das Beginnen
des früheren Großmeisters einer dieser Großlogen erwarten, daß
sie auch beim deutschen Großlogen=Bund allen ihren Einfluß —
und dieser ist nicht gering — aufbieten würden, um seitens des=
selben möglichst scharfe Maßregeln gegen die neue Settegast'sche
Großloge durchzusetzen. Zunächst richteten sie ihr Augenmerk
darauf hin, irgendwelche Stellungnahme derselben, welche als
eine auch nur thatsächliche Anerkennung dieser Großloge oder
ihrer Tochterlogen hätte gedeutet werden können, zu verhindern.
Das weitere Ziel ihres Vorgehens war, die Settegast'schen Logen
maurerisch völlig zu isoliren und sie so dem sicheren Untergang
zu weihen.

---

[1] „Bausteine" 1895, S. 146.
[2] Vgl. „Bausteine" 1894, S. 150 f.
[3] „Bausteine" 1897, S. 77 bis 80.
[4] „Bausteine" 1897, S. 97.

Die National-Mutterloge, bezw. dessen Großmeister, Br.·.
Gerhardt, Landessyndicus der Provinz Brandenburg, welcher
die eigentliche treibende Kraft und der geistige Leiter beim Vorgehen der drei Berliner Großlogen gegen die Settegast'sche
Großloge war [1]), hatte schon am 19. October 1892, bevor noch
die eigentliche Stiftung der Loge erfolgt war, im „Bundesblatt"
ein Verbot erlassen, durch welches den Logen dieses Systems
untersagt wurde, Mitgliedern der neuen Loge den Besuch ihrer
eigenen Arbeiten zu gestatten. Mit ähnlichen Verboten folgten
bald darauf die Große Landesloge und die Großloge Royal
York. Für den nächsten Großlogen-Tag, d. h. die Jahresversammlung des deutschen Großlogen-Bundes, Pfingsten 1893,
welche zu Dresden stattfand, brachte er gleich nach dem Entscheid des Oberverwaltungsgerichts folgenden Antrag ein:

„Der Großlogen-Tag möge beschließen:

„Der deutsche Großlogen-Bund a n e r k e n n t in Deutschland nach
§ 4 seines Statuts n u r die acht deutschen Großlogen und deren
Tochterlogen sowie die bekannten fünf unabhängigen Logen. Die
Mitglieder der sogen. „Großen Freimaurerloge von Preußen, genannt
Friedrich zur Bundestreue" in Berlin und deren Tochterlogen s t e h e n
d a h e r a u ß e r h a l b d e s d e u t s c h e n m a u r e r i s c h e n R e c h t s.
D i e s e l b e n d ü r f e n, da sie nicht Mitglieder einer anerkannten
Johannis-Loge sind, b e i k e i n e r d e u t s c h e n B u n d e s l o g e
a l s B e s u c h e n d e z u d e n A r b e i t e n u n d V e r s a m m-
l u n g e n z u g e l a s s e n w e r d e n, wie auch den B r ü d e r n
d e r d e u t s c h e n B u n d e s l o g e d e r B e s u c h d e r V e r s a m m-
l u n g e n jener n i c h t a n e r k a n n t e n L o g e n n i c h t g e-
s t a t t e t i s t."[2])

Zur Begründung des Antrages wurde bemerkt, es handle
sich in demselben nicht um eine Feindseligkeit gegen Settegast,
sondern lediglich um Aufstellung einer Directive für die Stuhlmeister und Logen gegenüber den Unklarheiten, welche im Fall
der Settegast'schen Logen bezüglich des nach § 4 des Großlogen-
Bundes bereits geltenden Rechts aufgetaucht seien. Als Hüter
des maurerischen Rechts sei der Großlogen-Bund in der Lage,
über den Antrag zu befinden. Den Großlogen bleibe es ja un-
benommen, ihre Vertreter später zu desavouiren.

Nach einer längeren lebhaften Debatte, in welcher namentlich
Br.·. Knllmann im Namen der Frankfurter Großloge dafür ein-
trat, daß der Großlogen-Tag sich einstweilen enthalten sollte,
dem Vorgehen Settegast's gegenüber eine bestimmte Stellung

---

[1]) Vgl. „Bundesblatt" 1894, S. 136, 122; 1896, Heft 15;
„Bausteine" 1894, S. 94 f.; 1896, S. 150 ff.
[2]) „Bauhütte" 1893, S. 179.

einzunehmen, wurde der Antrag Br.'. Gerhardt's mit fünf
Stimmen (den Stimmen der drei Berliner, der Dresdener und
Darmstädter Großloge) angenommen. Dagegen stimmten die
Frankfurter und die Bayreuther Großlogen. Die Hamburger
Großloge enthielt sich der Abstimmung. Um den Anschein zu
vermeiden, als handle es sich um eine neue gesetzliche Bestimmung,
wurde in demselben statt „beschließen", „erklären" eingesetzt. Zu
bemerken ist, daß die drei Großmeister, die nicht für den Antrag
stimmten, erklärten, falls derselbe vorher ihren Großlogen vor=
gelegen hätte, würde er vielleicht oder wahrscheinlich die Mehrheit
in denselben gefunden haben.

Trotzdem die sämmtlichen Großmeister der acht deutschen
Großlogen, welche den Großlogen=Bund bilden, sich sachlich mit
dem Inhalt des Beschlusses einverstanden zeigten, rief derselbe in
deutschen Freimaurerkreisen den heftigsten Widerspruch hervor.
In der That verstieß derselbe, wie namentlich Br.'. Kullmann
siegreich darlegte[1]), in gröblichster Weise gegen das bestehende
„maurerische Recht".

Vor Allem fehlte es dem Großlogen=Tag schon an der
Competenz, einen derartigen in imperativer Form ge=
haltenen Beschluß zu fassen. Denn gemäß der durchaus demo=
kratischen maurerischen Verfassung sind, soweit nicht die all=
gemein verbindlichen „Alten Landmarken" [die Alten Pflichten]
in Betracht kommen, die eigentlichen Träger alles maurerischen
Rechts und aller maurerischen Gewalt, die freimaurerischen
Grund Körperschaften, die Einzellogen. Ihre Autonomie ist nur
insoweit eingeschränkt, als sie selbst einzelne Befugnisse an die
Großloge übertragen haben, wobei aber die Großloge selbst nur
wieder die „Vertretung" der Einzellogen gemäß den Verfassungen
der verschiedenen Großlogen darstellt. Der deutsche Großlogen-
Bund hinwieder beschränkt, laut seinem Statut, die Autonomie
der einzelnen zu demselben gehörigen Großlogen nur in einigen
wenigen in den §§ 5, 6 und 7 des Statuts genau präcisirten
Punkten.[2]) Unter diesen Punkten befindet sich wohl die „An=
erkennung" außerdeutscher Großlogen und Logen, soweit die
Anknüpfung neuer Verbindungen mit letzteren in Betracht
kommt, aber nicht die Anerkennung von neu sich bildenden

---

[1]) Vgl. „Bauhütte" 1893, S. 194 ff., 201 ff., 225 ff., 265 ff. und
Br.'. G. Kullmann, Rechtsanwalt am Königl. Landgericht zu
Wiesbaden, Zur Lage. Br.'. F. O. Dietrich 1894, S. 11 ff., 52.
[2]) Vgl. das Statut des deutschen Großlogen=Bundes gemäß der
Revision von 1884 im Anhang II.

deutschen Logen. Der § 4 des Statuts handelt offenbar nur von den damals in Deutschland bestehenden Logen.[1] Es war bei demselben in keiner Weise beabsichtigt, hinsichtlich der An= erkennung zukünftig in Deutschland sich bildender Logen ein= schränkende Bestimmungen zu treffen. Hinsichtlich der „An= erkennung" neu in Deutschland sich bildender Logen ist also die Autonomie der einzelnen Großlogen und Logen durch das Statut des Großlogen=Bundes nicht eingeschränkt.

Der Beschluß des Großlogen=Tags war auch inhaltlich oder materiell falsch, rechts= und verfassungswidrig, insofern der= selbe aus der Thatsache, daß eine Großloge und deren Tochter= logen „vom deutschen Großlogen=Bund" nicht „anerkannt" wird, schließt, daß diese „außerhalb des deutschen maurerischen Rechts" stehen und deren Mitglieder vom Besuche der anerkannten deutschen Logen ausgeschlossen seien. Denn daraus, daß einer Loge seitens des deutschen Großlogen=Bundes die „Anerkennung" nicht ertheilt ist oder verweigert wird, folgt noch keineswegs, daß sie, im allgemein maurerischen Sinn, keine „gerechte und vollkommene Loge" sei. Denn die Entscheidung hierüber hängt offenbar nicht von Special = Gesetzen einzelner Verbände und Verband=Gruppen, sondern von den allgemeinen freimaurerischen Grundgesetzen ab. Andererseits werden auch Mitglieder nicht „anerkannter" auswärtiger Großlogen und selbst solche „Frei= maurer", die thatsächlich nicht „Mitglieder" einer Johannis=Loge sind[2]), als „Besuchende" zugelassen und nach Umständen selbst affiliirt.[3]) Der Schluß: Vom Großlogen = Bund nicht „an= erkannte" Logen stehen in der Weise „außerhalb des deutschen freimaurerischen Rechts", daß den einzelnen deutschen Großlogen und Logen das Recht benommen ist, Mitglieder derselben zu ihren Arbeiten zuzulassen oder ihren eigenen Mitgliedern den Besuch der Arbeiten der nicht anerkannten Logen zu gestatten, ist daher ganz und gar unhaltbar und rechts= und verfassungs=

---

[1]) Kußmann nennt („Bauhütte" 1893, S. 321) einige Logen, welche vom § 4 des Statuts betroffen wurden. Wenn wir nicht irren, wurde ihnen hauptsächlich deshalb die Anerkennung versagt, weil sie unter auswärtigen Großlogen standen.

[2]) Dieser Fall trifft z. B. auf die Lehrlinge und Gesellen der so zahlreichen nordamerikanischen Großlogen zu, in welchen nur die „Meister" als „Mitglieder" der Logen betrachtet werden. Die achte allgemeine Constitution bestimmt sogar, daß auch in „Winkellogen" aufgenommene Brüder zu den Arbeiten der Loge zuzulassen seien. Vgl. „Bauhütte" 1893, S. 225.

[3]) Vgl. „Bauhütte" 1893, S. 227.

9*

widrig. Dazu kommt noch, daß, wie schon gezeigt wurde, im Falle der Settegast'schen Logen die „Anerkennung" auch nicht einmal in die Competenz des Großlogen-Bundes fiel.

Sogar die Geschäfts-Ordnung wurde bei dem genannten Beschluß gröblich verletzt. Denn da gemäß der Verfassung des Großlogen-Bundes die Theilnehmer des Großlogen-Tages als Delegirte der einzelnen Großlogen fungiren, verlangt die Geschäfts=ordnung, daß die zur Verhandlung kommenden Anträge zeitig genug bekannt gegeben werden, damit die einzelnen Großlogen, bezw. auch Logen, sich darüber schlüssig machen können, um ihre Vertreter zu instruiren. Der auf dem Dresdener Großlogen= Tag zum Beschluß erhobene Antrag Br∴ Gerhardt's aber wurde überhaupt erst auf dem Großlogen-Tag selbst bekannt gegeben. Die etwa 14 Tage vor dem Großlogen = Tag bekannt gegebene Tagesordnung enthielt ferner nur die Worte: „6. Stellungnahme des deutschen Großlogen = Bundes gegenüber dem Vorgehen des Br∴ Settegast." [1]) Der Großlogen-Tag hatte ferner unter den obwaltenden Umständen überhaupt keinen Anlaß, zur Frage der „Anerkennung" der neuen Großloge Stellung zu nehmen, da gar kein dahingehender Antrag eingebracht war. [2])

Darauf, daß der Beschluß, der gegen die freimaurerischen Gesetze verstieß, auch nicht im „Geiste der Freimaurerei" war, braucht wohl nicht eigens hingewiesen zu werden. Er stellte in Wirklichkeit das in Deutschland fortschreitende Ueberhandnehmen des herrschsüchtigen, engherzigen Logenbruderthums und Logen= formalismus auf Kosten des wahren Geistes der Freimaurerei, welche als einen ihrer wesentlichsten Zwecke erklärt, frei von kleinlichen Gesichtspunkten und Aeußerlichkeiten, nur das Allgemein= menschliche zu betonen, um die bestehenden Trennungen zu über= brücken und soviel als möglich die ganze Menschheit in einen Einen Bund „Gleichgesinnter" zusammenzufassen, in die grellste Beleuchtung.

Die „Bausteine" heben noch, ganz zutreffend, besonders her= vor, daß der der ganzen Entscheidung zu Grunde liegende Ge= danke, daß eine Loge, die nicht von einer der „anerkannten" Groß= logen „gesetzmäßig" errichtet sei, „außerhalb des maurerischen Rechts" stehe, völlig unhaltbar sei. Denn thatsächlich seien sämmtliche Großlogen entweder schon eigenmächtig entstanden oder doch später durch Selbst=Constitution selbständig geworden. Die National=Mutterloge insbesondere, deren Großmeister jetzt

---

[1]) Vgl. „Bauhütte" 1893, S. 143.
[2]) Vgl. „Bauhütte" 1893, S. 322.

der Hauptrufer im Streite sei, habe nie seitens der englischen Mutterloge oder einer andern auch nur scheinbar dazu ermächtigten Großloge eine sogenannte „Constitution" erhalten, deren Er=theilung sie jetzt als die unentbehrliche Vorbedingung dazu er=klärt, daß eine Loge als „gerecht und vollkommen" anerkannt werden könne.[1]

Zu bemerken ist schließlich noch, daß Br∴ Settegast in seinem Streite mit den Berliner Großlogen unstreitig die Sache der wahren, echten, der Welt=Freimaurerei gegen ein Logenthum vertritt, durch welches jene überwuchert, gefälscht und unterdrückt wird, und daß er daher den Logen der altpreußischen Observanz mit viel mehr Recht den Charakter „gerechter und vollkommener" Logen, welcher doch die wesentlichste Vorbedingung der „An=erkennung" ist, streitig machen kann, als diese ihm.

Warum, fragt das Settegast'sche Organ, feindet man denn Logen an, welche doch nur, nach dem Geständniß ihrer Gegner selbst, den als recht anerkannten Weg gehen?[2]

Auf Grund solcher und ähnlicher Erwägungen faßte denn auch der „Lessingbund deutscher Freimaurer", indem er zugleich offen seinen Sympathien für Settegast Ausdruck verlieh, folgenden Beschluß:

„Die Brr∴ sprechen in Uebereinstimmung mit den Beschlüssen der Ehrw. Großloge Royal York . . . vom 29. April 1893 schon heute ihre entschiedene Ansicht dahin aus, daß ein allgemeines Verbot des Besuches von Brüdern aus vom deutschen Großlogen=Bund nicht an=erkannten Logen nicht besteht, ein solches auch **den Bruch mit den alten Landmarken** [d. h. den allgemeinen freimaurerischen Grundgesetzen] enthalten würde, und daß es deshalb den einzelnen Großlogen bezw. Logen überlassen bleiben muß, über die Zulassung der Brüder der Großloge „Kaiser Friedrich zur Bundestreue" in Gemäßheit **ihrer eigenen Statuten** zu befinden."[3]

---

[1] „Bausteine" 1893, S. 73—82; 1894, S. 71—84. Noch in den Sitzungen vom 1. März und 24. Mai 1849 hatte zudem die Große National=Mutterloge selbst beschlossen,

„daß die Grundsätze derjenigen sich neuconstituirenden (sog. isolirten) Logen, welche nicht einer anerkannten Großloge angehören, geprüft und demnächst in der Conferenz der Mutter=loge ein Beschluß darüber gefaßt werden müsse, ob sie mit dem Wesen der wahren und echten Freimaurerei über=einstimmen und demnach anzuerkennen sein würden".
Vgl. Geschichte der Großen National=Mutterloge zu den drei Weltkugeln. Berlin 1875, S. 179; „Bauhütte" 1893, S. 203 f.

[2] „Bausteine" 1894, S. 74, 101.

[3] „Bauhütte" 1893, Nr. 49; „Bausteine" 1894, S. 6.

Thatsächlich war somit die Frage der „Anerkennung" der Settegast'schen Logen mit dem Dresdener Beschluß in keiner Weise erledigt. Viele deutsche Logen und weite deutsche Freimaurer-Kreise mißachteten denselben auch praktisch, indem sie sich an die Besuchsverbote nicht kehrten. Auch in den letzten Jahrgängen von Dalen's Kalender für Freimaurer figurirt die Großloge „Kaiser Friedrich zur Bundestreue" als ebenbürtig mit den sog. „anerkannten" deutschen Großlogen. Auswärtige Großlogen des Continents begannen derselben mehr und mehr ihre Sympathien zuzuwenden.

Bezeichnend für die Sympathien, welche Br.·. Settegast selbst bei deutschen Freimaurern bis hinein in die National-Mutterloge genießt, deren Großmeister sein hauptsächlichster Widersacher ist und seine Großloge bereits 1895 todtsagte, sind die in den „Bausteinen" veröffentlichten Briefe des Ehrenmeisters der unter der Obedienz der National-Mutterloge stehenden Loge „Zur Beständigkeit und Eintracht" in Aachen, des am 24. Jan. 1897 verstorbenen Königlichen Landgerichtsraths Wilhelm Dahmen.[1]) Noch am 6. Juni 1896 versicherte dieser hervorragende Freimaurer Settegast: „Seien Sie versichert, daß ich im Stillen hier wirke und der Boden gut vorbereitet ist. Wir kommen weiter, mehr noch durch die stille Arbeit. Die hiesige Bauhütte steht treu zu ihrem Ehrenmeister."[2])

Am 1. Mai 1896 faßte eine ganze Loge, die Loge „Georg zur gekrönten Säule" in Clausthal-Zellerfeld, weil ihr zugemuthet worden war, Br.·. Settegast aus der Zahl ihrer Ehrenmitglieder zu streichen, nach jahrelangem Zwiste mit der Großloge Royal York den Beschluß, zur Frankfurter Großloge überzutreten.[3])

Die „Bauhütte" schrieb in ihrer Jahres-Rückschau in der letzten Nummer des Jahrgangs 1894:

„Wollte man dem nun zu Ende gehenden Jahre eine Aufschrift geben und es dadurch von anderen unterscheiden, so müßte man den Namen des Br.·. Settegast darüber setzen. Gleich in den ersten Tagen erklärte die Apfelloge in Dresden, daß Br.·. Settegast mit seiner Gründung nichts Anderes angestrebt habe, als was man in Sachsen besäße: Die einfache, Allen verständliche Maurerei. Damit ist in der That die Neugründung klar charakterisirt . . . Bei dieser Gelegenheit (des gleich zu erwähnenden Antrags der Settegast'schen Großloge auf Anerkennung) hat sich gezeigt, daß die Sache Settegast's

---

[1]) „Bausteine" 1897, S. 37 bis 43.
[2]) A. a. O., S. 43.
[3]) Vgl. „Bausteine" 1896, S. 96 bis 109.

nicht so ganz ohne Sympathie sei, wie es von anderer Seite dargestellt
worden war, daß nicht bloß jugendliche Schwärmer, sondern im Dienst
der Königl. Kunst ergraute Maurer für sie eintraten."[1])

Die „Bausteine" selbst heben hervor, daß sich „ungeachtet
der geringen materiellen Vortheile", „gerade die überzeugungs=
treuesten, durchdachtesten und kampfbereitesten Elemente" der
Großloge Friedrich anschließen und daß sie darum ihr „Allein=
stehen durchaus nicht zu bedauern habe".[2])

Der National=Großmeister Br.·. Gerhardt hatte im Ge=
heimen sogar schwere Sorgen, es möchten selbst deutsche Groß=
logen sich dazu fortreißen lassen, sie trotz des Dresdener Be=
schlusses anzuerkennen. Er suchte diese Gefahr durch folgende
Drohung zu beschwören, welche die Ausschließung etwa renitenter
Großlogen aus dem Großlogen=Bund und eventuell die Auflösung
des letzteren selbst in Aussicht stellte:

„Sollte eine der verbündeten deutschen Großlogen trotz der Erklärung des vorigjährigen Großlogen = Tags bezüglich der Settegastschen Logengründungen diese als r e c h t m ä ß i g bestehend anerkennen,
so wäre ein gedeihliches Zusammenwirken dieser Großloge mit den verbündeten deutschen Großlogen im Sinne des § 2 des Bundesstatuts
als ausgeschlossen zu erachten, und die Großloge, welche sich so in
Widerspruch mit den deutschen Großlogen gesetzt hätte, würde die
Folgen ihres Schrittes zu tragen haben."[3])

Nächster Anlaß zu dieser Drohung waren wohl Schritte,
welche Settegast selbst vorbereitete oder schon gethan hatte, um
eine Anerkennung seitens der n i c h t = altpreußischen deutschen
Großlogen zu erlangen. Bezüglich der altpreußischen Großlogen
selbst hatte er anläßlich ihres hastigen Vorgehens gegen ihn
wiederholt erklärt, daß es ihn nach einer Anerkennung seitens
derselben gar nicht gelüste, da ja ihr ganzes Verhalten un=
maurerisch und mit den freimaurerischen Grundgesetzen im Wider=
spruch sei.[4]) Später ließ er sich jedoch, um den ihm gemachten
„Vorwurf der Unfriedlichkeit" zu entkräften, dazu herbei, auch
die Einbringung eines bezüglichen Antrags beim deutschen Groß=
logen=Bund in Anregung zu bringen. Das einschlägige, zuerst
nur an die „Freimaurer = Großlogen a u ß e r h a l b Altpreußens"
gerichtete Gesuch der Großloge „Kaiser Friedrich" zur Bundes=
treue" ist vom 24. März 1894 datirt.[5]) Da aber sowohl der

---

[1]) „Bauhütte" 1894, S. 409.
[2]) „Bausteine" 1896, S. 95, 153.
[3]) „Bundesblatt" 1894, Heft 8; „Bauhütte" 1894, S. 129.
[4]) „Bausteine" 1893, S. 82 u. s. w.
[5]) Das Gesuch nebst begleitender Denkschrift findet sich abgedruckt
in „Bausteine" 1894, S. 93—102.

Großmeister der geschäftsführenden Großloge, Br∴ Dr. med.
Erdmann in Dresden, als der Beamtenrath der Großloge von
Hamburg, wo der Großlogen-Tag um Pfingsten tagen sollte, zu
erkennen gaben, daß ein Eintreten auf den Antrag nur dann zu
erwarten sei, wenn die Settegast'sche Großloge sich zugleich mit
ihnen an den deutschen Großlogen-Bund wendete, so reichte
letztere am 31. März auch eine Eingabe an diesen ein.[1]

Trotzdem kam die Angelegenheit auf dem Großlogen-Tag
von Hamburg 1894 noch nicht zur Entscheidung. Man suchte
angesichts der hochgradigen Aufregung Zeit zu gewinnen. So
stellte der Hamburger Großmeister, Wiebe, nur den Antrag auf
Bildung einer Commission von drei Brüdern zur Prüfung und
Berichterstattung bezüglich des von der Großloge „Kaiser
Friedrich 2c." gestellten Antrags. Dieser Antrag wurde am
13. Mai 1894 mit fünf gegen die drei Stimmen der altpreußischen Großlogen angenommen. Letztere stellten vor
allem Eintreten in die Verhandlungen über die nachgesuchte Anerkennung die Bedingung, daß Br∴ Settegast zuvor seine scharfen
Angriffe gegen sie zurücknehme.[2]

Die aus den Brüdern G. Morgenstern (Hamburg), Kullmann
(Wiesbaden) und Franz Fischer (Hamburg) bestehende Commission
erstattete ihren Bericht erst am 22. April 1895, wodurch wieder
eine Beschlußfassung der einzelnen Großlogen vor dem Großlogen-
Tage wegen der Kürze der Frist sehr erschwert, wenn nicht unmöglich gemacht wurde. In diesem Bericht wird zwar das Vor-
handensein eines freimaurerischen Nothstandes zur Zeit der
Gründung der neuen Großloge anerkannt, aber das „Bedürfniß" zur Gründung einer Sonder-Großloge bestritten.
Als Hauptgrund für die Ablehnung des Antrags auf Anerkennung
wird angegeben, daß „ein gedeihliches Zusammenwirken der neuen
Großloge mit sämmtlichen im Bunde vereinigten Großlogen
zur Zeit" nicht möglich erscheine.[3]

Im Sinne dieses Berichts beschloß der Großlogen-Tag zu
Frankfurt a. M. am 2. Juni 1895 mit allen gegen die Stimme
der Frankfurter Großloge, „die nachgesuchte Anerkennung" nicht
auszusprechen. Ein Zusatzantrag der Frankfurter Großloge:
„Der Großlogen-Tag empfiehlt denjenigen Großlogen, welche
Besuchsverbote gegen die Großloge .... Kaiser Friedrich zur
Bundestreue erlassen haben, die Aufhebung dieser Verbote", wurde,

---

[1] Vgl. „Bausteine" 1894, S. 107 f.
[2] „Bausteine" 1894, S. 118—154.
[3] „Bausteine" 1895, S. 93 ff.

mit allen Stimmen gegen die der Großlogen von Frankfurt und
Bayreuth, abgelehnt.

Hiermit fand die Angelegenheit ihre „definitive" Erledigung
vor — dem Forum des deutschen Großlogen=Tags. Thatsächlich
war sie aber auch damit nichts weniger als „erledigt". Er=
ledigt ist sie weder für Dr. Settegast und seine Anhänger, noch
für die auswärtigen Verbände, die mit dem Settegast'schen
Unternehmen sympathisiren, noch selbst für viele deutsche Frei=
maurer.

Br∴ Fr. Auerbach, einer der angesehensten Freimaurer
der Frankfurter Großloge, welche sowohl 1894 als 1895 „für
die Anerkennung" der Settegast'schen Großloge eingetreten war,[1]
erklärte:

„Man antwortete [der Großloge „Kaiser Friedrich u. s. w."] mit
der schroffsten Ablehnung; nicht zum kleinsten Entgegenkommen ließ
man sich herbei ... Die Empörung über die Kugeln, die aus dem
Settegast'schen Lager in die Reihen der Berliner Großlogen geflogen
waren, war so groß, daß man sich gar nicht mehr erinnerte, auch
einmal hinübergeschossen zu haben und zwar mit recht grobem Ge=
schütze. Sich selbst Alles verzeihen, dem Gegner nichts — das mag
menschlich sein, — dem Ideale freimaurerischer Brüderlichkeit aber,
das uns beständig von jener Seite vorgehalten wird, entspricht es
wohl kaum ... Wir werden fortfahren, auch die Brr∴
der Großloge „Kaiser Friedrich u. s. w." als Glieder der großen
Kette zu betrachten und zu behandeln, als welche der Menschheitsbund
sich darstellt."[2]

Das Organ der Settegast'schen Großloge erklärte den
Beschluß des Großlogen=Tags sofort für nichtig. Denn nach
deutschem maurerischem Rechte hätten für den Fall die „Groß
logen" abzustimmen; die Vertreter derselben auf dem Großlogen=
Tag hätten lediglich die Beschlüsse ihrer respectiven Großlogen
zu vertreten. Das eigentliche Rechtssubject für die Gewalt
bildeten auch in den Großlogen wieder die einzelnen Logen.
Ein rechtskräftiger Beschluß des Großlogen=Tags setzte daher
Beschlüsse der Großlogen und der einzelnen Logen voraus. Von
den acht Großlogen hätten aber nur Hamburg und Frankfurt
vorher über die Angelegenheit abgestimmt und beschlossen. Der
zur Abstimmung gebrachte „Antrag" sei überhaupt erst auf dem
Großlogen=Tage gestellt worden, hätte also den einzelnen Groß=
logen zur Beschlußfassung gar nicht vorgelegen.

„Es ist merkwürdig", so fassen die „Bausteine" ihr Urtheil zu=
sammen, „wie man in maurerischen Angelegenheiten kaum einen

[1] „Bauhütte" 1895, S. 174.
[2] A. a. O., S. 185 f.

Schritt sehen kann, der nicht mit den fundamentalsten Grundsätzen der maurerischen Gesetze, wie sie berathen und festgestellt vorliegen, in Widerspruch steht . . . Mit bloßen Schimpfreden werden wir angefallen. Wenn wir aber den Nachweis liefern, wie unsere Gegner ihre eigenen Gesetze verhöhnen, wird der Kopf in den Sand gesteckt . . . Ist es nun mangelhafte Erwägung oder ist es unbezähmbare Streitlust, wenn Br.·. G e r h a r d t , Großmeister der National-Mutterloge . . ., in der letzten Sitzung dieser Großloge ("Bundesblatt" 1895, Heft 11, S. 298) wieder die Ursache des Streits auf einen "o f f e n - b a r e n R e c h t s b r u c h " zurückführt ? . . . soll etwa gemeint sein, unsere Logengründung sei den maurerischen Gesetzen widersprechend ? Dann müssen wir doch sagen, daß eine solche Aeußerung im Munde des Großmeisters einer ohne jede Constitution begründeten Großloge mehr als seltsam ist. Der Redner hätte sich doch vorhalten sollen, was die Schwester-Großloge, die Große Landesloge von Deutschland über seine Großloge denkt. (Siehe z. B. N e t t e l b l a d t , Geschichte freimaurerischer Systeme, neu herausgegeben auf Veranlassung des Ordensmeisters Br.·. v o n Z i e g l e r 1879, S. 180, 633, 648.) Vielleicht würde er dann sich sagen, daß dieselbe Milde, welche die Große Landesloge trotz ihres Standpunktes den übrigen Großlogen gegenüber walten läßt, sich für ihn, an der Spitze dieser so schauderhaft u n r e g e l r e c h t c o n s t i t u i r t e n Großloge, erst recht geschickt hätte. Uebrigens aber, wenn wirklich unsere Sache, wie Br.·. Gerhardt sagt, "z u G r a b e getragen" ist, wozu dem todten Löwen noch den bekannten Tritt?"[1]

Bezüglich der Verhandlungen des Großlogen=Tags von 1894 hatten die "B a u s t e i n e " geschrieben: "Von ruhiger Erwägung, Vorurtheilslosigkeit, Milde und Bruderliebe, — Eigenschaften, die im Wesen der Freimaurerei begründet sind, vernahm man nur Anklänge aus Mittel= und Süddeutschland. Altpreußen dagegen war außer sich). Alle Schleusen für die Ergüsse des Zornes, der Erbitterung und Entrüstung über das Beginnen der neuen Großloge schienen geöffnet."[2]

Zuerst, bemerken die "B a u s t e i n e " an anderer Stelle, verweigerte man uns die Anerkennung der Existenzberechtigung, weil unser Dasein mit dem "w e l t l i c h e n ", d. h. staatlichen Rechte im Widerspruch sei, jetzt spricht man uns im Namen des angeblichen "m a u r e r i s c h e n Rechts" das Todesurtheil.[3] Wir können's den herrschgewaltigen Leitern der altpreußischen Großlogen nie recht machen. Zuerst verweigert man uns, trotzdem wir, weil wir zuerst innerlich erstarken wollten, darum noch gar nicht eingekommen waren, die Anerkennung unter Hinweis auf

---

[1] "Bausteine" 1895, S. 109 bis 111.
[2] "Bausteine" 1894, S. 154
[3] "Bausteine" 1896, S. 16.

die geringe Ausdehnung und Bedeutung unserer Logen; jetzt, wo wir um dieselbe einkamen, sucht man die Anerkennung dadurch zu rechtfertigen, daß wir dieselbe „zu spät" nachgesucht hätten.[1]) Zuerst gab man vor, unsere Anerkennung sei nicht möglich, weil wir dieselbe nur bei den einzelnen außerpreußischen Großlogen in Anregung gebracht hätten und nicht beim Großlogen-Bund. Nachdem wir uns, dieser Bemerkung Folge gebend, an den Großlogen-Bund gewandt hatten, hielt man uns wieder entgegen, wir seien nach dem Statut gar nicht berechtigt, beim Großlogen-Bund überhaupt einen Antrag zu stellen.[2])

In einer neuen Schrift „Woher — wohin?" (1895) deutete Br∴ Settegast den Beschluß des Großlogen-Tags dahin, daß durch den Beitritt des letzteren zum Commissionsbericht thatsächlich und sachlich der von der Großloge „Kaiser Friedrich" gestellte Antrag auf Anerkennung angenommen worden sei. Denn in diesem Bericht sei ausdrücklich anerkannt worden, daß sowohl die Gesetze als die Rituale und die Arbeiten der Großloge „Kaiser Friedrich" den „allgemeinen freimaurerischen Grundsätzen und Gebräuchen der Freimaurerei" entsprechen. Dieses Zugeständniß schließe im Verein mit § 6 des Großlogen-Bunds-Statuts: „Der deutsche Großlogen-Bund . . . wird jede Großloge oder Loge anerkennen, sobald solche über ihre Verfassung und Grundsätze die nöthigen Aufschlüsse und in Bezug auf ihre gedeihliche maurerische Wirksamkeit die geeigneten moralischen Garantien bietet", die Anerkennung „als gerechte und vollkommene Freimaurerloge" für die neue Großloge in sich. Da seitens letzterer nur diese und nicht der Eintritt in den Großlogen-Bund nachgesucht worden sei, könne hiermit thatsächlich der Streit als im Sinne derselben erledigt betrachtet werden, „es sei denn, daß der deutsche Großlogen-Bund bezw. dessen einzelne Großlogen ihn von Neuem aufzunehmen gesonnen seien".[3])

Als das „Bundesblatt" (1895, Heft 18, S. 501) diese Deutung aufs Entschiedenste in Abrede stellte, nahmen die „Bausteine" davon Anlaß, den Beschluß des Großlogen-Tags auch noch aus dem Grunde für nichtig zu erklären, weil derselbe dem klaren Wortlaute des § 6 des Großlogen-Bunds-Statuts widerspreche.[4])

[1]) Ebendas. 1894, S. 101, 107, 125.
[2]) Vgl. „Bauhütte" 1894, S. 213 f.
[3]) „Bausteine" 1896, S. 2 f.
[4]) „Bausteine" 1896, S. 3 bis 18.

20. Das Eingreifen des Prinzen Friedrich Leopold in den Streit und die Abwehr des Schlages durch die Berufung auf ein Kaiserliches Schreiben. Einen weiteren Zwischenfall, und nicht den uninteressantesten, hatte die Uebernahme des Protectorats über die drei altpreußischen Großlogen durch den Prinzen Friedrich Leopold am 2. Februar 1894 zur Folge. Die altpreußischen Großlogen hatten nämlich nichts Eiligeres zu thun, als ihrem neuen Protector sofort seine Pflicht in Erinnerung zu bringen, sie gegen die Angriffe „des draußen tobenden Haufens" in Schutz zu nehmen, bezw. seinen Einfluß am Kaiserlichen Hofe zur polizeilichen oder strafrechtlichen Unterdrückung ihrer Gegner in die Wagschale zu werfen.

Schon gleich beim ersten feierlichen Erscheinen des neuen Protectors im Logenkreise trat man mit diesem Begehren an ihn heran.

Für den 13. Februar 1894 hatte man zur Feier des fünften Jahrestages der Aufnahme des Prinzen in der zum System der Großen Landesloge gehörigen Loge „Friedrich Wilhelm zur Morgenröthe" in Berlin eine besonders festliche Sitzung veranstaltet, zu der sich die drei Großmeister der altpreußischen Großlogen und gegen 370 auserlesene Brüder einfanden. Unter Orgelklang betrat Se. Königl. Hoheit punkt 6 Uhr Abends den „geweihten Raum" „und schritt unter dem stählernen Dach[1] bis zum Tempel". Hier begrüßte ihn der Großmeister der geschäftsführenden Großloge Royal York im Namen der drei altpreußischen Großlogen zum ersten Mal als Protector und überreichte ihm den Meisterschmuck, einen — Winkelhaken.[2] Die ganze Ver-

[1] Gebildet wird dasselbe durch Zusammenhalten der Degenspitzen seitens der in zwei Reihen aufgestellten Brüder.

[2] Dieses Abzeichen ist nicht zu verwechseln mit dem Abzeichen, das Prinz Friedrich Leopold als „Protector" trägt. Hinsichtlich des letzteren erließ er selbst folgende officielle Bekanntmachung:

„Den Großmeistern der drei altpreußischen Großlogen theile ich hierdurch mit, daß ich nach Rücksprache mit Seiner Majestät dem Kaiser und Könige und nach eingetroffener schriftlicher Allerhöchster Genehmigung als Protector des Freimaurerordens ein Kreuz in rother Emaille und in Form des Kreuzes der Rechtsritter des Johanniter-Ordens, jedoch statt des Adlers in den Ecken das Hexagramm mit dem Auge Gottes, am rothen Bande um den Hals tragen und auch außerhalb der Loge anlegen werde.

„Jagdschloß Glienecke, den 2. Februar 1894.

„gez. Friedrich Leopold Prinz von Preußen.
„An die Großmeister der altpreußischen Großlogen in Berlin."

(Vgl. „Bauhütte" 1894, S. 79.)

sammlung gab ihren Gefühlen bei diesem weihevollen Vorgang durch 3 × 3 lauten Ausdruck. Darauf folgte die Aufnahme des Herrn Fritz Rohrbeck, Generaldirectors des „Ceres", deutsche Versicherungs=Gesellschaft gegen Hagelschaden A.=G. Bei der hierauf stattfindenden Festtafel feierte der Meister vom Stuhl der Loge und „zweite abgeordnete Landes = Großmeister", der Höchstleuchtende Br∴ Eugen von Knycke, Oberst= lieutenant z. D., in „schwungvoller Rede" den hohen Protector, deren Hauptinhalt wir zur Kennzeichnung des in der Landesloge gepflegten „Geistes" mittheilen wollen.

„Unvergängliche Zeiten", so führte er aus, „seien es gewesen, als Ihre Majestäten König Friedrich II., Kaiser Wilhelm I. und Friedrich III. ihre schützende Hand über den drei Altpreußischen Groß- logen gehalten hätten. Die Freimaurerei bedürfe aber auch eines so hohen Schutzes, wenn sie das Ziel erreichen wolle, das sie sich gesteckt habe. Sie trete nicht hinaus in das öffentliche Leben. Sie wolle in stiller Zurückgezogenheit nach dem Menschenideal streben und könne deshalb [?] nicht auf die vielfachen Anfeindungen von außen ant= worten. Daher sei ein starker Schutz Bedürfniß für sie. Das Licht, das erstrebt werde, sei der Menschheit erschienen in der ge= heiligten Person des Meisters von Nazareth; aber seine Lehre sei mit dem „Kreuzige ihn" zurückgewiesen worden. Erst durch Christi Opfertod habe die Menschheit dessen Gotteskindschaft erkannt. Die christliche Kirche habe die Welt erobert, aber sie sei in Formen erstarrt. In zwei gewaltigen Epochen habe die das Licht er= strebende Menschheit versucht, die Fesseln zu lösen, durch die Kreuz= züge und das Zeitalter der Reformation. Aus dieser Zeit sei die Freimaurerei erwachsen und habe das Fundament zu gewinnen gesucht, auf dem die Menschheit ihrem Ideal [!] entgegengeführt werden könne; aber noch sei sie von demselben weit entfernt. Diese ernste Arbeit könne nur im stillen Frieden fort= geführt werden." „Deshalb", fügte er bei, „bedürfen wir des Schutzes. Darum erschalle aus unseren Herzen der Segensruf: Gott segne, Gott schütze und Gott erhalte unseren durch= lauchtigsten Protector!"

Die zutreffendste Antwort auf diese Rede wäre gewesen, der „Höchsterleuchtete" Br∴ von Knycke scheine bei seiner gehobenen Stimmung wohl übersehen zu haben, daß die Carnevalszeit bereits seit acht Tagen vorüber war. Fastnachtssonntag fiel nämlich im Jahre 1894 schon auf den 4. und Aschermittwoch auf den 7. Februar. Augenscheinlich wollte Br∴ Prinz Friedrich Leopold aber keinen Mißton in die Feier bringen und die Brüder der Landesloge nicht in unsanfter Weise aus ihren süßen Träumen aufrütteln. Daher bediente er sich in seiner Erwiderung freundlicher Worte, wie man sie bei dergleichen

Anläßen wohl vorzubringen gewohnt ist. Er flocht in dieselbe zum großen Troste der anwesenden Brüder sogar den offenbar auf die Settegast-Logen abzielenden Satz ein:

„Wenn es jetzt Vereinigungen giebt, die sich Logen nennen und die sich im Gegensatz zu denen befinden, welche, unbekümmert um die Angriffe, denen sie in neuerer Zeit von jenen Seiten her ausgesetzt sind, an ihrer Lehre unerschütterlich festhalten, so werde ich Sr. Majestät davon Mittheilung machen."[1]

Wie es scheint, folgten auf diese Worte auch Schritte, welche zum Zwecke hatten, den Settegast'schen Logen die Polizei und den Strafrichter auf den Hals zu schicken. Denn es war wohl kein bloßer Zufall, wenn am 13. März 1894, also gerade einen Monat nach jenen gewitterschwangeren Ansprachen, im „Ministerialblatt für die gesammte innere Verwaltung in den Königlichen preußischen Staaten" ein im Anschluß an eine Justizministerial-Verfügung vom 20. November 1893 bereits am 7. Dec. 1893 ergangenes Rundschreiben des Ministers des Innern veröffentlicht wurde, in welchem den Polizei-Organen zur Pflicht gemacht wird, gegen Verbindungen strafrechtlich einzuschreiten, die sich, ohne einer der altpreußischen Großlogen anzugehören, Freimaurerlogen nennen, wofern es erweislich sei, daß sie öffentliche Zwecke verfolgen oder gegen das Strafgesetzbuch verstoßen.[2]

Der Erlaß der genannten ministeriellen Verfügungen scheint wieder mit dem bereits oben (Nr. 18) erwähnten Artikel der „Kreuzzeitung" vom 21. Juni 1893 in innerem Zusammenhang gestanden zu haben. Thatsächlich wurde auch ein Ermittelungsverfahren gegen eine Tochterloge der Großloge „Kaiser Friedrich", die Loge „Hermann zur Beständigkeit" in Breslau, eröffnet. Doch verlief dasselbe ergebnißlos.[3] Da die Großloge „Kaiser Friedrich" Männer zu den Ihrigen zählte, die, selbst welterfahren, zu einflußreichen Kreisen Beziehungen unterhielten, und da ihr andererseits auch gewiegte Juristen zur Seite standen, so war es ihr ein Leichtes, den ihr gestellten Schlingen zu entgehen.

In einem „amtlichen" Artikel ihres Organs wurde, nicht ohne einen starken Anflug von Ironie, ausgeführt, daß die genannten ministeriellen Verfügungen seitens der Presse „irrthümlich" auf die Settegast'schen Logen gedeutet worden seien.

[1] „Bauhütte" 1894, S. 78 f.
[2] Vgl. „Bausteine" 1894, S. 122.
[3] „Bausteine" 1896, S. 17.

Denn von diesen sei in den Erlassen „nicht mit einer Silbe die Rede". Auf sie träfen auch weder diese noch verwandte Verfügungen in irgend welcher Weise zu. Denn die Großloge „Kaiser Friedrich" beschäftige sich nicht mit „öffentlichen Angelegenheiten" und verstoße auch nicht gegen § 128 des Strafgesetzbuches. Sie habe ferner der Behörde jede etwa erwünschte Auskunft ertheilt, „auch ohne daß solche verlangt wurde". In ihren allgemeinen Bestimmungen § 7 sei ferner ausdrücklich gesagt, daß sich weder im Wesen noch in den Zielen der mit der Loge vereinigten Brüderschaft „irgendwelche Geheimnisse" verbergen. Wenn sich in § 50 ihres Gesetzbuchs die Bestimmung finde, daß „dem Hammer des Meisters vom Stuhl unbedingte Folgeleistung mit Vorbehalt nachträglicher Beschwerde gebühre", so werde man darin wohl nicht die in § 128 des Strafgesetzbuchs vorgesehene „Leistung unbedingten Gehorsams gegen bekannte Vereinsobere" erblicken wollen. Denn der vorgeschriebene Gehorsam beziehe sich nur auf die Dauer der Verhandlungen und entspreche genau dem Gehorsam, den z. B. auch sämmtliche Reichstagsabgeordneten während der Sitzung dem Präsidenten des Reichstags zu leisten hätten. Aehnliche Bestimmungen fänden sich übrigens auch in den Gesetzbüchern der altpreußischen „privilegirten" Großlogen. Der Artikel der „Bausteine" schließt mit den Worten:

„Nach der heutigen Rechtslage stehen die altpreußischen Großlogen in keinerlei Beziehung besser, als diejenigen Logen, die nicht zum Verbande der früher „tolerirten" drei Großlogen gehören. Alle Freimaurerlogen ohne Unterschied unterstehen heute dem gleichen gemeinen Recht. Wenn aber die altpreußischen Großlogen noch an den Vorschriften ihrer längst hinfälligen „Protectorien" festhalten und sich ihnen unterwerfen, so sind sie in ihrer Freiheit thatsächlich noch über das Maß hinaus beschränkt, das ihnen wie den übrigen Logen vom Gesetz gezogen ist."[1]

Wenn schon dieser durchaus ergebnißlose Verlauf der von den altpreußischen Großlogen gegen die Settegast'schen Logen ins Werk gesetzten hohen „Staatsaction" eine höchst empfindliche Niederlage für sie bedeutete, so mußte es sie besonders peinlich berühren, daß die ihnen verhaßte Großloge, gegen welche sie, dank dem Eingreifen ihres neuen Protectors, das Gewicht des kaiserlichen Ansehens in Bewegung setzen zu können glaubten, in die Lage kam, sich selbst auf ein huldreiches Allerhöchstes Schreiben berufen zu können, welches eine thatsächliche Anerkennung derselben enthielt.

---

[1] „Bausteine" 1894, S. 122 bis 124.

Wohl in der Vorahnung der Dinge, die da kommen sollten
aller Wahrscheinlichkeit nach hatte Settegast von alten
Freunden, die er in den altpreußischen Großlogen selbst noch
reichlich zählte, von dem, was sich vorbereitete, Wind erhalten —
nahm das Großbeamten-Collegium der Großloge „Kaiser Friedrich
zur Bundestreue" Veranlassung, dem Kaiser in einem Schreiben
vom 27. Jan. 1894 zu seinem Geburtstag die „tief empfundenen
Glückwünsche" und Versicherung „unerschütterlicher Treue" zu
Sr. Majestät und „unbedingter Hingabe an das engere und
weitere Vaterland" zu Füßen zu legen, — Gesinnungen, in
welchen die jüngste Großloge mit ihren Tochterlogen den anderen
Freimaurerlogen in Preußen nicht nachstehe.

„Unabhängig von allen Strömungen und Stimmungen der Zeit",
so heißt es im Schreiben wörtlich, „sich muthvoll und ohne Wanken
um den Thron Eurer Majestät zu schaaren und Gottes Segen für
Allerhöchstderselben weises Regiment zu erbitten, das gehört zu den
obersten, ernsten Pflichten der Männer, die sich zu der Gemeinschaft
unserer Großloge vereinigt haben." Gezeichnet war das Schreiben:

**„Große Loge von Preußen, genannt Kaiser Friedrich
zur Bundestreue.**

„H. Settegast,   Hugo Alexander - Katz,
„Großmeister,   II. zug. Großmeister,
„Prof. Dr., Geh. Regierungsrath. Dr. jur., Regierungsrath a. D.
          und Justizrath.

G. Schauer,
I. zug. Großmeister,
Professor.

„G. London,   „H. Lissauer,
„Erster Großaufseher,   „Großschriftführer,
„Kaufmann.   „Königl. Commercienrath."

J. Rosenthal,
Zweiter Großaufseher,
Dr., Arzt.

Darauf erging das folgende, durch den „Deutschen
Reichs- und Preußischen Staatsanzeiger" veröffentlichte
Allerhöchste Dankschreiben:

Geheimes Civil-Cabinet
Sr. Majestät des Deutschen Kaisers
und Königs von Preußen.

        Berlin, den 29. Januar 1894.

Seine Majestät der Kaiser und König haben Aller-
höchst sich gefreut, zu Allerhöchstihrem Geburtstag auch die
Glückwünsche der Großen Loge von Preußen entgegennehmen

zu können, und lassen für diesen Ausdruck treuester Gesinnung bestens danken.

Auf Allerhöchsten Befehl setze ich die Große Loge hiermit ergebenst in Kenntniß.

Der Geheime Cabinets-Rath,
Wirkliche Geheime Rath
gez. Lucanus.

An die

Große Loge von Preußen, genannt
Kaiser Friedrich zur Bundestreue
zu Händen des Großmeisters
Herrn Geheimen Regierungsrath Dr. Settegast,
Hochwohlgeboren,
Berlin.
K. A. 1749.

„An einem Kaiserwort", bemerkt hierzu Br∴ Settegast in seiner für den Hamburger Großlogen-Tag abgefaßten Denkschrift, „soll man nicht drehen noch deuteln. Wenn dieses sich in einem Allerhöchsten Erlaß an eine Gemeinschaft wendet und sie „Große Loge von Preußen, genannt Kaiser Friedrich zur Bundestreue" nennt, so ist sie das.[1]) Und wer auch nur eine Ahnung von der Vorsicht hat, mit der in Angelegenheiten dieser Art Allerhöchsten Orts verfahren wird, der kann nicht entfernt im Zweifel darüber sein, daß wohlerwogen und mit Vorbedacht unsere „Vereinigung" so, wie geschehen, bezeichnet worden ist. Sie mit wegwerfenden Beiworten, wie etwa mit Winkelloge oder ähnlich zu bezeichnen und demgemäß zu „behandeln", ist eine Auflehnung, deren sich ein öffentlicher Beamter, der Geh. Regierungsrath Br∴ Gerhardt, nicht schuldig machen sollte oder, richtiger gesagt, nicht schuldig machen darf, wenn er sich nicht einer ernsten Verwarnung oder der Gefahr aussetzen will, zur Verantwortung gezogen zu werden."[2])

II. Uebergreifen des Settegast-Streites auf das maurerische Ausland.

Der Settegast = Streit, welcher die deutsche Freimaurerei Jahre lang in Athem hielt, hatte auch manche Händel sowohl

---

[1]) Diese energische Betonung des Freimaurer-Charakters der Großloge richtet sich offenbar gegen die auch in obiger Ansprache des Prinzen Friedrich Leopold und im Ministerialerlaß von 7. Dec. 1893 wiederholte Unterstellung der altpreußischen Großlogen, daß sich die neue Großloge „Loge" nenne, ohne eine solche thatsächlich zu sein.

[2]) „Bausteine" 1894, S. 97 f.

der altpreußischen Großlogen mit auswärtigen Großlogen als
auch wieder zwischen auswärtigen Großlogen unter sich zur
Folge.

**21. Feindseligkeiten der altpreußischen Großlogen gegen
die ungarische und holländische Großloge. Stellungnahme
anderer Großlogen des Continents.** Schon bald nach Errichtung
der Großloge „Kaiser Friedrich" hatte sich zunächst ein sehr ge-
spanntes Verhältniß der altpreußischen Großlogen zu der
ungarischen und holländischen herausgebildet. Letztere
machten nämlich aus ihren warmen Sympathien für die neue
Großloge durchaus kein Hehl und gaben denselben, trotz des
immer bedrohlicher sich gestaltenden Stirnrunzelns der Berliner
Großlogen, bald sogar amtlichen Ausdruck. Die holländische Großloge „anerkannte" die Settegast'sche Großloge schon am 23. Febr.
1893, indem sie gleichzeitig in die freundschaftlichsten Beziehungen
zu ihr trat.[1]) Die ungarische Großloge folgte am 12. Nov. 1893
mit dem gleichen Schritte nach.[2])

Besonders peinlich waren die altpreußischen Großlogen von
der ostentativen, geräuschvollen, für die altpreußischen Verbände
wenig rücksichtsvollen Art berührt, in welcher die ungarische
Großloge ihre wahrhaft enthusiastische Begeisterung und Bewunderung für Br∴ Settegast und sein Vorgehen bei jedem sich
darbietenden Anlaß[3]) zum Ausdruck brachte. Die behäbig ge-
mächliche, trockene Art der niederländischen Sympathie=Be-
zeigungen[4]) ging ihnen weniger zu Herzen. Um nur ein
paar ungarische Kundgebungen zu erwähnen, erklärte der
Großmeister der ungarischen Großloge, Br∴ Marcel
Neuschloß, anläßlich der Einweihung der Settegast'schen Loge
„Hermann zur Beständigkeit" in Breslau am 14. Januar 1894,
zu der er noch mit zwei anderen hervorragenden ungarischen Frei=
maurern eigens nach Breslau gekommen war,

nicht bloß Rücksichten der Freundlichkeit seien es gewesen,
welche die besuchenden Brüder, auch aus Ungarn, nach Breslau
geführt hätten. „Es handle sich vielmehr um eine Pflicht,
die jeder Freimaurer habe, für das hochherzige Beginnen des Ehrwsten Gr.=Mstrs Br∴ Settegast einzutreten,
jenes Mannes, dessen Namen ein Programm sei, das Pro-

---

[1]) „Bausteine" 1893, S. 29 f.
[2]) „Bausteine" 1893, S. 128 f.
[3]) Vgl. „Bausteine" 1894, S. 29 ff., 69 f., 162 ff., 209 ff.; 1895,
S. 4, 95 u. s. w.
[4]) Vgl. „Bausteine" 1893, S. 41; 1894, S. 169, 208 ff. u. s. w.

gramm der freimaurerischen Aufklärung. Der Name dieses seltenen Mannes, der in seinem Muth, seiner Unerschrockenheit, seiner rücksichtslosen Offenheit und Geradheit das Vorbild eines wahrhaften, echten Freimaurers sei; der für Deutschland und die Welt eine neue Aera der Königl. Kunst begründet habe, werde in Ungarn überall da begeistert genannt, wo Freimaurer sich begegnen; nur von ihm sei die Rede; seine Schriften würden mit Begier von Hand zu Hand gegeben und in ihnen das neue Evangelium der wahrhaften Freimaurerei freudig begrüßt. Wenn der Dreibund [der altpreußischen Großlogen] versucht habe, einem solchen Helden durch den Bann, durch die Aechtung zu schaden, so sei seitens der Großloge von Ungarn solches Beginnen nach Verdienst gewürdigt worden. Mit Bedauern habe sie wahrgenommen, daß man sich in Berlin dem aufklärenden Gedanken des Jahrhunderts widersetze, und so sei es ihrerseits Pflicht gewesen, offen und ehrlich zu zeigen, daß die Ungarn, ebenso wie sie für die Selbständigkeit ihres Landes, für die Befreiung des Volkes von den Banden geistiger und politischer Knechtschaft eingetreten, überall da in die Bresche treten, wo auch draußen das Recht gefährdet sei und die Entwicklung des freiheitlichen Gedankens bedroht erscheine. Daher sei die Anerkennung der Großloge Kaiser Friedrich zur Bundestreue nicht überstürzt, sondern nach wohlerwogenem reiflichem Ueberlegen und Erwägen aller äußeren Umstände, nach eingehender Prüfung aller begleitenden Vorkommnisse erfolgt. Die Freiheit[1], die sich ein Volk erobere, gehöre nicht :hm allein, sondern der ganzen Welt; nicht nur für sich, sondern für die Menschheit werde sie erstritten u. s. w."[2]

Beim darauffolgenden Festmahle brachte Br.·. Neuschloß drei „Feuer" [Hoch] aus: „auf die Großloge Kaiser Friedrich), auf alle deutschen Freimaurer und auf die Zukunft des liberalen Freimaurerthums in Deutschland". Br.·. Mérten, der zweite Großaufseher der ungarischen Großloge, feierte Settegast als den „Martin Luther der Freimaurerei".[3]

Br.·. von Béresz, Ehrengroßmeister der ungarischen Groß-

---

[1] Welche Art von Volksfreiheit die ungarischen Freimaurer thatsächlich cultiviren, ist sattsam bekannt. Man denke nur an die haarsträubenden Wahlmanöver der Freimaurerpartei, wo es sich um Bekämpfung der katholischen Volkspartei handelte und an die Rücksichtslosigkeit, mit welcher dieselbe Freimaurer-Clique ihr Programm dem katholischen ungarischen Volke „aufoctroyirte".

[2] „Bausteine" 1894, S. 30 f.

[3] „Bausteine" 1894, S. 35.

loge, erklärte anläßlich eines Besuches in der Loge Victoria in
Berlin am 23. April 1895:

„Freundschaft, die nicht Opfer bringe, verdiene diese Bezeichnung nicht . . . . Das Princip des Ehrwsten Br.'.
Settegast sei das echt freimaurerische, wie es von den
ungarischen Freimaurern als allein richtig erkannt werde
und stets erkannt worden sei. Wenn die Freimaurerei in
Ungarn lange verboten und verfolgt worden, so sei sie durch
die Neuerstehung des ungarischen Staates befreit worden, um
in sich die Verpflichtung zu fühlen, alle Halbheiten zu meiden
und überall ganz, voll und kräftig für das große freimaurerische
Princip des allgemeinen Menschenbundes ein-
zutreten" re. [1])

Hatten die Olympier bezw. die Wind- und Sturmerreger
in den altpreußischen Großlogen schon bei der ersten Annäherung
der niederländischen und ungarischen Großloge an die Großloge
„Kaiser Friedrich" und noch mehr bei der Herstellung intimen
Verkehrs mit ihr unwillig das Haupt geschüttelt und ihren Mund
bereits zu einem erzürnten Quos ego in Positur versetzt, so
kam der lange verhaltene Grimm in Folge des Auftretens der
ungarischen Deputation anläßlich der Einweihung der Breslauer
Loge „Hermann zur Beständigkeit" am 14. Jänner 1894 zum
offenen Ausbruch. Bereits in Nr. 5 des „Bundesblatt" 1894
erschien ein Aufsatz „Zur Frage der Anerkennung der Settegast'schen Großloge", in welchem mitgetheilt wurde, die Großmeister der drei altpreußischen Großlogen hätten für den bevorstehenden Großlogen-Tag folgenden Antrag eingebracht:

„Der Großlogen-Tag wolle beschließen:
„Die Verbindung mit den Großlogen der Niederlande und
von Ungarn wird aufgelöst, weil diese mit einer vom Großlogen-Bunde nicht anerkannten Großloge in Deutschland in
officiellen maurerischen Verkehr getreten sind."

Im Aufsatz selbst wurde ausgeführt, daß den ausländischen
Großlogen das Recht der Anerkennung der Großloge „Kaiser
Friedrich" über die Köpfe der maurerischen Behörden Deutschlands
hinweg bestritten werden müsse. Hinsichtlich der Frage, ob die neue
Großloge als „gerechte und vollkommene Freimaurer-Großloge"
anzuerkennen sei, müsse füglich auch für die außerdeutschen Großlogen das Statut des Großlogen-Bundes
maßgebend sein. Seitens der ungarischen Großloge im
Besonderen sei vor Beschlußfassung ihres „Bundesraths" bei den
befreundeten deutschen Großlogen nicht einmal angefragt worden,

[1]) „Bausteine" 1895, S. 96.

ob die Neugründung auch wirklich dem deutschen maurerischen Rechte entspreche.[1])

Im gleichen Sinn hatte Br∴ Gerhardt der ungarischen Großloge bereits unter dem 14. Februar 1894 den Standpunkt klar gemacht und ihr zugleich mitgetheilt, daß die altpreußischen Großlogen den Verkehr mit ihr schon jetzt thatsächlich sistirten. Die ungarische Großloge ertheilte ihm folgende lakonische Antwort:

„Or∴ Budapest 58. 22. II. 94.

„Ehrwürdigster und geliebter Bruder!

„Der Ehrw. Bundesrath der Symbolischen Großloge von Ungarn hat Ihre schätzbare Tafel vom 14. d$. in seiner am 20. d$. abgehaltenen Sitzung in Verhandlung gezogen und in Folge derselben Ihre Streichung aus der Liste der Ehrenmitglieder angeordnet.

„Mit brüderl. Gruß i. d. u. h. Z.

„Die Symbolische Großloge von Ungarn

„Der Dep. Gr.-Mstr.   Der Großsekretär.
„Marcel Neuschloß.   Gelléry."[2])

Den Standpunkt der ungarischen Großloge zur Sache selbst hatte deren Organ bereits früher folgendermaßen gekennzeichnet:

„Die Großloge von Ungarn stehe in keinem Vertragsverhältniß mit dem deutschen Großlogen-Bunde, sondern mit den einzelnen Logen und Großlogen, denen gegenüber sie verpflichtet sei, nur Logen anzuerkennen, die auf echt freimaurerischem Boden stehen. Diese Verpflichtung bedinge auch, daß solchen Logen, welche diesen Anforderungen entsprechen, die Anerkennung nicht verweigert werde aus Gründen, die in der Luft schweben und die wohl für die preußische, nicht aber für die ganze Maurerwelt maßgebend sein können. Mangel an freimaurerischer Qualität habe noch Niemand der Settegast'schen Großloge nachgesagt, geschweige denn bewiesen; selbst ihre Gegner hätten sich davor gehütet. Für die Weltfreimaurerei gebe es aber kein anderes Recht, als das der freimaurerischen Selbstbethätigung. Je länger die Berliner Großlogen zögerten, Frieden zu machen, desto schwerer sei der Schaden, den sie ihrem Ansehen zufügten."[3])

In einer weiteren Verlautbarung zur Angelegenheit erklärte dasselbe Blatt, bei der bevorstehenden Beschlußfassung des deutschen Großlogen-Tags über den Antrag der Berliner Großmeister handle es sich um die Entscheidung, „welche Stellung die

---

[1]) „Bundesblatt" 1894, Nr. 5; „Bausteine" 1894, S. 71 f.
[2]) „Bauhütte" 1894. S. 103 f.
[3]) „Orient" 1894, Nr. 1; „Bausteine" 1894, S. 95.

deutsche Freimaurerei im Kampfe des Lichts gegen die
Finsterniß einzunehmen hat, einnehmen soll und
wird". Es warnt den deutschen Großlogen-Tag davor, „zum
unberechenbaren Schaden der Königl. Kunst" den Erisapfel in
die Reihen der ungarischen-Brüder zu werfen und appellirt an
ihre „brüderliche Gesinnung".[1]

Das Vorgehen der Berliner Großlogen versetzte auch die
deutsche Freimaurerei in die größte Aufregung. Wenn der
Antrag nicht wieder zurückgezogen wird, schrieb die „Bauhütte",
„so stehen wir vor einer Krisis, wie sie bis dahin die deutsche
Maurerei noch nicht zu bestehen gehabt hat". Denn durch denselben wird auch das Ansehen der deutschen Freimaurerei nach
außen schwer bedroht.[2] Br.·. J. Staudinger, Meister vom
Stuhl der Loge von Worms, erklärte:

„Ich sehe schwarz, sehr schwarz in die Zukunft! Wir
befinden uns in einer peinlichen Lage, und wie wir da ohne Schaden
nach der einen oder nach der anderen Seite herauskommen sollen,
sehe ich nicht ab. — So ungefähr sagte mir vor ein paar Tagen ein
gewiegter älterer Bruder. So ist, wie es scheint, in der That die
Stimmung in nicht wenigen deutschen Bruderkreisen." Die Einen
sagen: Settegast ist das Karnickel! Fort mit ihm! Die Anderen behaupten: Hamburg ist der Sündenbock! Wieder Andere brechen ent-
rüstet in den Ruf aus: Die Berliner Großlogen sind die eigentlichen
Streithähne! Folglich keine Rücksicht auf sie! u. s. w. Der einzige
Ausweg aus der Zwickmühle ist die Anerkennung der Settegast'schen
Großloge als „gerechter und vollkommener Loge", welche sie nach
allgemein maurerischen Grundsätzen ist."[3]

Br.·. Schimmelpfennig forderte die deutsche Maurerwelt
auf, die Berliner Großlogen ihre „Kriegspfade" allein gehen zu
lassen, soviel sie auch auf die „selbstgegebenen" maurerischen
Gesetze pochen mögen, die von ihnen selbst schon so oft durch-
löchert wurden.[4] Br.·. Unseld seufzte händeringend: „Soll
denn das Wundreiten auf dem Steckenpferde" des Logenformalis-
mus und Gesetzesbuchstaben-Dienstes eintreten?[1] Br.·. von
Reinhardt (Stuttgart) äußerte: „Nicht das Buchstaben-Recht,
sondern die Rechts-Empfindung wird in alle Ewigkeit der
Spiritus regens unseres Zusammenwirkens sein . . . . . Die
Freimaurerei ist eine Gesinnungsgenossenschaft." Er verlangte

---

[1] „Orient" 1894, Nr. 4; „Bausteine" 1894, S. 126 ff.
[2] „Bauhütte" 1894, S. 105.
[3] A. a. O., S. 113 ff.
[4] A. a. O., S. 121, 131.

hinsichtlich aller Settegast Fragen Uebergang zur Tagesordnung.[1])

Die „Bauhütte" erklärte:

„Allerdings sind die Zeiten der maurerischen Anarchie vorüber, aber auch die Zeiten der maurerischen Willkür, in denen die Berliner Großlogen in Teutschland allmächtig waren; diese werden sich daran gewöhnen müssen, daß auch andere Meinungen sich neben ihren eigenen geltend machen und behaupten. Viel Groll, viel Bitterkeit hat sich angesammelt in der deutschen Brüderschaft; aber das erste Wort, welches nicht von der hohen Politik dictirt ist, sondern aus warmem Herzen und offenem Sinn kommt, wird sie zerstreuen."[2])

Die „Bausteine" führten bezüglich der Begründung des Antrags aus:

„Die ganze Begründung geht von der Aufstellung von Grundsätzen aus, deren Beweis eben erst erbracht werden soll:

„a) Es gebe ein deutsches maurerisches Recht.

„b) Die auswärtigen Großlogen müßten bei der Frage der Anerkennung einer deutschen Großloge sich nach dem angeblichen deutschen maurerischen Rechte richten.

„c) Weil die deutschen Großlogen nicht gezwungen sind, eine neue deutsche Großloge anzuerkennen, dies also in ihrem Belieben steht, dürften die fremden Großlogen nicht ohne Befragen der deutschen eine deutsche Großloge anerkennen."[3])

Auf dem Großlogen-Tag zu Hamburg selbst begründete am 13. Mai 1894 der Führer der altpreußischen Großlogen im Settegast = Streit, National = Großmeister Br.˙. Gerhardt, zunächst den Antrag der Berliner Großmeister, indem er betonte, es handle sich bei Beurtheilung des Antrags nicht darum, ob die genannten ausländischen Großoriente berechtigt seien, selbstständig über Anerkennung oder Nichtanerkennung von Logen zu beschließen, sondern lediglich darum, ob sie von diesem ihnen selbstverständlich zustehenden Rechte in einer Weise Gebrauch gemacht hätten, welche ihrem freundschaftlichen Verhältniß zu den Großlogen des Großlogen = Bundes widerspricht. Letzteres sei unstreitig der Fall gewesen. Und darum müßten die freundschaftlichen Beziehungen zu ihnen, bis sie entsprechende Satisfaction geleistet hätten, gelöst werden.

Br.˙. Kullmann entgegnete mit Recht, daß eine solche Auffassung über die solidarische Pflicht aller deutschen Groß logen, ihre Beziehungen mit einer ausländischen Großloge, von

---

[1]) A. a. O., S. 132.
[2]) A. a. O., S. 138.
[3]) „Bausteine" 1891, S. 72.

welcher eine derselben verletzt zu sein glaube, abzubrechen, nicht stichhaltig begründet werden könne. Die Großloge von Hamburg habe seitens amerikanischer, die von Bayreuth seitens der nor- wegischen[1] eine viel schlimmere Behandlung zu erdulden, ohne daß es ihnen je eingefallen wäre, zu beanspruchen, daß sämmtliche deutschen Großlogen ihre Beziehungen zu den Verbänden ab- brechen, welche die Rücksichten der Freundschaft gegen sie außer Acht lassen.

Vertreter anderer Großlogen tadelten besonders, daß die Berliner Großmeister vorschnell und mit zu großer Gereizt- heit in der Angelegenheit vorgegangen und für ihre Großlogen die Beziehungen zur ungarischen Großloge bereits abgebrochen hätten. Auch solle man bedenken, daß, wenn die ungarische Groß- loge nicht correct gehandelt habe, sie jedenfalls nicht die Absicht gehabt habe, die Berliner Verbände zu beleidigen.

Daraufhin wurde der Antrag der Berliner Großlogen mit vier gegen die Stimmen der letzteren abgelehnt; hingegen einstimmig folgende vom Großmeister der Hamburger Groß- loge, Br.·. Wiebe, vorgeschlagene Resolution angenommen:

„Nachdem der deutsche Großlogen-Tag den Antrag der drei Berliner Großmeister abgelehnt hat, kann er nicht unterlassen, das Vorgehen der beiden Großlogen von Ungarn und der Niederlande — nämlich die Anerkennung der Settegast'schen Gründung ohne vorherige Anfrage bei der deut- schen Großloge auszusprechen — als verletzend für die deutschen Großlogen zu erklären."[2]

---

[1] 1891 war unter schwedischer Constitution eine „Große Landes- loge von Norwegen" ins Leben getreten, bezw. selbständig geworden. Mit dieser trat schon nach kurzer Zeit, entgegen der ausdrücklichen Bestimmung des § 6 des Statuts des deutschen Großlogen-Bundes, die „Große Landesloge von Deutschland" in amtlichen maurerischen Verkehr (vgl. „Bestandliste der Großen Landesloge von Deutschland pro 1892/93", S. 7) und verblieb auch in diesem freundschaftlichen Verkehr, obgleich die genannte norwegische Großloge die Mitglieder der in Norwegen seit Langem bestehenden, zur Bayreuther Großloge gehörenden Loge feindselig behandelte. Vgl. „Bauhütte" 1893, S. 160, 231; Br.·. G. Kullmann, Zur Lage, 2. Aufl. 1894, S. 49. Großmeister Bayerlein hatte die „Unbrüderlichkeit", mit welcher die schwedischen Logen die Logen der Bayreuther Großloge in Norwegen behandelten, schon 1890 auf der Großlogen-Versammlung in Augsburg gerügt. Er hatte sich bei diesem Anlaß nicht gescheut hauptsächlich den „Starrsinn des Königs, Vicarins Salomonis" dafür verantwortlich zu machen. „Bauhütte" 1890, S. 207.

[2] Vgl. „Bausteine" 1891, S. 145 bis 148.

Die ungarische Großloge bemerkte in einem Schreiben an den deutschen Großlogen-Bund vom 14. Juni 1894, daß der den Beschluß motivirende Grund „ohne u. s. w." irrig sei, indem die Anfrage durch Vermittelung ihrer Vertreter bei allen acht deutschen Großlogen gestellt und von sieben beantwortet worden sei. Sie erklärte ferner nachdrücklichst, daß sie „eine Verletzung der Ehrrosten deutschen Großlogen nicht im Entferntesten beab= sichtigt" habe.[1] Die holländische Großloge ließ sich durch den Beschluß des Großlogen=Tags, wie es scheint, nicht im Mindesten in ihrer gemächlichen Ruhe stören.

Abgesehen von den Großlogen von Holland und Ungarn vermieden es zwar bisher die auswärtigen Großlogen des Continents, officiell mit dem Settegast'schen Verbande in freund= schaftliche Beziehungen zu treten. Mehrfach bekundeten sie indes in nicht mißzuverstehender Weise, auf welche Seite ihre Sympathien neigten. Das verbreitetste französische Logenorgan schreibt z. B. bezüglich desselben:

„Wie sich die Leser erinnern werden, wurde diese neue Logen= gründung ins Leben gerufen, um dem alten ausschließlichen und reli= giösen Geist der altpreußischen Großlogen einen neuen unabhängigeren und hochherzigeren Geist gegenüberzustellen . . . Wenn man bei Be= urtheilung dieses Wechsels, wie billig, den socialen und territorialen Rahmen in Betracht zieht, in welchem er sich vollzieht, wird man anerkennen, daß derselbe eine völlige intellectuelle und moralische Revolution darstellt. Der deutsche Mysticismus erhält damit einen harten Schlag. Zunächst läßt sich davon eine Emancipation des Gedankens erwarten, die ihrerseits wieder auf eine glückliche Um= gestaltung der politischen und socialen Anschauungen in Deutschland hoffen läßt. Wir dürfen diesen von dem allgemeinen Interesse der Menschheit eingegebenen verdienstvollen Bemühungen gegenüber nicht gleichgültig bleiben . . .

„Zweifelsohne ist der zweite Titel der Großloge der Name eines deutschen Kaisers. Aber man darf nicht vergessen, daß dieser Name ein Palladium, eine Schutzwehr ist, ohne welche man die ge= plante Reform nur schwer hätte in Angriff nehmen können. Dadurch, daß man diesen als ruhmvoll geltenden Namen in gewisser Weise für die neue Idee zum Mitschuldigen macht, verschafft man sich die Mög= lichkeit, dieselbe ungehindert aussprechen und verbreiten zu können."[2]

Das amtliche Organ des italienischen Großorients schreibt:

„Der in die Berliner Großlogen eingeschmuggelte Geist der reli= giösen Unduldsamkeit, der Antisemitismus, bringt jetzt seine Früchte

---

[1] „Bausteine" 1894, S. 170 f.

[2] „Revue maçonnique" 1890. p. 70.

hervor, indem er in der deutschen und auch in der ausländischen Freimaurerei Spaltungen erzeugt."[1] „Dieser Großloge [Kaiser Friedrich],
welche in Preußen ebensosehr angefeindet, als seitens der
übrigen maurerischen Centren Europas mit Sympathien bedacht wurde, ist es, dank einem hartnäckigen Kampfe,
gelungen, sich zu consolidiren und ihren Einfluß auszudehnen....
Wir beglückwünschen die Brüder der Großloge „Kaiser Friedrich" zu
diesen ausgezeichneten Ergebnissen ihrer unablässigen Bemühungen.
Denn wir sind überzeugt, daß dieselben der maurerischen Sache zum
Vortheil gereichen werden."[2]

Erwähnung verdient an dieser Stelle auch die Thatsache,
daß der Großschriftführer der Großloge „Kaiser Friedrich",
Br.·. Hugo Lissauer, auf dem II. Internationalen
Freimaurer-Congreß im Haag Ende Juli, auf welchem die
Großlogen von Holland, Frankreich, Belgien, Portugal, Rumänien
und der Schweiz vertreten waren, ohne Weiteres als völlig eben-
bürtiges Congreß-Mitglied Zutritt fand, und sogar auf dem Con-
gresse selbst eine nicht unbedeutende Rolle spielte.[3] Diese Thatsache kommt einer Anerkennung seitens der auf diesem Congreß
officiell vertretenen Großlogen gleich.

Alle erwähnten Umstände beweisen, daß die altpreußischen
Großlogen bei ihrem Bestreben, die Großloge „Kaiser Friedrich"
maurerisch zu isoliren, durchaus nicht gegen die Eventualität gesichert sind, daß sie dadurch schließlich nur sich selbst isoliren.
Solange der jetzige Zustand besteht, ist in der That nicht abzusehen, wie sie in einem internationalen Freimaurer Congreß auftreten könnten. Mit Abgeordneten der Großloge „Kaiser
Friedrich" auf einem solchen zu tagen, hieße für sie, ihr eigenes
bisheriges Verhalten verurtheilen; die fremden Großlogen aber
dazu zu vermögen, jene vor die Thür zu setzen, können sie nie
und nimmer hoffen. Dieser Grund wird die altpreußischen
Großlogen auch hauptsächlich abgehalten haben, den Einladungen
zu den internationalen Freimaurer-Congressen in den letzten Jahren
Folge zu geben. Bekanntlich ist der für 1898 geplante Congreß
hauptsächlich wegen der ablehnenden Haltung der Berliner Großlogen überhaupt nicht zu Stande gekommen.

22. Wiederhall des Settegast-Streites in der neuen Welt.
Der Settegast-Streit hatte selbst überseeische maurerische
Händel und Conflicte von europäischen mit nord-
amerikanischen Großlogen im Gefolge. Zunächst gerieth

---

[1] Rivista della Massoneria Italiana 1895, p. 100.
[2] A. a. O. 1897, S. 219.
[3] Vgl. „Bauhütte" 1896, S. 312 f., 345 ff.

die Großloge „Kaiser Friedrich" selbst mit der Großloge von New-York in Zwistigkeiten. Den Anlaß dazu gab die Gründung von zwei Tochterlogen der Großloge „Kaiser Friedrich" in New-York und in Newark bei New-York durch Br.˙. Dr. Max Meyer, welcher aus eigenem Antrieb in der neuen Welt für die Sache Settegast's wirkte.[1]) Anfangs ging Alles trefflich von Statten, sodaß Settegast mit besonderem Stolz auf die amerika= nischen Logen blickte und am 2. Mai 1893 den Sehr Ehrw. Br.˙. Meyer sogar zum Provincial = Großmeister für die Ver= einigten Staaten ernennen ließ.[2]) Am 1. Januar 1894 begann in New-York sogar eine eigene Settegast'sche maurerische Zeit= schrift Masonic Light in englischer und deutscher Sprache zu er= scheinen.[3]) Aber auch die Anfeindungen hatten schon früh be= gonnen. Von einem gegen die neue Großloge verbreiteten Flug= blatt, welches Br.˙. Gravenstein's Erklärung enthielt, war schon oben (Nr. 18) die Rede. Mit besonderem Eifer wühlte gegen Br.˙. Meyer im New-Yorker Bulletin of the Proceedings of the Grand Lodge ein gewisser Jacques Ochs. Bereits im Jahre 1894 gingen die amerikanischen Settegast-Logen in Folge dieser Angriffe und der eifersüchtigen Handhabung des Sprengel= rechts seitens der New-Yorker Großloge wieder ein.

Jacques Ochs war, wie sich bald zeigen sollte, ein maure= rischer Schwindler, dessen Machenschaften an die Zeiten der Schrepfer und Gugumos erinnern. Derselbe suchte sich auch der von Settegast eingeleiteten freimaurerischen Bewegung zu be= mächtigen, um damit in der neuen Welt Geld zu machen. Aus diesem Grunde hatte er hauptsächlich Br.˙. Max Meyer zu ver= drängen gesucht. Sobald er sich des unbequemen Nebenbuhlers entledigt hatte, wandte er sich selbst in einem vom 11. Sept. 1894 datirten Schreiben an den Stifter der neuen Großloge in Berlin. Der Briefbogen, dessen er sich bediente, trug die pompöse Aufschrift: The Oriental Rite of Iberia of free and accepted masons. Office of Jacques Ochs 33.˙. 90.˙. 96.˙. VI. Grand Delegate and General Representative of North America and Dominion of Canada. Es folgten zwei große Wappen. Im Briefe selbst theilt Ochs mit, er rüttle schon seit einiger Zeit nicht ohne Erfolg am Sprengelrecht der New-Yorker Groß= loge. Max Meyer sei als sein Feind aufgetreten und habe ihn

---

[1]) „Bausteine" 1893, S. 42 f., 53, 93 f., 127.

[2]) „Bausteine" 1893, S. 68.

[3]) „Bausteine" 1894, S. 69.

hintergangen. Das Interesse für denselben sei aber nun erloschen und seine sämmtlichen Logen seien „eingeschlafen". Darauf fährt er wörtlich fort:

„Ich wäre nun nicht abgeneigt, für Sie hierorts zu kämpfen, indem ich es ohnehin für die Soberana Gran Logia Simbolica in Madrid thue; ich habe alle nöthigen Mittel zu Gebote, wie Bulletin und 16 Logen, und denke viel mehr erzielen zu können, wenn auch Sie mir Ihre Assistenz versprechen; ohnehin ist es Eine Sache, für die wir ins Feld ziehen.

„Sollte es meine Großloge erlauben — und sie wird es, wenn ich es verlange — so verbürge ich mich dafür, daß Ihre Reputation in Amerika eine andere sein soll, als unter Meyer: ich verspreche nämlich wenig und thue viel, das ist mein Grundsatz."[1]

Br∴ Settegast lehnte natürlich die Dienste dieses Menschen, schon weil er sich als Hochgrad-Hanswurst vorstellte, ab. Später (Juni? 1896) wurde letzterer in Chicago unter der Anschuldigung verhaftet, eine freimaurerische Organisation erschwindelt und Hunderte von Personen um verschiedene Summen betrogen zu haben, indem er sie zu Freimaurern annahm, ohne dazu eine Berechtigung zu haben. Auch habe er betrügerisch eine Menge Logen gestiftet und von allen als Begründer derselben Abgaben bezogen. Bei der Gerichtsverhandlung selbst stellte sich Folgendes heraus:

Jacques Ochs, Rumäne von Geburt, ehemals Kellner in Coney Island, war einst zufällig Zeuge eines feierlichen Aufzuges von Freimaurern, in welchem besonders Schwerter und sonstige in die Augen stechende Prunkgegenstände seine Aufmerksamkeit erregten. Das Schauspiel prägte sich seiner Seele tief ein und brachte in ihm den Entschluß zur Reise, selbst auf der maurerischen Laufbahn sein Glück zu versuchen. Er kaufte sich also maurerische Abzeichen, Scharlachgewänder und andere Logenutensilien und trat darauf als Großmeister der freien und angenommenen Maurer von Iberia für Nordamerika und Canada auf. Als solcher trieb er einen schwunghaften Handel mit dem Verkauf von Graden, Paßwörtern, Zeichen, Bekleidungen, Kleinodien u.s.w. — Alles im Namen der Spanischen Großloge, von welcher er für Amerika allein bevollmächtigt zu sein vorgab. So ließ er sich z. B. von einem Fleischer in Buckahoe für den Titel eines Ehrwürdigen Meisters und für das Recht, eine Loge zu gründen, 125 Dollars bezahlen. Der gleiche Fleischer kaufte dem Pseudo-Großmeister Fahnen, Bekleidungen und Bücher ab,

---

[1] „Bauhütte" 1895, S. 227.

die er Stück für Stück mit fünf Dollars zu erstehen hatte, und
weihte seinerseits im Glauben, er sei wirklich Meister vom Stuhl,
viele seiner Kunden in die Freimaurerei ein, wobei er wieder
die Gebühren an Ochs abzuführen hatte. Diese Kunden ent-
deckten aber beim Zusammentreffen mit wirklichen Freimaurern
gar bald, daß sie gar keine Freimaurer seien, sondern nur mit
falscher Einweihung, falschen Zeichen u. s. w. betrogen worden
waren. Sehr aufgebracht hierüber, weigerten sie sich, beim Pseudo-
Stuhlmeister noch ferner Fleisch zu kaufen.

Jn ähnlicher Weise gelang es Ochs, eine Menge anderer
Pseudo-Logen zu errichten. Als Meister vom Stuhl saß er bei
solchem Anlaß auf einem Throne. Bisweilen war er mit Helm
und Brustharnisch angethan. Unter den schreckhaften Prunk-
gegenständen, welche bei der Aufnahme die Wände des Ver-
sammlungslocals zierten, befand sich neben den in wirklichen
Logen gebräuchlichen Todtenschädeln und Knochen auch ein —
Ziegengerippe.[1]) Seine propagandistische Thätigkeit pflegte er
mit einem Vortrage über die ungeheuren Vortheile zu eröffnen,
welche der Beitritt zum Freimaurerbunde mit sich bringe. Es
wurde nachgewiesen, daß Ochs durch Verkauf von Graden u. s. w.
und Erhebung von Gebühren, in drei Logen allein schon, mehrere
tausend Dollars erschwindelt hatte.[2])

Jacques Ochs hatte also die „maurerischen Händel" mit
Meyer nur in der Absicht begonnen, sich einen neuen einträg-
lichen Gegenstand „maurerischen Handels" zu verschaffen.

Das Eingehen der Settegast-Logen in New-York befreite
noch zur rechten Zeit die ungarische Großloge aus neuen Ver-
legenheiten. Denn die New-Yorker Großloge hatte bereits beschlossen, dieselbe kategorisch aufzufordern, die Beziehungen zur
Großloge „Kaiser Friedrich", die in ihr Gebiet einen Einbruch
verübt habe, zu lösen. Jm Falle der Weigerung wäre ein Bruch
zwischen New-York und Ungarn wohl die unausbleibliche Folge
gewesen.[3])

---

[1]) Dafür, daß auch in der deutschen Landesloge
Todtenköpfe, Todtengerippe und ähnliche grausige Uten-
silien hoch in Ehren stehen, zeugt unter Anderem schon der Umstand,
daß eine ihrer Tochterlogen, in Königsberg, den Titel „Todtenkopf
und Phönix" und eine andere, in Breslau, den Titel „Zu den drei
Todtengerippen u. s. w." führt.

[2]) „Bauhütte" 1896, S. 223; „Latomia" 1896, Nr. 6 nach The
World. New-York.

[3]) Vgl. Rivista della Massoneria Italiana 1895. p. 160.

23. Bruch zwischen der schwedischen und der ungarischen Groß-loge. War die ungarische Großloge aber auch an der Charybdis des drohenden Bruchs mit der New Yorker Loge noch zur Noth vorbeigekommen, so vermochte sie, trotz ihrer einschmeichelnden Schmiegsamkeit und ihrer aalglatten Formen und trotz reichlichen Aufgebots süßlicher Phrasen, die Scilla einer neuen seitens der Großloge von Schweden auftauchenden Verwicklung nicht ebenso glücklich zu umschiffen. Wohl durch die Große Landesloge darauf aufmerksam gemacht, hatte die schwedische Großloge Erkundigungen über den Stand der Dinge eingezogen, deren Enbergebniß der Repräsentant der ungarischen Großloge in Stockholm, Graf Oskar F r ö h l i ch dem Großsekretär der ungarischen Großloge in folgendem, recht kategorisch gehaltenen Schreiben zur Kenntniß brachte:

„Sehr ehrw. und sehr geliebter Bruder!

„In Anbetracht dessen, daß die Großloge von Ungarn eine sog. Großloge, welche ohne legitime Berechtigung von Herrn S e t t e g a st gegründet worden ist, officiell anerkennt, hat S e. M a j e st ä t d e r K ö n i g, Weisester Vicarius Salomonis der IX. Freimaurer-Provinz, anzuordnen geruht, daß die Be-ziehungen zwischen der schwedischen Großloge und der ungarischen Großloge abzubrechen sind.

„Demzufolge richte ich die brüderliche Bitte an Sie, meine Demission von der Stelle ihres Repräsentanten gefälligst zur Kenntniß zu bringen.

„Hier angeschlossen habe ich die Ehre, das Abzeichen zurück-zugeben, welches mir zugetheilt worden war.

„Genehmigen Sie u. s. w.

„Stockholm, am 27. April 1897."[1]

III. Einige andere an die Settegast'sche Logengründung sich knüpfende maurerische Zwistigkeiten.

24. Settegast's strafweise Entlassung aus der Hamburger Großloge und die sich daran anschließenden Zwistigkeiten. Es wurde bereits oben erwähnt, daß Br∴ Settegast mit den übrigen damals der Loge „Ferdinande Caroline" in Hamburg angehören-den Brüdern, welche mit ihm die neue unabhängige Freimaurer-loge in Berlin begründen wollten, unter dem 6. August 1892 um seine Entlassung aus dieser Loge einkam, und daß ihm die-selbe seitens der letzteren bestimmt für September zugesagt war. Thatsächlich kam das Entlassungsgesuch indessen erst am 17. Nov.

---

[1] „Bausteine" 1897, S. 207.

1892 zur Erledigung. Und auch da stellte sich heraus, daß der Name Settegast's in der Entlassungsurkunde übergangen war. Wie wir sahen, ging Settegast trotzdem zu seiner Logengründung vor.

Später wurde nun zunächst unter der Hand und schließlich, in Folge der Veröffentlichung eines Schreibens der Hamburger Großloge an die Bayreuther Großloge vom 10. Mai 1894 in der „Bauhütte" 1894 (18. August), vor der ganzen deutschen Maurerwelt bekannt, daß Br.·. Settegast thatsächlich (am 6. März 1893) durch ehrenräthlichen Spruch „in contumaciam zur Entlassung aus der Loge verurtheilt" worden war.[1] Der wirkliche Hergang war nach einer späteren Bekanntmachung der Hamburger Großloge folgender:

Man hatte zuerst vor, Settegast und Genossen die „Ehrenvolle Entlassung" zu ertheilen. Diese setzte aber eine vorhergehende Berathung des Beamtenrathes der Loge voraus. Die inzwischen im August ausgebrochene Choleraepidemie wirkte nun auch auf das Logenleben störend ein. So kam die Angelegenheit erst am 17. Nov. 1892 und zwar gleich in „offener Loge" zur Verhandlung. Es wurde demgemäß bloß die „einfache Entlassung auf Antrag" ausgesprochen. Der Grund, warum gerade der Name Settegast in den einzelnen Protokollen nicht genannt wurde, ist bis heute noch nicht aufgeklärt worden.

Die Entlassung Settegast's kam daraufhin in der Sitzung der Loge „Ferdinande Caroline" vom 1. Dec. 1892 abermals zur Verhandlung. Wohl in Folge der inzwischen erfolgten förmlichen Errichtung der Loge „Kaiser Friedrich" durch Settegast wurde diesmal von Beantragung der „Ehrenvollen Entlassung" abgesehen und die „einfache Entlassung auf Antrag" mit 25 gegen 23 Stimmen genehmigt. Großmeister Br.·. Zinkeisen inhibirte aber unter Berufung auf die §§ 25 und 26 der Verfassung der Hamburger Großloge diesen Beschluß und brachte die Angelegenheit vor die am 4. Febr. 1893 tagende Versammlung der Hamburger Großloge, welche den Beschluß der Loge „Ferdinande Caroline" mit 14 gegen 14 Stimmen, wobei die Stimme des Großmeisters, als des Vorsitzenden, den Ausschlag gab[2], für ungültig erklärte.

Daraufhin beantragte der Beamtenrath der Loge „Ferdinande Caroline" bei dem Ehrenrath dieser Loge die Einleitung

[1] Vgl. „Bauhütte" 1894, S. 257.

[2] Vgl. „Hamburger Logenblatt" Nr. 253, S. 2084 f. und „Bauhütte" 1894, S. 328.

des ehrenräthlichen Verfahrens gegen Settegast wegen Verletzung seiner maurerischen Pflichten. Die Folge dieses Antrages war die bereits erwähnte Verurtheilung vom 6. März 1893.[1] Als Grund dieser Verurtheilung wurde angegeben, daß Settegast „eine Loge gegründet habe, bevor er aus seiner Loge entlassen gewesen sei".[2] Denn nach § 164, Absatz 7 der Verfassung der Hamburger Großloge übernimmt der (Aufnahme-) Suchende feierlich die Verpflichtung, „sich weder zur Annahme bei einer anderen Loge zu melden noch seine Verbindung mit der Loge einseitig aufzuheben, ohne geziemend um seine Entlassung nachgesucht und dieselbe erhalten zu haben".[3]

Dieser Hergang der Sache bietet nun allerdings zu vielfachen Einwendungen gerechten Anlaß. Denn wenn, wie das Protokoll der Versammlung der Hamburger Großloge vom 15. September 1894 insinuirt, die Hamburger Brüder das Datum der „constituirenden Versammlung" der Großloge „Kaiser Friedrich" wirklich als das Datum der förmlichen Stiftung dieser Großloge betrachteten, so mußten billigerweise alle Hamburger Brüder, welche, ohne noch um ihre Entlassung aus der Loge „Ferdinande Caroline" eingekommen zu sein — das Gesuch wurde erst fünf Tage später abgefaßt — mit Settegast in Anklagezustand versetzt werden.

Auf alle Fälle war die Entlassung Settegast's auch nach der Verfassung der Hamburger Großloge mit dem Beschluß der Loge „Ferdinande Caroline" vom 1. December 1892 „perfect" und das „Inhibitorium" des Großmeisters Zinken unberechtigt.

Justizrath Dr. Alexander-Katz macht noch eine ganze Reihe anderer Ausstellungen am Verfahren und kommt dabei zum Schluß, daß bei demselben nicht nur die Bruderliebe und die schuldige Rücksicht auf einen Mann von der Bedeutung Settegast's, „sondern auch das Gesetz bei jedem Schritte ... offen verletzt worden sei".[4]

Die Mitglieder der Großloge „Kaiser Friedrich", unter welchen sich auch solche befanden, die mit Settegast um ihre Entlassung aus der Loge „Ferdinande Caroline" eingekommen waren, erließen am 2. Nov. 1894 eine „Erklärung", in der sie ausführten, Settegast sei „anfangs amtlich und noch am

---

[1] Vgl. „Bauhütte" 1894, S. 313 f. und 1894, S. 353 bis 357.
[2] „Bausteine" 1896, S. 99.
[3] „Bauhütte" 1894, S. 314 f., 297 f.
[4] Vgl. „Bauhütte" 1894, S. 353 bis 357.

4. Mai 1893 fälschlich mitgetheilt worden, daß ihm die Entlassung ertheilt worden sei. Sie schlossen die Erklärung mit den
Worten:

„Wir bedauern die Ungerechtigkeit, die darin liegt, daß wir mit
anderem Maße gemessen werden, als unser bisheriger Großmeister,
jetziger Ehren-Großmeister unserer Großloge, mit dem wir in guten
und bösen Tagen fest zusammenzustehen entschlossen sind. Eine ihm
zugefügte Ehrenkränkung empfinden wir, wie alle unsere Brüder, als
eine auch uns geschehene und lehnen jede uns zugedachte Ausnahme-
stellung entschieden ab. Wir erkennen die uns ertheilte Entlassung
daher nicht eher als eine ehrenvolle an, als bis unser Ehrwürdigster
Ehren-Großmeiste eine gleich ehrenvolle Entlassung erhalten hat."[1]

Br.·. Fritz Auerbach, eines der hervorragendsten Mitglieder der Frankfurter Großloge, fühlte sich, trotzdem er bei
letzterer das Amt des Vertreters und Freundschaftsbürgen der
Hamburger Großloge bekleidete, in seinem maurerischen Gewissen
gedrungen, gegen das seitens der Loge „Ferdinande Caroline"
und der Hamburger Großloge verübte „Unrecht" laut zu protestiren.[2]

Noch vor Br.·. Auerbach hatte bereits Br.·. Schimmelpfennig, ein hochangesehener[3] Stuhlmeister der unter der Constitution der Bayreuther Großloge arbeitenden Loge „Friedrich
zur ernsten Arbeit" in Jena, die Angelegenheit in einem Artikel
„Mehr Licht" in der „Bauhütte" zur Sprache gebracht, indem
er das „aufklärende" Schreiben der Hamburger an die Bayreuther
Großloge einer scharfen Kritik unterzog und das „unmännliche
Versteckensspiel", welches bei maurerischen Verurtheilungen an
der Mode sei, mit Entrüstung rügte.[4]

Von diesen Verlautbarungen war es zunächst diejenige des
Br.·. Auerbach, welche die Hamburger Brr.·. in Harnisch
brachte. Der Hamburger Großmeister Wiebe forderte Br.·.
Auerbach, als Vertreter der Hamburger Großloge, telegraphisch
auf, den Verfasser des mit F. A., den wohlbekannten Initialen
des Namens des Abressaten, gezeichneten Artikels in Nr. 36 der
„Bauhütte" 1894 zu „ermitteln". Auerbach bekannte ohne Um-
schweife sich selbst als Verfasser. Darauf richtete Br.·. Wiebe
an den Frankfurter Großmeister das Ansuchen, Auerbach unverzüglich zur Niederlegung seines Amtes als Vertreter der
Hamburger Großloge zu veranlassen, damit letztere schon in der

[1] Vgl. „Bausteine" 1894, S. 203 f.
[2] Vgl. „Bauhütte" 1896, S. 279 bis 283; 305 f.
[3] Vgl. „Bauhütte" 1894, S. 350; 1895, S. 33, 72, 127, 169.
[4] Vgl. „Bauhütte" 1894, S. 257 f.

auf 15. September einberufenen Großlogen Versammlung hiervon
benachrichtigt werden könnte. Als Auerbach sich weigerte, frei=
willig niederzulegen, damit durch eine solche Nachgiebigkeit nicht
der Schein des Eingeständnisses einer „Verschuldung" seinerseits
erweckt würde, beschloß die Hamburger Großloge am 15. Sept.
1894, unter verletzenden Ausfällen auf ihren Vertreter, diesem
sein Mandat zu entziehen.[1]
    Auf der Quartal = Versammlung der Frankfurter Großloge
am 5. October 1894 wurde wieder dem lebhaften Bedauern über
die Form Ausdruck gegeben, in welcher die Ehrwürdigste Groß=
loge von Hamburg diese Angelegenheit behandelt habe. Es
wurde mit Rücksicht auf die an der Person des Br.·. Auerbach
geübte „kränkende Kritik" und die weiteste Verbreitung, welche
dieselbe fand, der Befürchtung Ausdruck gegeben, unter solchen
Umständen möchte wohl kaum ein Bruder zu finden sein, welcher
das Ehrenamt eines Vertreters für Hamburg noch zu übernehmen
bereit sei. Schließlich wurde die Angelegenheit zur weiteren
Behandlung, eventuell Berichterstattung, dem Großbeamten=Rath
überwiesen.[2]
    Aber auch der alte Br.·. Schimmelpfennig sollte ob
seines offenen Wortes nicht gänzlich ungeschoren davonkommen.
Sei es nun, daß die Hamburger Großloge unter der Hand dazu
drängte oder daß der Bayreuther Bundesrath von selbst Angst
bekommen hatte, oder vielleicht ein Mitglied desselben nach der
Ehrenmitgliedschaft bei dieser Großloge verlangte, — am
16. October 1894 erging plötzlich seitens des „Bundesrathes"
der Bayreuther Großloge ein Mandat an die Loge „Friedrich
zur ernsten Arbeit" in Jena, welches derselben die Einleitung
des maurerischen Strafverfahrens gegen Br.·. Schimmelpfennig
wegen „Indiscretion" zur Pflicht machte. Diese Anklage wurde
damit begründet, daß Br.·. Schimmelpfennig in seinem Artikel
„Mehr Licht" das bereits erwähnte, allen Tochterlogen des
Bayreuther Verbandes zugestellte Schreiben der Hamburger
Großloge vom 10. März 1894 hatte abdrucken lassen. Nebenbei
wurde im Bayreuther Anklage = Schreiben auch die maurerisch=
schriftstellerische Thätigkeit des Br.·. Schimmelpfennig überhaupt
einer abfälligen Kritik unterzogen.
    Br.·. Schimmelpfennig reichte auf diese Anklage hin eine
lange, vom 15. December 1894 datirte Vertheidigungs=Schrift
bei seiner Loge ein, in welcher er die Beschuldigungen des

---

[1] Vgl. „Bauhütte" 1894, S. 321 bis 324.
[2] „Bauhütte" 1894, S. 366.

Bundesraths schon aus formalen, aber auch aus sachlichen
Gründen aufs Entschiedenste zurückwies. Insbesondere legte er
in letzterer Hinsicht gegen den Satz Verwahrung ein, sein Artikel
habe „schon viel böses Blut gemacht und sei geeignet, das freund=
liche Verhältniß zwischen zwei verbündeten Großlogen aufs
Empfindlichste zu stören". All diesen Jammer, fährt er fort,
hat „der Inhalt des Hamburger Briefes heraufbeschworen, . . .
in welchem fast jeder Satz dunkle Punkte und Un=
klarheiten" enthält. Mir die Schuld am entstandenen
Aergerniß aufzubürden, ist gerade so sinnlos, wie wenn man dem
Arzt, der auf Untersuchung eines häßlichen Geschwürs dringt,
vorwerfen wollte, er sei der Urheber der Eiterbeule. Es war
hier einfach Maurerpflicht, dahin zu wirken, daß Klarheit in
das unheimliche Dunkel kam. Schließlich protestirt Br.
Schimmelpfennig noch aufs Nachdrücklichste gegen die unan=
gemessene Form, in der der Bundesrath ihn, „einen alten
Mann und alten Freimaurer, wie einen Schulbuben
herunterzumachen beliebt" habe. Die Jenaer Loge stimmte
den Erwägungen und Schlüssen der Vertheidigungs = Schrift
Schimmelpfennig's zu und wies den Befehl des Bundesrathes
schon aus formalen Gründen zurück.[1]

Als der Bundesrath hierauf die Angelegenheit vor die
Schranken der Jahresversammlung der Bayreuther Großloge
(11. bis 13. Mai 1895) in Dürkheim brachte, fällte diese oberste
Behörde des Verbandes den Salomonischen Spruch:

Der Großlogen - Tag will von allen Erörterungen darüber
absehen, von welcher Seite Fehler gegen das formelle Recht
gemacht wurden; dagegen will er seinen Empfindungen und
Anschauungen in der Sache Ausdruck geben. Er hält einerseits
das Ersuchen des Bundesraths an die Jenaer Loge für berechtigt,
weil dies aus maurerischen Anschauungen
entsprungen sei; andererseits ist er der Meinung, daß
auch die sämmtlichen Betheiligten in Jena von der Ueber=
zeugung ausgegangen seien, lediglich im Interesse
des Bundes gehandelt zu haben. Aus diesen
Gründen und um des brüderlichen Friedens willen beschließt
er, die ganze Angelegenheit auf sich beruhen zu lassen; spricht
aber gleichzeitig die Erwartung aus, daß amtliche Anschreiben
inskünftig, besonders in der Presse, mit der größten Discretion
behandelt werden.[2]

Tant de bruit pour une omelette, kann man mit Bezug
auf diesen, wie auf viele andere maurerische Händel ausrufen.

[1] „Bauhütte" 1895, S. 169 bis 172.
[2] A. a. O. 1895, S. 167.

11*

**25. Recriminationen der Hamburger Großloge gegen
Settegast und die Antwort der „Bausteine" darauf. Settegast
und die Frankfurter Großloge.** Schon Anfangs des Jahres 1894
hatte Großmeister Br.˙. Wiebe in der Loge „Ferdinand zum
Felsen" in Hamburg einen Vortrag gehalten, in welchem er der
Settegast'schen Großloge den Vorwurf machte, daß dieselbe „nach
der gefallenen Entscheidung Zank und Streit suche".[1])

Später formulirte der zugeordnete Großmeister der Ham=
burger Großloge Br.˙. Morgenstern die Ausstellungen, welche
in den maßgebenden Kreisen seiner Großloge am Vorgehen
Settegast's gemacht wurden, auf dem Großlogen = Tage und in
seinem darüber am Johannisfest seiner Großloge erstatteten
Bericht in folgenden Sätzen:

1. Es wäre die Pflicht Settegast's gewesen, im Anschluß an die
Hamburger Großloge zu verharren. (Großmeister Zinkeisen ließ noch
am 25. Juni 1892 nach Berlin melden, die Hamburger Großloge sei
noch immer bereit, die Constitution zu ertheilen, falls eine „behördliche Erlaubniß" beigebracht" werde. Die Berliner Brüder
konnten und wollten aber garnicht mehr im Anschluß an die Hamburger Großloge verharren. Denn

2. Ihre Bestrebungen hatten eine Richtung angenommen, „welche
in den Rahmen einer Hamburger Tochterloge nicht hineinpaßte und
sich keinesfalls dort bethätigen konnte. Was uns von Br.˙. Settegast
und seinen Anhängern trennt, ist die Verschiedenheit in der Auffassung
der Freimaurerei ... Br.˙. Settegast's weiteres Vorgehen war klar
und deutlich gerichtet auf die Bekämpfung anderer Lehr-
ort, was zum vollen Ausdruck gelangt ist in der unzweideutigen
Absage an die drei altpreußischen Großlogen bei Gründung der Kaiser
Friedrich-Großloge."[2])

Das Organ der Settegast'schen Großloge antwortet
darauf ganz richtig:

Br.˙. Settegast „hatte das Amt des Großmeisters der Großloge
von Royal York nicht aufgegeben, um irgendwo Anschluß zu
finden, sondern um sich mit einer thatkräftigen, zielbewußten und
energischen Großloge zu verbinden, für welche er die Hamburger ... irrthümlich gehalten hat". Eine „behördliche
Erlaubniß" hätten wir beibringen sollen. Aber diese war ja bereits
durch den ministeriellen Entscheid vom 12. Mai 1892 versagt. Der
einzige Weg, der noch zum Ziele führen konnte, war die Erstreitung
eines gerichtlichen Erkenntnisses, daß es dieser „behördlichen Erlaubniß"
nicht bedürfe, bezw. daß die Gründung der Loge gesetzlich nicht untersagt werden konnte. Es bleibt also dabei:

---

[1]) „Bundesblatt" 1894, Heft 5, März; vgl. „Bausteine" 1894,
S. 88.

[2]) „Bausteine" 1895, S. 133 f.

„Hamburg hat uns kurz und klar verlassen, sowie sich die erste
Schwierigkeit zeigte ... Si tacuisses! Es bedurfte nicht erst dieser
Klarstellung durch Br∴ Morgenstern [den zugeordneten Hamburger
Großmeister, um zu beweisen], daß man sich von Anderen klüglich die
Kastanien aus dem Feuer holen lassen wollte, ohne sich bei
den Berliner Großlogen die Finger zu verbrennen ...; sie [die Hamburger Großloge] hatte einfach Angst bekommen vor den
mächtigeren Preußen, die ihr schon so manche trübe Stunden bereitet
hatten; sie hatte Gefahren in Erwägung gezogen, die ihr von
Berlin drohten, und sie ließ die Sache gern fallen, die ihr auch aus
einem sonstigen Grunde niemals recht sympathisch gewesen ist.
„Wenn nun Br∴ Morgenstern sich ausgeschwiegen und erwogen
hätte, was der Großschriftführer der Hamburger Großloge an einen
unserer Großbeamten geschrieben, daß Hamburg erst eben dazu
gekommen sei, in Ruhe und Freundschaft mit den preußischen Großlogen zu verkehren; und daß es daher für die Große Loge von Hamburg sehr gewagt sei, dieses Verhältniß zu gefährden; daß ferner
große Rücksicht auf die in der Diaspora lebenden Brüder der Hamburger Logen[1]) genommen werden müsse, — so wäre dies zwar kein
Standpunkt gewesen, der Muth und Entschlossenheit zeigte, der aber
immerhin sich hätte hören lassen.“
Bezüglich der Behauptung des Br∴ Morgenstern, daß
die Verschiedenheit in der ganzen Auffassung der
Freimaurerei selbst eine trennende Schranke zwischen Settegast
und der Hamburger Großloge bilde, bemerken die „Bausteine“
sehr treffend:
„Von Br∴ Morgenstern muß vorausgesetzt ... werden, daß er
die Gründe kannte, weshalb Br∴ Settegast in Royal York niedergelegt hatte und daß er die Schriften desselben gelesen hatte. Und
wenn es auf Br∴ Morgenstern garnicht ankommt, sondern auf die
Große Loge von Hamburg, so muß diese doch gewußt haben, wer
Settegast war und was er wollte. Und trotzdem die Großloge von Hamburg dies wußte, wurde

1. Settegast 1891 seitens der Hamburger Brüder besonders feierlich
   aufgenommen.
2. Noch im Brief vom 25. Juni 1892 der Hamburger Großloge
   zu erhalten gesucht.
3. Erklärte der Hamburger Großbeamten-Rath noch am 24. März
   1894, den Antrag auf Anerkennung seiner Großloge unter-
   stützen zu wollen.
4. Wurde im Laufe des Jahres 1894 letzterer von berufener Seite
   eine eingehende Anerbietung gemacht, sie der Hamburger Großloge als Provinzial-Großloge zuzuführen

---

[1]) Es ist hier wohl auf die Unterstützung hingewiesen, welche
diese Brüder seitens der Mitglieder der altpreußischen Großlogen bei
Beförderungen zu Aemtern und Stellen, Zuwendungen von Auf-
trägen u. s. w. zu verlieren fürchteten.

„— Und dies Alles, obgleich nach der Angabe von Br∴ Morgenstern uns soviel von Hamburg trennt, daß garnicht daran zu denken
gewesen sein soll, daß wir für Hamburg geeignet sein könnten.
„Saure Trauben", sagte der Fuchs, als sie ihm zu hoch hingen."

Die „Bausteine" bezeichnen sodann die eben gekennzeichneten
Manöver des Br∴ Morgenstern als „das würdige Seitenstück
zu der blöden Comödie, mit der man sich erdreistet hat —
der verflossene und vergessene Br∴ Zinkeisen an der Spitze —,
die Thatsachen zu verfälschen, daß Br∴ Settegast aus seiner
früheren Loge ordnungsmäßig entlassen ist", und schließen hierauf
mit folgender Kraftstelle:

„Vergebens suchen wir bei der Großen Loge von Hamburg das,
was sie unter Schröder befähigt hatte, an die Spitze der deutschen
Freimaurerei zu treten. Wo keine Ueberzeugungsfestig-
keit vorhanden ist, sondern nur schnödes Abwägen des
eigenen Vortheils; kein Muth, sondern charakterloses
Kriechen vor dem Mächtigeren oder was man doch in seiner
Schlappheit dafür hält: wo keine Offenheit vorhanden ist, sondern
künstliches ränkevolles Manipuliren: da fehlen eben die elementarsten
Voraussetzungen freimaurerischer Gesinnung.

„Aber nicht der Menge der Hamburgischen Brr∴ fällt die
Schuld . . . zur Last, sondern dieser selbst und ihren Führern;
es läßt sich daher begreifen, daß die Brr∴ der Hamburger Logen,
welche nicht mit leerem Spiel sich begnügen, . . . einen ganzen
Mann herbeisehnen, der wie einstmals Schröder die Zeit versteht
und alle diejenigen zur Führung nothwendigen Eigenschaften besitzt,
die der heutigen Leitung mangeln."[1]

Auch die Frankfurter Großloge sprach gelegentlich
ihre Mißbilligung darüber aus, daß Br∴ Settegast darauf be=
harrte, daß die von ihm begründete Großloge als selbständiger
Verband fortbestehe. Der zugeordnete Großmeister derselben,
Br∴ Werner, äußerte diesbezüglich:

„Mit der Niederreißung der hemmenden Schranken des Edicts
war . . . die Aufgabe, die Mission, wenn ich so sagen darf, Br∴
Settegast's erfüllt. Neue, höhere Ziele, größere Aufgaben, die nicht
bereits in den bestehenden Logenverbänden ihre Verwirklichung gefunden hätten, waren von ihm nicht aufgestellt worden; es bestand
kein Grund zur Errichtung einer neuen Großloge, durch welche die in
der deutschen Maurerei bereits bestehende Zersplitterung noch vermehrt
werden mußte. Durch das Weiterschreiten auf dem von ihm betretenen
Wege griff eine persönliche Verbitterung und Animo-
sität um sich, welche der allgemeinen maurerischen Sache und insbesondere der humanistischen nur schaden konnte."[2]

---

[1] „Bausteine" 1895, S. 135 bis 137.
[2] „Bauhütte" 1897, S. 65.

Schon früher war der Großloge „Kaiser Friedrich" der Gedanke nahegelegt worden, sie möchte sich der Frankfurter Großloge angliedern. Darauf antworteten indes die „Bausteine":

„Die historische Entstehung der Großloge „Kaiser Friedrich zur Bundestreue" ist keine andere, als die fast sämmtlicher deutscher Großlogen. Auch nicht eine ist anders, als im Conflict mit anderen Großlogen entstanden, und alle haben sich so lange behauptet, bis ihnen der endliche Anerkennung wurde.

„Die Mitglieder der zur Großloge „Kaiser Friedrich zur Bundestreue" gehörigen Johannis-Logen halten aber consequent daran fest, gerade dem Bunde anzugehören, der der humanitären Freimaurerei in Preußen den Boden erzwungen hat ... Die Großloge „Kaiser Friedrich zur Bundestreue" ... besteht aus Elementen, die durchaus keine Neigung verspüren, ihre historische Entwickelungsgeschichte und historische Berechtigung hintanzustellen, die vielmehr Kraft und Energie genug besitzen, sich langsam aber stetig im Innern zu festigen, bis ihre Großloge einstmals, wie alle anderen, die allseitige formelle Anerkennung findet.

„Aber auch die principielle Gegnerschaft gegen das christliche Princip der preußischen Freimaurerei müßte ihre Schärfe verlieren, wenn die Großloge „Kaiser Friedrich zur Bundestreue" ihre Unabhängigkeit opfern würde, und das wäre der Sache schädlich. Ihr individueller Gegensatz würde verschwimmen, wenn das Settegast'sche radicale Princip der nichtconfessionellen Freimaurerei jemals aufhören würde, selbständig als Drohung gegen die in den preußischen Logen herrschende Unduldsamkeit dazustehen. Ein solches Unterkriechen würde letzteren gewiß das Angenehmste sein. Die Idee der Großloge „Kaiser Friedrich zur Bundestreue" bedarf gerade in dem so unduldsam gewordenen Preußen eines Baues, der für alle Zeiten als ein sichtbares Merkzeichen der Abwehr gegen die unerhörte Vergewaltigung des freimaurerischen Gedankens erhalten und jenen Zwingburgen freimaurerischer Willkür gegenüber eine Veste bleibt, von der aus die Bekämpfung dieser und jeder freimaurerischen Unnatur geleitet wird." [1]

„Wir sind, schon indem wir sind, ein steter Ansporn für die alten Logen, zu prüfen, ob sie nicht den Zusammenhang mit der Volksseele verloren haben, ob sie nicht in Formelkram erstarren und in Unduldsamkeit ausarten. Wir sind für die Maurerwelt so etwas wie ein Ersatz für die öffentliche Meinung. Freilich sind wir nur klein, und wem die Zahl der Maßstab aller Dinge, der mag uns geringschätzen. Aber für Hunderte von Karpfen im Teiche braucht man nur einen einzigen Hecht. Der sorgt schon dafür, daß sie im Schlamme nicht der Trägheit verfallen. Das ist

---

[1] „Bausteine" 1896, S. 93.

sein Zweck, sie in lebendiger Bewegung zu erhalten. Und diesen Zweck erfüllen auch wir ... Ob anerkannt oder nicht, was gilt uns eine Aeußerlichkeit?"[1])

26. Ein neuer Conflict der Frankfurter Großloge mit den drei altpreußischen Großlogen. Zu einem anderen Logenstreit, welcher wieder die gesammte deutsche Freimaurerei längere Zeit in Aufregung setzte, gab der Uebertritt der Settegastschen Loge „Hermann zur Beständigkeit" in Breslau zur Frankfurter Großloge Anlaß. Trotzdem nämlich diese Loge erst am 11. Januar 1891 eingeweiht worden war und trotzdem ihre Weihe, wie wir bereits erwähnten, unter Assistenz der ungarischen Freimaurerei, mit ganz ausnahmsweiser Feierlichkeit vorgenommen worden war; trotzdem ferner der Titel der Loge selbst ein unwandelbares Festhalten an der Fahne des „Luther's der deutschen Freimaurerei", des Br.·. Hermann Settegast, zu verbürgen schien, wurde in derselben schon bald die „Isolirung",[2]) in welcher sie sich in Folge der Verfehmung der Großloge „Kaiser Friedrich zur Bundestreue" befand, recht peinlich empfunden. Diese „Isolirung" war in Breslau, wo die Settegast'sche Loge zwischen drei Logen des feindlichen altpreußischen freimaurerischen „Dreibundes" eingekeilt war, besonders fühlbar.

Bereits unter dem 3. Februar 1896 hatte daher die Loge „Hermann zur Beständigkeit" ihre Bemühungen, aus dieser „Isolirung" herauszukommen, durch ein an die Großloge „Kaiser Friedrich zur Bundestreue" gerichtetes Gesuch um die Entlassung aus diesem Verbande eingeleitet. Noch vor der am 12. Mai 1896 erfolgten Gewährung[3]) des Gesuchs hatte sie sich auch bereits an die Frankfurter Großloge gewendet, um die Aufnahme in dieselbe zu erhalten. Ihr diesbezüglicher Antrag wurde am 1. Mai 1896 einstimmig angenommen.[4])

Um die Angelegenheit im Frieden zu erledigen, war die Frankfurter Großloge schon am 15. April 1896 mit den altpreußischen Berliner Großlogen, von denen jede durch je eine Tochterloge in Breslau an der Sache interessirt war, in Unterhandlungen getreten. Besonders in Folge der hartnäckigen Weigerung zweier dieser Tochterlogen, mit den Brüdern der Loge „Hermann zur Beständigkeit" in Verkehr zu treten, gestalteten

---

[1]) „Bausteine" 1897, S. 6.
[2]) Vgl. „Bauhütte" 1897, S. 66, 69, 41.
[3]) „Bauhütte" 1897, S. 66.
[4]) A. a. O., S. 41.

sich die Verhandlungen sehr schwierig. Die Berliner Großmeister
waren mit der Frankfurter Großloge bereits übereingekommen,
daß der Anschluß der Breslauer Loge, anstatt durch bloße
„Affiliation", durch Neuconstituirung der Loge stattfinden sollte,
als von Seite der altpreußischen Breslauer Logen der heftigste
Widerspruch wegen mangelhafter maurerischer Qualität
der Mitglieder der neu zu constituirenden Loge erhoben wurde.
Da nun andererseits die Frankfurter Großloge sich ihr autonomes
Recht, selbst über die Modalitäten der Errichtung einer Loge zu
befinden, nicht verkümmern lassen wollte, verschärfte sich der
Streit.[1]

Zum offenen Ausbruch kam derselbe, als die Frankfurter
Großloge trotz noch nicht erledigter Einwendungen der Großloge
Royal York am 22. November 1896, gemäß der ursprünglichen
Verabredung mit den Berliner Großmeistern, zunächst in einer
Delegationsloge feststellte, daß die in einer nicht „anerkannten"
Loge aufgenommenen Mitglieder der Loge „Hermann &c." „nach
den Regeln der Kunst aufgenommen" wurden, sodann sie auf
Grund dieser Feststellung als „eklektische" Freimaurerbrüder „erklärte" und daraufhin die Settegast'sche Loge selbst in eine
„eklektische" „umwandelte".[2] Das Tags darauf von der so
„umgewandelten" Loge an die anderen Breslauer Logen
versandte Gesuch um „maurerischen Verkehr" wurde schroff abgewiesen. Die altpreußischen Großlogen stellten sich auf Seite
ihrer Breslauer Tochterlogen, indem sie erklärten, die „um-
gewandelte" Loge nicht eher anerkennen zu können, als bis
bezüglich der einzelnen Mitglieder derselben nachgewiesen
sei, daß sie rite in einer anerkannten Johannis-Loge
aufgenommen seien.[3]

Wie weit die kleinliche Unduldsamkeit seitens der altpreußischen Großlogen getrieben wurde, beweist unter Anderem
folgender Umstand: Der Frankfurter Großloge war es nach
langen Kämpfen mit den altpreußischen Großlogen[4] in Folge
des Entscheids des Oberverwaltungsgerichts gelungen, am
27. Mai 1893 in Berlin eine Loge „Friedrich zur Gerechtigkeit"
zu gründen.[5] Die Loge hielt später ihre Sitzungen in den
Räumen der Großloge Royal York ab, für deren Benutzung sie

[1] „Bauhütte" 1897, S. 41 ff.
[2] A. a. O., S. 45, 57 ff., 65 ff.
[3] A. a. O., S. 44 f.
[4] Vgl. „Bauhütte" 1893, S. 114, 129, 159.
[5] A. a. O., S. 175, 183.

einen Miethzins zahlte. Der „Beamtenrath der vereinigten Johannis-Logen von Royal York" richtete nun an die Loge „Friedrich zur Gerechtigkeit" am 22. December 1896 das Ersuchen, „nicht gestatten zu wollen, daß Brüder der gedachten Loge „Hermann zur Beständigkeit" in Breslau in unseren Räumen auch bei den Arbeiten der Loge „Friedrich zur Gerechtigkeit" Eintritt finden".[1]) Diesem Ersuchen liegt offenbar der Gedanke zu Grunde, daß die Räume der Großloge Royal York verunreinigt oder entweiht würden, wenn ein Bruder jener verfehmten Loge sie betreten würde.

Als weitere Vorstellungen der Frankfurter Großloge bei ihren gestrengen Berliner Colleginnen[2]) erfolglos blieben, beantragte erstere auf einstimmigen Beschluß ihrer Bundeslogen hin in ihrem und im Namen der Bayreuther und der Darmstädter Großloge — es hatte sich also ein mittel- und süddeutscher freimaurerischer Dreibund gegen den altpreußischen gebildet — gemäß § 13 des Großlogenbund-Statuts die Einberufung einer außerordentlichen Versammlung des Großlogen-Tags zur Schlichtung des Streites.[3]) Kurz darauf, am 19. Februar 1897, reichte sie beim geschäftsführenden Vorstand des deutschen Großlogen-Bunds eine förmliche „Beschwerde" gegen die drei altpreußischen Großlogen ein „wegen Verletzung des Statuts des deutschen Großlogen-Bunds, sowie wegen des im Obigen dargelegten beleidigenden und verletzenden Vorgehens gegenüber der Großen Mutterloge des Eklektischen Bundes bezw. deren Tochterlogen". Die Beschwerdeschrift schließt mit dem Satze:

„Wir geben uns der Ueberzeugung hin, daß es der Weisheit der im Großlogen-Bund vertretenen Ehrwürdigsten Großlogen gelingen werde, dem Zustand, daß einer von einer der verbündeten Großlogen gegründeten Loge seitens einiger anderer Großlogen die Anerkennung verweigert wird, — einem auf die Dauer unerträglichen und für die deutsche Maurerei in hohem Grade beschämenden Zustand — ein Ende zu setzen."[4])

Br∴ Zöllner berief als geschäftsführender Großmeister am 1. April den Großlogen-Tag auf den 19. April ein und setzte gleichzeitig mit dem Beschwerdeantrag der Frankfurter Großloge einen inzwischen von der Großloge Royal York eingebrachten Antrag auf die Tagesordnung, welcher verlangte, der

---

[1]) A. a. O., S. 48.
[2]) A. a. O., S. 45 ff.
[3]) A. a. O., S. 57.
[4]) A. a. O., S. 73 bis 75.

Großlogen-Tag möge erklären, die Neuconstituirung der Breslauer Loge „Hermann" sei „den bestehenden Gesetzen zuwider erfolgt".

Merkwürdigerweise zog nun die Frankfurter Großloge ihren Beschwerdeantrag noch am 10. April zurück und stellte auf den Rath der für den 19. April einberufenen deutschen Großmeister unter dem 26. April 1897 dafür den Antrag:

„Die Große Mutterloge des Eklektischen Freimaurerbundes zieht ihre Beschwerde gegen die altpreußischen Großlogen zurück und be-antragt, der Großlogen-Tag wolle beschließen:

„Die Neuconstituirung der Loge „Hermann zur Beständig-keit" in Breslau als einer Tochterloge der Großen Mutterloge des Eklektischen Freimaurerbundes anzuerkennen, ob schon dabei die Bestimmungen der Bundesgesetze nicht überall beachtet worden sind."[1]

Dieser neue Antrag, welcher augenscheinlich das Ergebniß einer Vereinbarung mit den Berliner Großmeistern war, be-deutete selbstredend eine große Verdemüthigung der Frankfurter Großloge. Letztere stellte sich durch denselben auf den Stand-punkt, daß sie nun „Gnade für Recht" verlangte, und rücksichts-losen Gegnern gegenüber, welche den Vortheil der Lage hart-herzig auszubeuten gewohnt sind, konnte diese Verdemüthigung nur der erste Schritt zu weiteren Niederlagen sein.

Zunächst bestand die Großloge Royal York in einer neuen Eingabe vom 1. Mai 1897 darauf, daß ihr Antrag trotz des Rückzuges der Frankfurter Großloge auf die Tagesordnung des Großlogen-Tages gesetzt werde.[2] Auch auf dem Großlogen-Tag selbst, welcher zu Bayreuth abgehalten wurde, erging es der Frankfurter Großloge schlimm genug. Der „Hochleuchtende erste abgeordnete Landes-Großmeister" Br.·. Gartz betonte vor Allem, daß die heutige Beschlußfassung [vom 6. Juni 1897] über den Gegenstand nur eine „berathende, nicht eine entscheidende" sein könne — ein Rechtssatz, den man 1893 Settegast gegen-über praktisch außer Acht gelassen hatte. Die Folge der An-erkennung dieses Princips wäre die Hinausschiebung der eigent-lichen „Entscheidung" auf ein Jahr gewesen. Indessen ließen sich die Berliner Großmeister herbei zuzustimmen, daß in diesem Falle die nöthige Beschlußfassung der Einzel-Großlogen und die Notificirung des Ergebnisses ausnahmsweise „beschleunigt" werde, sodaß die Angelegenheit in drei Monaten erledigt sein sollte. Um Mißverständnissen vorzubeugen, erklärte aber der National-Großmeister Br.·. Gerhardt ausdrücklich, daß er für „diese

---

[1] A. a. O., S. 183 f., 191.
[2] „Bauhütte" 1897, S. 191.

Beschleunigung" der Angelegenheit nicht eintrete, „um den
Frankfurter Brüdern entgegenzukommen" [also ein
neuer Fußtritt!], „sondern im Interesse der gesammten deutschen
Freimaurerei". Denn die Sache habe „schon viel Staub auf=
gewirbelt". Die Anschauung der Berliner Großmeister, denen
sich noch der Darmstädter Großmeister zugesellt hatte, vermochte
indessen nicht durchzudringen, da vier Stimmen (Hamburg,
Frankfurt, Dresden, Bayreuth) entgegenstanden. Schließlich
wurde, nachdem der zugeordnete Frankfurter Großmeister, Br∴
Werner, die Erklärung, daß seitens seiner Großloge „die Be=
stimmungen der Bundesgesetze nicht überall beobachtet worden"
seien, nochmals und zwar diesmal zu Protokoll abgegeben
hatte [also eine neue Verdemüthigung], endlich der bereits am
19. April 1897 unter den Großmeistern vereinbarte Antrag
Frankfurts mit sechs gegen die Stimmen der Großen
Landesloge und der Großloge Royal York an=
genommen. [1]

Aber auch damit war die Sache noch nicht erledigt. Die
Loge „Horus" in Breslau weigerte sich trotz des Beschlusses des
Großlogen-Tages hartnäckig, mit der alten Settegast'schen Loge
in maurerischen Verkehr zu treten. Sie beharrte bei ihren
bereits in einem Schreiben vom 15. Januar 1897 erhobenen
Einwendungen.[2] Die Großloge Royal York, von der Frank=
furter Großloge interpellirt, billigte in ihrem Schreiben vom
16. September 1897 das Vorgehen ihrer Tochterloge „Horus",
„da eine allgemeine Anerkennung der Loge „Hermann zur
Beständigkeit" noch nicht erfolgt ist".

Hierauf wandte sich die Frankfurter Großloge wieder in
einem Rundschreiben vom 26. November 1897 an die übrigen deutschen
Großlogen, um ihnen ihre Noth zu klagen. In diesem Schreiben
wird hervorgehoben, daß es sich beim Beschlusse des Großlogen
Tages in der Sache um eine allseitige gütliche Ver=
ständigung gehandelt habe und daß die Frankfurter Großloge
auf Grund gemeinsamer Abmachung auf die ihr zu=
stehenden Rechtsmittel verzichtet habe. Das Verhalten der
Großloge Royal York schließe eine Verletzung aller Großlogen
in sich, welche die Breslauer Großloge anerkannt hätten, und

---

[1] „Bauhütte" 1897, S. 218 f.

[2] Allem Anschein nach handelte es sich um persönlichen Wider-
willen einflußreicher Mitglieder der Loge „Horus" gegen gewisse Mitglieder der Loge „Hermann zur Beständigkeit".

erforderte „ersprießlich erscheinende Schritte", dem Beschlusse des
Großlogen-Tages Geltung zu verschaffen.[1])

Mit dem geschäftsführenden Großmeister des deutschen Großlogen-Bundes, dem Sonnen-Bruder Aug. von Reinhardt[2]),
der seinerzeit den Frankfurter Beschwerdeantrag gegen die drei
altpreußischen Großlogen unterstützte, hatte die Frankfurter Großloge jedenfalls besondere Unterhandlungen in der Angelegenheit
gepflogen. Das schwächliche Rundschreiben, welches derselbe
seinerseits an die „Ehrwürdigsten Großmeister der verbündeten
deutschen Großlogen" richtete, ist bezeichnend für die Furcht vor
den Berliner Großlogen, von welcher in Wirklichkeit selbst die
freisinnige Bayreuther Großloge sich ergriffen zeigte. Man
glaubt aus dem Schreiben das Knieschlottern des „General-
majors a. D." vor den Hochmögenden in Berlin ordentlich
herauszufühlen. Anstatt mit Festigkeit und Würde sich auf den
Boden der Abmachungen in Bayreuth zu stellen, frägt Br.·.
von Reinhardt die deutschen Großlogen ganz bemüthig an,
ob auch sie vielleicht die Anschauungen der Großloge Royal York
theilen und ersucht sie um baldgefällige Aeußerung darüber, ob
sie die durch die Abstimmung vom 6. Juni 1897 ausgesprochene
Anerkennung der Loge „Hermann zur Beständigkeit" in Breslau
als eine endgültige ansehen, oder ob Eine der Ehrwürdigsten
Großlogen die bezügliche Angelegenheit durch einen Antrag noch
einmal auf die Tagesordnung zu bringen beabsichtigt.[3])

Wie mögen bei Lesung dieses Rundschreibens die freimaurerischen Bureaukraten des Berliner Dreibundes sich ins
Fäustchen gelacht haben!

Um die kleinliche Unduldsamkeit zu würdigen, die in der
ganzen Angelegenheit, die jetzt noch nicht einmal erledigt ist,
zum Vorschein kam, muß man immer wieder bedenken, daß die
altpreußischen Großlogen, welche ihre Schwester-Logen und -Groß-
logen in solcher Weise „brüderlich" drangsalirten, sämmtlich selbst
im Conflict und „unregelmäßig" entstanden sind, und
daß, so unerbittlich sie von Anderen, wo es ihnen paßt, die
peinlichste Beobachtung der maurerischen Gesetze und Vorschriften
fordern, sie selbst nicht einmal die wesentlichsten in den
Alten Pflichten niedergelegten Grundgesetze der
Freimaurerei für sich als maßgebend anerkennen wollen.

---

[1]) „Bauhütte" 1898, S. 7.
[2]) Generalmajor a. D., Stuttgart, Alexanderstr. 13, Großmeister
der Bayreuther Großloge „Zur Sonne".
[3]) „Bauhütte" 1898, S. 31.

Man muß ferner in Betracht ziehen, daß, wie die „Bausteine"
ganz richtig hervorheben, es ein klares, bestimmtes, allgemein
anerkanntes maurerisches Recht im Sinne der altpreußischen
Großlogen in allen diesen Angelegenheiten garnicht giebt. Nicht
unzutreffend bemerken bezüglich des Bayreuther Beschlusses die
„Bausteine":

> „Dies ist . . . ., da es sich dort immer nur um diplomatische
> Feldzüge, aber nicht um das, was recht und gerecht und gar brüderlich
> ist, handelt, vollkommen verständlich. Nachdem die ungeheure Schwäche,
> in welche die derzeitige Leitung des eklektischen Bundes verfallen ist,
> vor aller Welt offenbar war, sagte man sich auf altpreußischer Seite
> vom Standpunkte der Diplomatie aus vollkommen folgerichtig: Wir
> werden sie jedenfalls n o ch e i n w e n i g schmoren lassen; sie
> sind und bleiben auf der ganzen Linie geschlagen; nachdem sie löblich
> den einen Schritt der Unterwerfung und sogar wiederholt gethan,
> bleibt ihnen nichts Anderes mehr übrig, als noch jeden weiteren der
> Selbstdemüthigung zu gehen, welchen der altpreußische Dreibund —
> i n n e r l i ch in Br.·. Gerhardt's kräftiger Hand —
> ihnen anbefehlen wird. Daher sagt der Bericht an die Große
> National Mutterloge: „„Da diese Beschlußfassung der einzelnen Groß-
> logen erst bis zum nächsten ordentlichen Großlogen-Tage, zu Pfingsten
> 1898, zu ergehen hat, so bleibt die endgültige Erledigung der ganzen
> Angelegenheit bis dahin ausgesetzt."" Dagegen wendet sich Br.·. F. A.
> [Auerbach] in Nr. 33 der „Bauhütte". Er hält diese Anschauung für
> „mindestens sehr anfechtbar". Natürlich ist sie dies. D e n n e s w i r d
> e b e n s e i t J a h r e n nicht mehr n a ch k l a r e m R e ch t e ge-
> arbeitet, sondern nach der durch die jeweilige
> größere oder geringere Stärke des Rückgrats des
> schwächeren Theiles bestimmten Willkür des
> Stärkeren." [1]

Schließlich bemerken die „Bausteine" noch, man müsse sich eigentlich — wie jeder ernsthafte Bruder zugeben wird — scheuen, derartige
Thatsachen in Druckschriften zu behandeln, „weil es doch immerhin
möglich ist, daß diese Komik in der deutschen Freimaurerei zur Kenntniß von Profanen gelange". [2]

Die „Alpina", das Centralorgan des schweizerischen Logen-
bundes, äußerte zur Angelegenheit:

> „Wir scheinen leider mit unserer Nachricht, die Breslauer Frage
> sei durch den Beschluß des Deutschen Großlogen-Tages gelöst und die
> Angelegenheit glücklich in Ordnung gebracht, den Thatsachen voraus-
> gegangen zu sein. Den freimaurerischen Blättern aus dem benach-
> barten Reich entnehmen wir mit tiefem Bedauern, aber auch n i ch t
> o h n e m a u r e r i s ch e B e s ch ä m u n g, daß der Streit wegen
> formellen Dingen weiter gesponnen werden will. Es ist doch traurig,

---

[1] „Bausteine" 1897, S. 160 f.
[2] A. a. O., S. 161.

daß die Bruderliebe weit, weit hinter schönen Ritualen und Formen zurückbleibt, und daß es nur geringfügiger Aeußerlichkeiten bedarf, um sie auf der Stelle zu Falle zu bringen. Wenn wir solche Vorkommnisse mit der Emphase vergleichen, mit der man die Maurerei als den Hort des Friedens und der Eintracht preist, dann kommt uns immer, man verzeihe uns den trivial erscheinenden Vergleich, das Hohngelächter in den Sinn, das jene Buben erhoben, als ein Charlatan auf dem Jahrmarkte seine Haarerzeugniß-Tinctur anpries und sie ihm zuriefen: Seht, er hat ja selber eine Glatze!"[1]

Für den Deutschen Großlogen-Tag von 1898 reichte die Großloge Royal York folgende zwei Anträge in der Breslauer Angelegenheit ein:

„Antrag 1. Der Großlogen-Tag erkennt die Gründe, weshalb die Großloge Royal York und die unter ihr arbeitenden Johannis-Logen mit der von der Großen Mutterloge des Eklektischen Freimaurerbundes in Frankfurt a. M. neu constituirten Johannis-Loge „Hermann zur Beständigkeit" in Breslau in keinen freimaurerischen Verkehr getreten sind, als berechtigt an und beschließt, die Frage über die Rechtmäßigkeit jener Neuconstituirung, sowie über die Anerkennung der Loge „Hermann zur Beständigkeit" einer nochmaligen Berathung und Beschlußfassung zu unterziehen.

„Antrag 2. Der Großlogen-Tag erklärt es für unstatthaft, daß der Briefwechsel zwischen den einzelnen Großlogen ohne Zustimmung derselben in maurerischen Zeitschriften veröffentlicht wird, und spricht daher sein Bedauern darüber aus, daß in Nummer 1 der „Bauhütte" (1. Jan. 1898) sowohl das Schreiben der Großen Mutterloge des Eklektischen Freimaurerbundes in Frankfurt a. M. wie die Antwort der Großen Loge von Preußen, genannt Royal York zur Freundschaft, in Berlin zum Abdruck gebracht sind. Ebenso erachtete es der Großlogen-Tag für unangemessen, daß ein in Bezug auf den maurerischen Verkehr mit der Großloge Royal York gefaßter Beschluß der Großen Mutterloge des Eklektischen Freimaurerbundes in Frankfurt a. M. in derselben Nummer der „Bauhütte" veröffentlicht worden ist."[2]

Thatsächlich wurde auf dem Deutschen Großlogen-Tag von 1898 nach langen und schwierigen Verhandlungen folgender Ausgleich erzielt:

Ueber die Einwendungen, die seitens der altpreußischen Großlogen in Breslau gegen einzelne Mitglieder der Loge „Hermann zur Beständigkeit" erhoben werden, soll ein neutrales Schiedsgericht entscheiden, das sich aus den Ehrwürdigsten Brrn.: Wiebe (Großmeister der Großen Loge von Hamburg), Erdmann (Großmeister der Großen

---

[1] „Alpina" Nr. 15/16, 31. August 1897; vgl. „Bausteine" 1897, S. 162; vgl. auch „Bausteine" 1897, S. 70 bis 72.

[2] Vgl. II. Kreisschreiben 1897/98; „Bauhütte" 1898, S. 120.

Loge von Sachsen) und Weber (Zug. Großmeister des Eintrachts-
bundes) zusammensetzt. Die betheiligten Großlogen haben sich verpflichtet, sich dem Spruche dieses Schiedsgerichtes zu fügen, sodaß
hiermit die Anerkennungsfrage erledigt ist.[1])

Das Protokoll der Frankfurter Großloge vom
15. Mai 1898 bringt zur Angelegenheit noch folgende Aufschlüsse:

Der Compromiß vom April 1897 wurde von der Großen
Mutterloge mit recht getheilten Gefühlen aufgenommen, schließlich aber
zum Beschluß erhoben und nach den vereinbarten Bestimmungen ausgeführt. Der Großlogen-Tag von Bayreuth 1897 brachte aber
eine arge Enttäuschung: Die Große Landesloge von
Deutschland und die Großloge Royal York er-
kannten die Vereinbarungen ihrer Großmeister
nicht an. Man ging sogar soweit, aus der in Folge der gemeinsamen Vereinbarung vollzogenen Zurücknahme der Beschwerde des
Eklektischen Bundes den Schluß zu ziehen, daß ein Streitfall
überhaupt nicht vorliege, und daß demnach auch der nicht
einstimmig gefaßte Beschluß des Großlogen-Tages nicht endgültig und
nicht bindend sei.[2])

Die Erregung unter den Brrn.·. der Frankfurter Großloge
über die vorgeschlagene nochmalige Berathung des Breslauer
Handels war so groß, daß für den Fall der Annahme des Vorschlages die ernsthaftesten Verwicklungen in Aussicht standen.

Es sei hier noch nachgetragen, daß auch der letzte Versuch,
mittelst einer „weiteren Ausgestaltung des deutschen Großlogen-
Bundes" eine größere Einigung der gesammten deutschen
Freimaurerei herbeizuführen[3]) auf dem Großlogen-Tag von
1898 am Widerspruch der Hamburger, Frankfurter und
Bayreuther Großlogen endgültig scheiterte. Die Große
National-Mutterloge erklärte in Folge dessen, daß sie eine engere
Verbindung der für den Entwurf[4]) stimmenden Großloge er-
streben werde.[5])

Für den Fall, daß die seitens der National-Mutterloge
angekündigten neuen Schritte von Erfolg gekrönt sein sollten,
würde sich die Loge immerhin zu Gunsten der drei altpreußischen
Großlogen ändern. Zur Mehrheit der Mitgliederzahl, durch
welche sie schon bisher den fünf übrigen deutschen Großlogen

---

[1]) „Bauhütte" 1898, S. 200.
[2]) „Bauhütte" 1898, S. 199.
[3]) Vgl. oben S. 86 ff.
[4]) Vgl. „Bauhütte" 1898, S. 140.
[5]) „Bauhütte" 1898, S. 200.

überlegen waren, würde noch die Großlogen-Mehrheit kommen. Im Fünfbund selbst, welcher sich durch den Beitritt der Darmstädter und Dresdener Großloge bilden würde, wäre natürlich ihre Vorherrschaft völlig unbestritten. Es würde den gegnerischen Großlogen dann noch schwerer sein, sich ihres überwiegenden Einflusses zu erwehren, als bisher.

Schluß.

Wir haben uns in vorstehenden Blättern bemüht, dem Leser ein Bild von der zeitgenössischen deutschen Freimaurerei zu entwerfen, wie sie wirklich ist. Wir ließen, um möglichst objectiv zu bleiben, vorwiegend die einschlägigen freimaurerischen Quellen selbst zu Worte kommen. Bei Auswahl der Berichte und Documente, die wir dem Leser vorführten, ließen wir uns von der Rücksicht leiten, zu veranschaulichen, was in der letzten Zeit in der deutschen Logenwelt selbst besonderes Interesse erweckte, und hervorzuheben, was für die Zustände der deutschen Freimaurerei besonders bezeichnend ist, — auch auf die Gefahr hin, manchen Leser damit zu ermüden. Denn nur so war das völlig wahrheitsgetreue Bild, das wir bieten wollten, zu erhalten. So glaubten wir auch, am erfolgreichsten gewissen romantischen Anschauungen entgegenwirken zu können, denen man sich da und dort noch immer in verschiedenem Sinne hingiebt, indem man im Freimaurerbunde irrthümlich einerseits die abenteuerlichsten Greuelthaten, wie Teufelsbeschwörungen, Hostienentweihungen u. s. w., und andererseits wieder die idealsten und gemeinnützigsten Bestrebungen vermuthet.

Auf Grund der mitgetheilten „Thatsachen" wird der Leser im Stande sein, zu beurtheilen, was es mit den, zur Bethörung des Publicums oder zur Anlockung von Candidaten, in freimaurerischen Vertheidigungsschriften immer wieder vorgebrachten überschwänglichen Anpreisungen des Bundes auf sich hat. Er wird Betheuerungen, wie: die Freimaurerlogen seien die „Oasen in der Wüste", zu welcher „das ganze geistige Leben

des Volkes" geworden sei [1]), — der Freimaurerbund habe „die
hohe, heilige Culturaufgabe", „dem deutschen Volke und vor
Allem dem deutschen Bürgerthum den idealen Sinn und das
tiefe, echte deutsche Gemüth zu bewahren" [2]), höchstens
zu belächeln vermögen. Noch wirksamer wird eine Aeußerung
der „Bauhütte" seine Lachmuskeln anregen, der zufolge selbst die
von uns geschilderten öden Logenstreitigkeiten nur als tröstliches
Anzeichen dafür aufzufassen sein sollen, „daß sich allenthalben in
unserer deutschen Freimaurerei ein frischer, kräftiger Wind zeigt,
daß wir nicht in der allgemeinen „Versumpfung" stecken, wie
man da und dort behauptet hat". [3])

Es giebt übrigens auch Freimaurer, welche den traurigen
Zustand, ja den Bankerott der deutschen Freimaurerei offen ein=
gestehen. Bemerkenswerth ist diesbezüglich unter Anderem eine
Auslassung des Br∴ Gustav Maier, eines eifrigen deutschen
Freimaurers, welcher, da er seit längerer Zeit im Ausland
(Zürich) wohnt, die Vorgänge und Zustände in der deutschen
Logenwelt mit größerer Unparteilichkeit zu würdigen in der Lage
ist. Derselbe spricht, obwohl mit blutendem Herzen, seine
Meinung unverhohlen dahin aus, angesichts des gegenwärtigen
Zustandes der deutschen Freimaurerei könne letzterer kein besserer
Rath gegeben werden, als: ihre „großen Pläne und schönen
Humanitätsgedanken auf einige Generationen ruhig und
sorgfältig einzupacken", um zunächst ihre ganze Aufmerksam=
keit und Thatkraft der eigenen inneren Reform zuzuwenden. Er
führt dann im Einzelnen aus:

„Die Freimaurerei soll die örtlich kleine Zahl ihrer Bekenner
unter einem geschlossenen Dach zu vollen Menschen heranbilden. So
soll sie ein Mikrokosmus werden von vollendeten Individuen, die in
ihrem engen Kreise gelernt haben, die Trennungen des äußeren Lebens
zu überwinden; eine festgefügte, in festen Bahnen ziehende Central=
sonne der Freundschaft und Brüderlichkeit, der Unbefangenheit und
wahren Menschenliebe, die ihr Licht, selbst fast ungesehen [4]), in die

---

[1]) Br∴ Adler, erster Redner der Loge „Friedrich zur Gerechtig=
keit" in Berlin in der feierlichen Sitzung „am Geburtstage weiland
des Kaisers Friedrich" 1895. Vgl. „Bauhütte" 1895, S. 397.

[2]) Br∴ Kreyenberg, Director der städtischen höheren
Mädchenschule, Meister vom Stuhl der Loge „Zur deutschen Redlich=
keit" in Iserlohn, in der Festrede zu deren hundertjährigem Bestehen
am 29. November 1896. Vgl. „Bauhütte" 1897, S. 94.

[3]) „Bauhütte" 1894, S. 410.

[4]) Eine „festgefügte" Sonne, eine „Sonne der Unbefangen=
heit" und eine „selbst fast ungesehene" Sonne ist wohl ein
blühender Unsinn.

Weiten hinaussendet. So soll sie eine Sammelstätte werden für den jungen Adel der Gesinnung, der berufen ist, der Menschheit den absterbenden Adel der Geburt zu ersetzen. Eine einsame Hochburg soll sie sein, in der die großen Gedanken der Vergangenheit treulich bewahrt werden, bis sie einst wieder mit erhöhtem Recht „zeitgemäß" geworden sind.

„Ist sie das heute? — Ein rascher Blick auf die Welt der Thatsachen giebt uns eine betrübende Antwort. Denn die Freimaurerei kann sich nur in der Loge verkörpern; und das Logenthum, zumal in unserem lieben Deutschland von heute, wird wohl kein vernünftig urtheilender Mensch als einen Mikrokosmus, eine Centralsonne, einen jungen Geistesadel oder eine Hochburg in jenem Sinne betrachten.

„Woher kommt's? — Die Freimaurerei hat ihren hohen Beruf der individuellen Erziehung unter äußerlichen, formellen Kämpfen fast gänzlich vernachlässigt. Die große Mehrheit unserer heutigen Logenbrüder — es ist hart, es auszusprechen, aber es sollte einmal gesagt werden — sind gar keine Freimaurer mehr: sie sind sogar in den einfachsten rituellen und symbolischen Dingen meist erstaunlich unwissend. Sie thun ja mit, sie arbeiten mit, sie tafeln sogar gerne mit; aber der Geist ist in ihr Gemüth meist nicht oder nur sehr oberflächlich eingedrungen. Seit 20 Jahren ist dieser Uebelstand sicher erschrecklich gewachsen. Wo sind sie, die alten Gemüthsmaurer, denen der Sinn der Brüderlichkeit, der Menschenliebe, des besonnenen Fortschritts zur zweiten Natur geworden war? Sie sterben aus; der Nachwuchs aber bringt keinen Ersatz. Seit Jahrzehnten suche ich mit der Laterne des Diogenes in unseren Reihen einen einzigen Mann, wie z. B. Bluntschli oder wie Findel in der guten Zeit seiner jungen Jahre; aber ich habe keinen mehr gefunden. Was ich sehe, ist ein rein äußerliches Streben nach Macht und Einheit, das erfolglos sein muß, wenn es sich mit dem inneren Gehalt nicht deckt. Wirklich energische Kräfte, wie z. B. Settegast, werden kalt gestellt, weil man ihr tieferes Wesen und Streben unter jenen rein äußerlichen Streitigkeiten nicht würdigen und nützen kann. — Man hat ganz vergessen, daß man nur vom Grunde aus sicher baut: man will im Gefühle einer gewissen Ohnmacht doch etwas leisten und gelangt dann dazu, von der Spitze aus bauen zu wollen. — Große treibende Kräfte sind aber in Wahrheit niemals ihr eigenes Product; sie sind gleichsam der Extract der Gemeinschaft; wo die großen treibenden Kräfte in einer Gemeinde, in einer Nation fehlen, da wird man immer mit einigem Rechte darauf schließen dürfen, daß der breite gesunde Nährboden für sie diesen Gesammtheiten mangelt...

„Es hat eine Zeit gegeben, da auch ich glaubte, die Freimaurerei sei zu einer erlösenden Aufgabe in der Gegenwart berufen; sie ist dahin! Unser Werkzeug ist der hohen Aufgabe mit nichten gewachsen. Wir müssen auf absehbare Zeit verzichten auf jede äußere Leistung im Großen, auf alle Machtgelüste, auf Glanz und Prunk einer entschwundenen Tradition. Wir müssen zunächst daran gehen, uns selbst zu regeneriren...

„Das klingt nicht tröstlich — ich gebe es gerne zu —, aber ich meine, es sei besser, mit der bitteren Wahrheit einer fernen Zukunft zu leben, als mit der süßen Täuschung in der nahen Gegenwart unterzugehen." [1])

Ein anderer begeisterter Freimaurer, Br∴ Wilh. Unselb, wirft die Frage auf: „Weshalb treten verhältnißmäßig so wenige Söhne der Brüder dem Bunde bei?"

„Man sollte glauben", so bemerkt er, „wir, die wir in unseren Logen stets von so hoher Achtung des Bundes, der seine Mitglieder auf dem ganzen Erdenrunde zerstreut hat, sprechen; die wir nach jeder Arbeit die große Kette durch das Gebet feiern, — wie beeinflußten unsere Söhne und Töchter alle so, daß erstere den Zeitpunkt kaum erwarten könnten, in dem sie Aufnahme im Bunde fänden; daß letztere in schönem Ahnen dessen, was wir wollen, ihren Vätern und Brüdern schon um dessentwillen wärmeres Gefühl entgegenbrächten, weil sie eben dem Bunde angehören.

„Statt dessen erfahren wir von offenen Brüdern, daß ihre Söhne ihre eigenen Ansichten über unseren Bund zu Tage legen[2]), bis sie denselben für eine veraltete Institution ansehen, die nichts bezwecke, als was andere Gesellschaften auch bezwecken, und die trotz aller Geheimnißthuerei in Wirklichkeit weniger erreiche als die anderen.

„Wird diesen Söhnen aber von der Freundschaft und Liebe gesprochen, welche in unserem Bunde der Bruder dem Bruder entgegenbringt, so ist ein cynisches Lächeln gar oft die Antwort, wenn nicht gar die Worte fallen: „Vater, das kann dein Ernst nicht sein; lies doch nur die maurerischen Zeitschriften; oder soll ich Dich vielleicht gar daran erinnern, was Du selbst uns über Streitigkeiten in Deiner eigenen Loge schon mitgetheilt hast?"" ....

„Wahrlich, die Söhne haben gar oft nicht Unrecht, wenn sie den Vätern sagen: „„Die Botschaft hör' ich wohl; allein mir fehlt der Glaube!"" Hunderte von Brüdern fühlen sich in ihren Logen enttäuscht. Hunderte und aber Hunderte sagen sich: der Gedanke der Freimaurerei an sich ist ja schön. Dann aber kommt der böse diable boiteux, der da ein süßes Gift parat hat, das wieder beruhigend für saft- und kraftlose Gemüther wirkt, und dieses einschläfernde und beruhigende Gift heißt: Aber, wir sind eben Menschen mit den uns anhaftenden Fehlern und Schwächen; das ist nun schon einmal so.

---

[1]) Vgl. „Bauhütte" 1897, S. 125 bis 127.

[2]) Nun das wird ihnen am allerwenigsten vom maurerischen Standpunkt der unbegrenzten Meinungsfreiheit verübelt werden können.

„Ja, die Jugend, sie hat offene Augen; und ihr ist nicht so leicht ein X für ein U vorzumalen . . . . Und wem gegeben ist, auch im reiferen Alter noch jugendlich fühlen und empfinden zu dürfen . . ., wahrlich, der kann nicht anders, als sagen: So recht! Laßt euch von euren Söhnen sagen . . ., was ihr fein solltet und nicht feid: uns Anderen glaubt ihr ja nicht. Nicht das kräftig pulsirende Leben soll ja in den Logen herrschen: Anhimmelung und Gemüthlichkeit, selbst bei Karten- und Billardspiel, das ist's, was das Logenleben angenehm macht. Kritifiren der Charaktere, der einzelnen nicht eben Anwesenden ist die Würze, und schroffes Aburtheilen derer [sollte heißen: über Jene], denen solches Getriebe nach kurzer Zeit widerlich wird, ist die Ausübung der brüderlichen Liebe!

„Es sind harte Worte, ich weiß es, die ich hier spreche; allein sie sind darum nicht minder wahr, weil ich die Erfahrung sprechen lasse. Die Arbeit am rauhen Stein[1]), sie ist zu hundertmalen eine leere Tirade; die Warmherzigkeit in der Loge zu oberhundertmalen nichts, gar nichts als ein angenehmer Kitzel; und die Offenheit und Ehrlichkeit, mit der sich der Eine und Andre besonders anfangs glaubt geben zu dürfen, sie dient zu hundertmalen nur dazu, ihm den Stab [Hals?] zu brechen.

„Aber das sieht die Jugend! Darum kein Erstaunen, wenn sie sich ferne hält. Ein Erröthen über sich selbst; eine Einkehr, so solche überhaupt möglich ist, bei sich selbst, wahrlich das wäre zuvörderst am Platze u. f. w."[2])

Neuerdings glaubte derselbe Br∴ Unjelb die Ursache der Erscheinung, daß es in den deutschen Logen so viele „Wetterfahnen-Menschen" gebe, die „weder warm noch kalt" und dadurch das schlimmste Hinderniß für ein gedeihliches Logenleben seien, in der zu engherzigen Auslegung des Verbots religiöser und politischer Erörterungen in der Loge suchen zu müssen.

„Was soll denn", ruft er seufzend aus, „in der Loge getrieben werden, wenn bis zur letzten äußersten Consequenz Religion und Politik ferne bleiben sollte? Die Arbeit am rauhen Stein ist doch nichts Anderes als die Aufforderung: Gehe in Dein Kämmerlein und bete! oder ist sie etwas Anderes?"[3])

Der Frankfurter Großmeister, Br∴ Oppel, hatte schon früher, am 24. Juni 1876, bemerkt:

„Viele Meister vom Stuhl legen das Verbot religiös-politischer Erörterungen zu enge aus." Worauf bleiben dann die Logen-Unterrichte beschränkt? Es werden immer wieder die alten Dinge abgeleiert. „Wer begreift da nicht, ... daß fähigere Geister

---

[1]) Maurerische Bezeichnung für die Arbeit an seiner eigenen Vervollkommnung gemäß den maurerischen Grundsätzen.
[2]) „Bauhütte" 1895, S. 329 f.
[3]) „Bauhütte" 1897, S. 308.

sich zurückziehen, indem sie sich eingestehen, daß Licht, welches sie suchten, nicht gefunden zu haben?"[1]

Die letzterwähnten Bemerkungen enthalten unleugbar ein Korn von Wahrheit. Zweifelsohne hat die in Deutschland und namentlich in Preußen den Logen gegenüber befolgte Politik zur gekennzeichneten Desorganisation des Freimaurerthums wesentlich beigetragen. Die Freimaurer geben zwar selbst vor, die Arbeit „am rohen Stein" oder an der eigenen sittlichen Vervollkommnung, bezw. auch noch „Wohlthätigkeit", sei ihre eigentliche Aufgabe. In Wirklichkeit sind sie aber weit davon entfernt, etwa ähnlich, wie dies in katholischen Ordensgenossenschaften geschieht, sich dem Streben nach eigener sittlicher Vollkommenheit zu widmen. Daß es ihnen auch um die „Wohlthätigkeit" im gewöhnlichen Sinn nicht zu thun ist, betonen ihre berufensten Wortführer selbst gelegentlich, wenigstens den Eingeweihten gegenüber, mit dem größten Nachdruck. In Wahrheit richtet sich das ganze Sinnen und Trachten der echten Freimaurer, obwohl die Mitglieder des Freimaurerbundes fast sämmtlich weder durch persönliche Eigenschaften noch durch ihren Stand oder ihre gesellschaftliche Stellung dazu berufen oder befähigt sind, daraufhin, mittelst ihrer geheimbündlerischen Organisation und Thätigkeit, hinter dem Rücken der berufenen kirchlichen und staatlichen Factoren, verstohlenerweise das öffentliche Leben sowohl nach seiner religiösen als nach seiner politisch = socialen Seite zu beeinflussen und womöglich zu beherrschen. In diesem Sinne verstehen sie thatsächlich auch die „Wohlthätigkeit"[2], welche sie an der Welt zu üben vorgeben. Nach der überaus „bescheidenen" Meinung, welche sie von ihrem eigenen Wirken hegen, kann letzterer nämlich keine größere „Wohlthat" zu Theil werden, als nach ihren Grundsätzen und Anschauungen und womöglich sogar von Angehörigen der Loge selbst, welche diese Grundsätze und Anschauungen natürlich am besten anzuwenden wissen, regiert zu werden. In diesem Sinne betrachten sie die Freimaurerei als die „Königl. Kunst"[3] und den Freimaurerbund als den hervorragendsten „Culturfactor".

Weil nun aber die Freimaurer in Preußen und in manchen anderen deutschen Staaten durch die Wachsamkeit, sei es der Regierungen, sei es der öffentlichen Meinung, daran gehindert werden, dieser ihrer wahren, ja nach Br.·. Gonnard's Be=

---

[1] Vgl. „Bulletin du Gr.·. Or.·. de Belgique" 1876/77, p. 223.
[2] Vgl. Gerber, Die Freimaurerei und die öffentliche Ordnung 1893, S. 51 bis 55.
[3] A. a. O., S. 65 bis 68.

hauptung einzigen Aufgabe, sowie sie es wünschten, zu obliegen,
darum verfallen sie, da ihr dunkler „Thatendrang" sich doch in
irgend einer Richtung Luft machen muß, theils öden Logen=
Zwistigkeiten, wie wir sie geschildert haben, theils einem saft=
und kraftlosen Logen = Philisterthum, das sich geistig — an dem
bekannten hohlen freimaurerischen Phrasengeklingel und an dem
rituellen und sonstigen veralteten Logen-Firlefanz und -Krempel
und körperlich an den verschiedenfarbigen maurerischen „rauch=
losen" „Pulvern" (Kaffee, Champagner, Wein, Bier u. s. w.) —
deren Verbrauch natürlich mit „Feuern" und „Kanonaden"
(Trinksprüchen und Hochs) verbunden ist — und an, wo möglich,
ausgesuchten culinarischen Genüssen gütlich thut.

Das sind unstreitig betrübende Erscheinungen, welche bei
jedem „Menschenfreunde" das Verlangen erwecken werden,
nach Kräften mitzuwirken, daß dem Uebel gesteuert werde. Denn
wer könnte, wofern er noch ein Herz für verschuldetes und un=
verschuldetes menschliches Elend hat, gleichgültig zusehen, wie
Tausende seiner Mitbürger, welche durch ihre sociale Stellung
berufen wären, segensreich für das Gemeinwohl zu wirken, in
die Netze der Freimaurerei verstrickt, ihre kostbare Zeit vergeuden
und sich selbst in endlosen Streitigkeiten gegenseitig das Leben
versauern?

Wie soll nun dem Uebel abgeholfen werden? —
Etwa dadurch, daß man die Freimaurerlogen, gemäß dem Wunsch
der echten Freimaurer, ungehindert ihrer „wahren Aufgabe" nach=
gehen lasse, oder daß man ihnen, obwohl dieselben versuchter
„Einwirkung auf öffentliche Angelegenheiten" zum mindesten
höchst verdächtig sind, die von ihnen beanspruchte Exemtion von
der alle übrigen ähnlichen Vereine, auch wenn diese nicht geheim=
bündlerischen Charakter haben, treffenden Polizei-Aufsicht verbrieft
und ihnen so das „Vorrecht", als wesentlich geheime Verbindung
— unter dem trügerischen Vorwand, menschliche Glückseligkeit zu
befördern, — thatsächlich auf die religiöse und politisch sociale
Umgestaltung oder richtiger Umwälzung der Gesellschaft hin=
zuarbeiten, formell und ausdrücklich gewährleistet? Eine solche
Bevorzugung der Freimaurerei würde nicht nur eine in keiner
Weise zu rechtfertigende oder auch nur zu entschuldigende und
daher ärgerliche Rechtsungleichheit zum Nachtheile derjenigen
Bürger in sich schließen, welche es verschmähen, den auch vom
patriotischen Standpunkt verwerflichen Logen-Unfug mitzumachen,
sondern auch gegen wesentliche Staatsinteressen verstoßen.

Es giebt nur eine einzige wahrhaft gedeihliche Lösung der
Freimaurer-Frage: die Auflösung des Freimaurerbundes.

In Freimaurerkreisen selbst tauchte schon verschiedentlich die An=
sicht auf, der Freimaurerbund habe sich „überlebt"; er habe heute,
wo alle mit der öffentlichen Ordnung überhaupt vereinbarten
Zwecke offen verfolgt werden können, keine Daseins=Berechtigung
mehr. Richtiger gesprochen, hat der Freimaurerbund eine
Daseins „Berechtigung" in Wirklichkeit nie gehabt. Denn ein
Geheimbund, welcher, wie die Freimaurerei, eine Aenderung
bezw. Umwälzung der zu Recht bestehenden staatlichen und kirch=
lichen Zustände durch List und vorkommenden Falls selbst durch
Gewalt, unter Beiseiteschiebung oder Ueberrumpelung der rechtlich
zu solchen Aenderungen berufenen Factoren, herbeizuführen oder
zu beschleunigen sucht, ein im eben bezeichneten Sinne gegen
Staat und Kirche gerichteter Geheimbund, welcher
gleichsam einen „Staat im Staate" bildet, welcher eingestandener
maßen den „Zukunftsstaat" und die „Zukunftskirche" zunächst
selbst vorbildlich darstellen will, dann aber auch allmählich zu
verwirklichen sucht, verstößt schon in sich gegen die öffentliche
Ordnung.

Daß von Seiten der Regierungen demnächst bereits Schritte
zur Auflösung des Freimaurerbundes erfolgen werden, ist wohl
kaum zu erwarten. Wie es scheint, blieb selbst eine Petition
der Centrumsfraction im Abgeordnetenhause vom
Jahre 1876[1]), welche, unter recht stichhaltiger Motivirung, nur
forderte, daß man den Freimaurerbund „unter das gemeine
Straf= und Vereinsgesetz stelle", ergebnißlos. Wir
wenigstens vermochten von einem praktischen Erfolge derselben
nirgends etwas zu entdecken; — es sei denn, daß man die an
die deutschen Großlogen gegen Ende 1877 seitens des damaligen
Kronprinzen Friedrich Wilhelm ergangene Warnung vor Behand=
lung „religiöser, politischer und socialer Fragen" mit dieser Petition
in Verbindung bringen wollte.

Wie in manchen anderen Fragen, z. B. in der Frage der
Sicherung des Weltfriedens, muß auch in der Freimaurer=Frage
die richtige Lösung zunächst mittelst Aufklärung der öffent=
lichen Meinung angestrebt werden.

Es muß vor Allem das große Publicum über die wahre
Natur und die wirklichen Bestrebungen des Freimaurerbundes
soweit unterrichtet werden, daß es der Täuschung durch trügerische
Vorspiegelungen der Logenbrüder selbst nicht mehr zum Opfer

---

[1]) Abgedruckt ist diese Petition bei Dr. Otto von Beuren (Dr. M.
Raich). Die innere Unwahrheit der Freimaurerei 1884, S. 171 bis 179
und in der „Bauhütte" 1876, S. 162 bis 166.

fällt. Wenn die Freimaurerei allenthalben als das erkannt
würde, was sie im Grunde wirklich ist, als ein widerwärtiges
Gemisch von Comödiantenthum und Gaunerthum, von Schwärmerei
und Banditenthum[1]), von Windbeutelei und Wühlhuberei, von
Prahlhanserei und Heuchelei, so würden wohl nur Wenige mehr
als „Suchende" an das „westliche Thor" der Loge, welches in
die „profane" Welt führt, anklopfen; im Gegentheile würden
vielmehr viele Freimaurer der Loge den Rücken kehren. Wenn
Jedermann darüber klar wäre, daß die Freimaurer=Eigenschaft,
bezw. die Zugehörigkeit zu sonstigen verwandten geheimen oder
halbgeheimen Gesellschaften nicht nur in keiner Weise zur Em=
pfehlung gereichen, sondern in den Augen aller wahrhaft ver=
ständigen und ehrenwerthen Leute nur herabsetzen kann, dann
wäre schon Vieles erreicht.

Den Freimaurern selbst, welche nach ihrer eigenen Ver=

---

[1]) Obige Charakteristik der Freimaurerei wird angesichts der
„Thatsachen" nicht als unwahr bezeichnet werden können. Man denke
nur an die zahlreichen im Freimaurerbunde schon vorgekommenen und
noch immer vorkommenden Possen, Schwindeleien und Betrügereien
einerseits, und an die von der Freimaurerei theils veranstalteten und
vorbereiteten, theils wenigstens gutgeheißenen, und selbst mit Lob=
sprüchen überschütteten revolutionären Anschläge und wühlerischen Um=
triebe andererseits. Man beachte dabei besonders, daß diese für die
Freimaurerei so bezeichnenden Erscheinungen in der Natur und im
Wesen des Bundes selbst begründet sind. Br.·. Goethe selbst nannte
die Freimaurerei einst eine Gesellschaft von „Narren und Schelmen".

Hinsichtlich des Vorwurfs des „Banditenthums", welcher wohl
am ehesten einem Widerspruch ausgesetzt sein dürfte, verweisen wir
beispielsweise auf den Antheil, welchen die italienische Freimaurerei
an der revolutionären Bewegung in Italien nahm; wir verweisen auf
ihre engen Beziehungen zum Carbonari=Bund und zum mazzinistischen
Verband „Jung-Italien". — Verbindungen, welche selbst vor Mord=
thaten und sonstigen Verbrechen nicht zurückschreckten. Wir erinnern
ferner an die politische Wühlarbeit des italienischen Großmeisters
Lemmi in unseren Tagen, der sich selbst oft rühmte, ein Schüler und
treuer Nachfolger Garibaldi's und Mazzini's zu sein; wir erinnern
auch an die hohe Anerkennung, welches sein Wirken sogar seitens
deutscher Großlogen fand.

Wir sind natürlich weit davon entfernt, jeden Freimaurer im
Einzelnen als Betrüger, Bandit u. s. w. bezeichnen zu wollen. Von
ernsthaften, „verständigen" und „ehrenwerthen" Männern sollte man
aber allerdings erwarten dürfen, daß sie einer derartigen Gesellschaft
nicht beitreten, oder, wenn sie derselben aus mangelhafter Kenntniß
oder Ueberlegung beigetreten sind, sich nach erlangter besserer Einsicht
von derselben wieder zurückziehen.

ficherung keinen höheren Ehrgeiz kennen, als der Menschheit
„Wohlthaten" zu erweisen und die menschliche „Cultur" nach
allen Richtungen hin zu fördern, muß eindringlichst zum Bewußt=
sein gebracht werden, daß die in jeder Hinsicht größte „Wohl=
that", welche sie der Menschheit erweisen, der größte Dienst,
welchen sie als Freimaurer der Welt im Interesse des
wahren „Cultur" Fortschritts leisten können, eben in der
Auflösung ihres Bundes besteht, — eines Bundes, der in seiner
ganzen Verfassung und Ausgestaltung einen Hohn auf den gesunden
Menschenverstand und eine Verlengnung aller Grundsätze einer
gesunden freien Entwicklung des Volksgeistes darstellt.

Es scheint uns, daß wir für die „Aufklärung" der
öffentlichen Meinung und der Freimaurer im bezeichneten
Sinne billigerweise die Unterstützung aller von der Freimaurerei unabhängigen Kreise und selbst jene der
wahrhaft „erleuchteten" Freimaurer beanspruchen dürfen.
Denn sie alle haben ein Interesse daran, daß die öffentliche
„Unordnung" bezw. der „Unfug" des Logenwesens beseitigt werde.

Wenn die gedachten Anschauungen und Ueberzeugungen
einmal Gemeingut, vor Allem der gebildeten Kreise, geworden
sind, ist auch, um mit Br∴ Gust. Maier zu reden, der „breite
gesunde Nährboden" für heilsame Entschließungen zubereitet. Wie
ein reifer Apfel, sei es durch sein eigenes Gewicht, sei es durch
leichte Nachhülfe von berufener Seite, vom Baume fällt, wird
dann die Frage der Freimaurer= und verwandten Verbindungen
mühelos die angedeutete, im Interesse des öffentlichen
Wohles und des Cultur=Fortschritts der Völker
gedeihlichste Lösung finden.

Anhang.

I. Ueberſicht über den Beſtand und die örtliche Ausbreitung der deutſchen Logenverbände.

1. Beſtand der deutſchen Logenverbände.

a) Die drei altpreußiſchen Großlogen.

Seit dem 2. Februar 1894 unter dem Protectorat des Prinzen Friedrich Leopold.

1. Große National - Mutterloge „Zu den drei Weltkugeln" in Berlin, Splittgerbergaſſe 3. Geſtiftet 13. September 1740. Als Großloge conſtituirt am 24. Juni 1744. 131 Johannis- und 67 Schotten-Logen, 22 Freimaurer-Kränzchen. 13850 Brr∴ (Nach dem Beſtand vom 24. Juni 1897.)

National-Großmeiſter: Br∴ Carl Gerhardt, Geh. Regierungsrath in Berlin, Potsdamerſtr. 71.

Zugeordneter Nat.-Grmſtr∴ Br∴ Carl von Roeſe, Generalmajor z. D.

2. Große Landesloge der Freimaurer von Deutſchland in Berlin, Cronienburgerſtraße 72. Geſtiftet 1770. Beſtätigt am 16. Juli 1774. 7 Capitel, 3 Provinzial-, 28 Andreas- und 107 Johannis-Logen. 11257 Brr∴ (Nach dem Beſtand vom 24. Juni 1897.)

Ordensmeiſter: Br∴ Prinz Friedrich Leopold von Preußen, K. H.

Landes - Großmeiſter: Br∴ Herm. Zoellner, Oberſt der Artillerie z. D., Haſenplatz 4.

Abgeordneter Landes-Großmſtr.: Br∴ Carl Joh. Emil Gartz, Landesgerichtsdirector, Steglitzerſtr. 85.

3. **Große Loge von Preußen,** genannt „Royal York zur Freund-schaft" in **Berlin,** Dorotheenstr. 27. Gest. 1760. Als Großloge const. am 11. Juni 1798. 1 Provinzial - Loge, 11 Innere Oriente, 66 Johannis-Logen, 11 Freimaurer Kränzchen. 6275 Brr∴. (Bestand vom 24. Juni 1897.)

Großmeister: Br∴. Prinz Heinr. zu Schönaich-Carolath, Schloß Amtiz.

Erster zug. Grmstr.: Br∴. Dr. phil. Joh. Friedr. Aug. Flohr, Prof. a. D., Mittelstr. 49.

Zweiter zug. Grmstr.: Br∴. Dr. phil. Alwin Wagner, Prof. am Friedr. Werder'schen Gymnasium, Monbijou-Platz 11.

b) **Die übrigen „anerkannten" deutschen Großlogen.**

4. **Große Loge von Hamburg, Hamburg,** Welckerstraße 8. Ge-gründet 1740, unabhängig seit 4. Februar 1811. 35 Logen, davon 25 in Deutschland. 3109 Brr∴. (Bestand vom 24. Juni 1897.)

Großmstr.: Br∴. Carl Cornelius Wiebe, Kaufmann, Hagenau 5.

Zug. Grmstr.: Br∴. Gust. J. Morgenstern, Kaufmann, Hütter 12.

5. **Große Landesloge von Sachsen in Dresden,** Ostra-Allee 15. Gegr. am 11. September 1811. 23 Logen. 4085 Brr∴. (Bestand vom 24. Juni 1897.)

Grmstr.: Br∴. Dr. med. Bernh. Arthur Erdmann, Kgl. Ober-Medic.-Rath, Ammonstr. 15 II.

Zug. Grmstr.: Br∴. Theod. Hultzsch, Geh. Commercienrath.

6. **Großloge zur Sonne in Bayreuth,** Hofgarten 19. Gest. 1741, als Großloge constituirt am 11. December 1811. 1 Provinzial-Loge, 29 Logen, davon 4 im Ausland, 10 Freimaurer-Kränzchen. 2604 Brr∴. (Bestand vom 24. Juni 1897.)

Grmstr.: Br∴. Aug. von Reinhardt, Generalmajor a. D., Stuttgart, Alexanderstr. 13.

Stellvertr. Grmstr.: Br∴. Jul. Bayerlein, Reichstags-abgeordneter.

Deputirter Grmstr.: Br∴. Friedr. Engel, Kreisthierarzt.

7. **Große Mutterloge des Eklektischen Freimaurer-Bundes zu Frankfurt a. M.,** Mozartplatz 26. Gegr. 1783, unabhängig seit 13. Januar 1823. 19 Logen, 7 Freimaurer-Kränzchen. 2747 Brr∴. (Bestand vom 24. Juni 1897.)

Grmstr.: Br∴. Carl Paul, Lehrer an der Musterschule, Adler-flychtstraße 15.

Zug. Grmstr.: Br∴. Jos. Werner, Kaufmann, Fichardstr. 5/7.

8. Große Freimaurerloge zur Eintracht in Darmstadt. Gegr. am 22. März 1846. 8 Logen. **734 Brr∴** (Bestand vom 24. Juni 1897.)

Protector: Se. Kgl. Hoheit **Ernst Ludwig**, Großherzog von Hessen und bei Rhein.

Grmstr.: Br∴ Phil. **Brand**, Director der süddeutschen Immobiliengesellschaft in Mainz, Rheinstr. 3⁵⁄₁₀.

Zug. Grmstr.: Br∴ Dr. jur. Herm. **Weber**, Justizrath, Rechtsanwalt in Offenbach.

Schriftführer: Br∴ Prof. Dr. phil. Carl **Ries**, Gymnasiallehrer in Worms.

c) Die freie Vereinigung der fünf ["anerkannten"] unabhängigen Logen in Deutschland.

Gest. 14. October 1883. 5 Logen. **1353 Brr∴** (Bestand vom 24. Juni 1897.)

Vorsitzender: Br∴ Dr. med. und jur. Victor **Carus**, Prof. an der Universität in Leipzig, Gellert-Straße 7/9.

d) Die von Prof. Dr. H. Settegast neugegründete, in Deutschland noch nicht „anerkannte"

„Große Loge von Preußen, genannt Kaiser Friedrich zur Bundestreue"

in Berlin C., Burgstraße 25. Gest. 1892. 12 Logen. **503 Brr∴**

Großmeister: Br∴ Dr. phil. Herm. **Settegast**, Geh. Regierungsrath, Luisenplatz 2.

Erster zug. Grmstr.: Br∴ Dr. jur. Alexander-**Katz**, Justizrath, Regierungsrath a. D., Mohrenstr. 7.

Gr.-Schriftführer: Br∴ Hugo **Lissauer**, Commercienrath, Jägerstr. 59.[1]

---

[1] Nach Br∴ C. van Dalen's Kalender für Freimaurer auf das Jahr 1898, S. 182 bis 196; „Bauhütte" 1898, S. 166; „Bausteine" 1898, S. 38. Mit Ausnahme der Darmstädter Großloge, welche um 6 Mitglieder abnahm, weisen alle deutschen Großlogen gegen die letzte Zählung vom 24. Juni 1896 einen Zuwachs auf. Die bezüglichen Mitgliederzahlen von letzterem Datum waren: 13 746; 11 125; 6273; 3066; 4043; 2571; 2692; 740. Die bezüglichen Zahlen der Logen von 1896 waren: 127, 106, 66, 35, 23, 27, 18, 8. Neben den oben angeführten Freimaurer-Verbindungen thaten sich in den letzten Jahren in Deutschland noch die „Allgemeine Bürgerloge" und der „Unabhängige Freimaurer-Orden", der sich neuerdings Großloge „Sokrates" nannte, auf. Vgl. „Bauhütte" 1897, S. 327; 1898, S. 8, 175.

2. Oertliche Ausbreitung der einzelnen Logenverbände.

I. Johannes-Logen und Kränzchen der National-Mutterloge.[1]

Preußen mit Ausnahme der in eigener Rubrik aufgeführten Provinzen.

Angermünde ((Eberswalde) 1890.
1. Anklam 1776.
2. Arnswalde 1822.
3—7. Berlin „Zur Eintracht"1754.
„3. flammenden Stern" 1770.
„3.d.3 Seraphim"1774.
„Zur Verschwiegenheit" 1775.
„3. Treue" 1872.
8. Brandenburg a. H. 1779.
9. Braunsberg 1835.
10. Burg Magdeb. 1849.
11. Calbe a. d. S. 1820.
12. Charlottenburg 1821.
13. Colberg 1809.
14. Cöslin 1777.

15. Crossen a. O. 1880.
16. Cüstrin 1782.
17. Dahme 1885.
18. Danzig „Eugenia z. gekrönt. Löwen" 1777.
19. Delitzsch 1888.
20. Eberswalde 1856.
21. Erfurt 1787.
22. Eschwege 1896.
Finsterwalde (Luckau) 1894.
23. Frankfurt a. O. 1776
Freyburg a. d. Unstr. (Naumburg a. d. S.)
Gardelegen (Stendal) 1895.
24. Gollnow 1873.
Greifenhagen 1823.
25. Guben 1843.
26. Halberstadt[2] 1746.

[1] Um dem Leser die Uebersicht über die Ausbreitung der Freimaurerei in den vorwiegend katholischen und in den nach 1860 zu Preußen hinzugekommenen Landestheilen zu erleichtern, führen wir diese in eigenen Rubriken auf. Wo an einem und demselben Orte mehrere Logen bestehen, nennen wir auch die Titel derselben. Die „Kränzchen" und sonstigen kleineren freimaurerischen Vereinigungen sind dadurch kenntlich gemacht, daß sie bei der laufenden Nummer übergangen sind. Der in Klammer beigefügte Ort bezeichnet die Loge, der sie unterstehen. Die erste Jahreszahl nach jeder Loge bezeichnet das Jahr der Gründung derselben; affil., ang., react. bedeutet „affiliirt", „angenommen", „reactivirt" (wieder zur Thätigkeit erwacht). Für die Provinzen bezw. Staaten, bezüglich derer dies besonderes Interesse für unsere Leser bietet, geben wir die Zahl der Freimaurer der betreffenden Logen besonders an.
[2] Bezüglich der Loge in Halberstadt bemerkte Br∴ Findel 1876: „Die Loge in Halberstadt führt schon seit 20 Jahren die traurige Existenz eines maurerischen Eulennestes." „Bauhütte" 1876, S. 270 Anm.

27. Halle a. S. „3. b. 3 Degen" 1743.
28. Heiligenstadt 1810.
29. Insterburg 1785.
30. Königsberg i. Pr. „3. b. drei Kronen" 1760.
31. Konitz 1790, ang. 1799.
32. Landsberg a. d. W. 1810.
33. Langensalza 1861.
34. Groß-Lichterfelde 1896.
35. Lübben (Lauf.) 1884.
36. Luckau (Lauf.) 1809.
    Lyck (Rastenburg) 1884.
37. Magdeburg „Ferdin. z. Glückseligkeit" 1761.
38. Marienburg 1764.
39. Marienwerder 1803.
40. Memel 1776.
41. Merseburg 1805.
42. Mühlhausen i. Th. 1817.
43. Naumburg a. S. 1847.
44. Neu-Ruppin 1811.
    Ohrdruf (Gotha) 1870.
45. Osterode i. Ostpr. 1893.
46. Pasewalk 1845.
47. Perleberg 1829.

48. Potsdam „Teutonia z. Weisheit" 1768.
49. Prenzlau 1796.
50. Rastenburg 1818.
    Saalfeld i. Ostpr. (Elbing) 1889.
51. Salzwedel 1802.
52. Schönebeck a. E. (Calbe) 1874.
    Schöningen (Helmstedt und Wolfenb.) 1855.
53. Soldin 1861.
54. Sorau, Lauf., 1820.
55. Stargard, Pommern, 1774.
    Staßfurt (Calbe) 1876.
56. Steglitz 1886.
57 Stendal 1862.
58. Stettin „3. b. 3 Zirkeln" 1762.
59. Stolp 1816.
    Suhl (Erfurt) 1867.
60. Torgau 1847.
61. Ueckermünde 1860.
    Wernigerode (Halberst.) 1892.
    Wittenberge (Perleb.) 1890.
62. Wolmirstedt 1821.
63. Zielenzig 1833.

Schlesien und Posen (2179 Brr.·).

64. Breslau „Friedrich z. gold. Scepter" 1776.
65. Brieg 1783.
66. Bromberg 1784.
67. Glatz 1766.
68. Groß-Glogau „3. biedern Vereinigung" 1803.
69. Gnesen 1804.
70. Hirschberg 1824.
71. Inowrazlaw 1886.
72. Krotoschin 1826.
73. Liegnitz 1812.
74. Meseritz 1818.

75. Neisse „3. b. 6 Lilien" 1841.
76. Ohlau 1877.
77. Oels 1824.
78. Oppeln 1817.
79. Ostrowo 1879.
80. Posen 1820.
81. Ratibor 1835.
82. Rawitsch 1862.
83. Reichenbach i. Schl. 1815.
84. Sagan 1861.
85. Schneidemühl 1820.
    Wongrowitz (Gnesen) 1884.

Rheinland und Westfalen (2472 Brr.·).

86. Aachen 1778.
87. Aplerbeck (Dortm.).
88. Barmen 1866.
89. Bielefeld 1844.
90. Bochum 1785.

91. Coblenz 1817.
92. Dortmund 1855.
93. Duisburg 1820.
94. Düsseldorf „3. b. 3. Verbündeten" 1806, aff. 1814.

95. Elberfeld 1815.
96. Essen 1859.
97. M.-Gladbach-Rheydt 1845.
    Gummersbach (Köln) 1890.
98. Hamm 1791.
    Honnef (Köln) 1897.
99. Iserlohn 1796.
100. Jülich 1815.
101. Köln a. Rh. 1815, aug. 1852.
102. Kreuznach 1858.
    Lennep (Barmen) 1869.

103. Minden „Wittekind z. westf.
    Pforte" 1780.
104. Mülheim a. R. 1839.
105. Münster 1778, aug. 1802.
    Remscheid (Barmen) 1878.
106. Siegen 1822.
107. Soest 1808.
108. Wesel 1775.
109. Wetzlar 1843.
110. Witten a. R. 1896.

Hannover und Hessen-Nassau. [1])

111. Goslar.
    Lingen (Osnabrück) 1856.
112. Osnabrück 1866, aug. 1896.
113. Uelzen 1860, aug. 1869.
114. Lüneburg 1897.

115. Cassel „Friedrich z. deutsch.
    Treue" 1889.
116. Marburg 1871.
117. Wiesbaden „Hohenzollern"
    1881.

Außerpreußische deutsche Gebiete.

Gotha.
Friedrichsroda (Gotha) 1888.
118. Gotha 1806.
    Waltershausen (Gotha) 1879.
Sachsen-Weimar.
119. Jena „Carl Aug. z. d. drei
    Rosen" 1746, 1891 von
    d. Großl. Hamburg über-
    gegangen.

Anhalt.
120. Bernburg 1817.
121. Dessau 1875.
122. Zerbst 1783.
Schwarzburg-Sondershausen.
123. Arnstadt 1881.
Mecklenburg.
124. Friedland 1881.
125. Güstrow 1805.

---

[1]) Die Geschicke der Freimaurerei in Hessen-Cassel waren
sehr wechselvoll. 1743 wurde in Marburg die erste Loge dieses Landes
gegründet. Vom Landgrafen Friedrich II. geschützt, blühte die Freimaurerei schnell empor. Anfang 1794 erfolgte ein Befehl des Landgrafen, alle Logen zu schließen. 1807 trat nach der Besetzung des
Landes durch Frankreich die Loge in Cassel wieder zusammen und errichtete einen „Großorient von Westfalen". 1817 constituirte sich die
Großloge als unabhängige „Großloge von Kurhessen". 1821 übernahm Kurfürst Wilhelm II. die Protection derselben. Die höchsten
Staats- und Militärbeamten, sowie die meisten Prinzen des kurfürst-
lichen Hauses, gehörten der Loge an. In Folge eines vermutheten
Attentats wurden indes plötzlich strenge Sicherheitsmaßregeln ergriffen. Am 13. Juli 1824 erfolgte ein landesherrlicher Befehl, die
Logen aufzulösen. Erst 1848 vereinigten sich wieder alte Casseler
Brüder zu einer Loge, die nun unter der Großloge von Hannover
arbeitete. 1850 wurde dieselbe abermals geschlossen. Die Freimaurerei blieb nun bis 1866 verboten. Vgl. Allg. Handbuch der Freimaurerei I 616 ff.; IV 95.

Braunſchweig.
126. Helmſtedt 1812.

Waldeck.
127. Arolſen 1841.
Wilbungen (Arolſen) 1883.

Lippe-Detmold.
128. Detmold 1844.

Hamburg.
129. „Vom Fels zum Meer" 1897.

Baden.
130. Freiburg „Friedr. zur Treue" 1897.

Ausland.
131. Shanghai, China 1873, react. 1895.

II. Johannes - Logen der Großen Landesloge.

Preußen mit Ausnahme der in eigener Rubrik aufgeführten Provinzen.

1. Allenſtein 1888.
2. Aſchersleben 1777.
3. Bartenſtein 1882.
4. Beeskow 1816.
5.—12. Berlin „Z. d. drei gold. Schlüſſeln" 1769.
„Z. gold. Schiff" 1771.
„Pegaſe" 1771.
„Z. Beſtändigkeit" 1775.
„Z. Pilgrim" 1776.
„Z. gold. Pflug 1776.
„Z. Widder" 1776.
„Friedr. W. z. Morgenröthe" 1855.
13. Cottbus 1897.
14. Danzig „Z. rothen Kreuz" 1873.
15. Demmin 1854.
16. Eisleben 1816.
Friedenau (Berlin 12).
17. Fürſtenwalde a. Spree 1889.
18. Greifswald 1763, aff. 1786.
19. Gumbinnen 1809.
20. Havelberg 1803.
21. Königsberg i. Pr. „Todtenkopf und Phönix" 1772 u. 1775
22. Königsberg i. d. Neumark 1844.

23. Lauenburg, Pommern, 1866.
Misdroy(Swinemünde)1882.
24. Nauen 1885.
25. Neu-Stettin 1852.
26. Nordhauſen 1790.
Cranienburg (Nauen) 1896.
Pillau (Königsberg i. Pr.)1897.
27. Potsdam „Minerva" 1768.
28. Putbus 1847.
29. Pyritz 1880.
30. Quedlinburg 1846.
31. Querfurt 1877.
32. Rathenow 1862.
33. Schwedt a. O. 1878.
34. Spandau 1823.
35. Spremberg 1884.
36. Stettin „Tempel d. Friedens" 1881.
37. Stralsund „Guſt. Adolph zu d. 3 Strahlen" 1798, ang. 1816.
38. Swinemünde 1851.
39. Thorn 1793.
40. Tilſit 1824.
41. Treptow 1775.
42. Wriezen 1819.
43. Zeiß 1859.

Schleſien und Poſen (1401 Brr.·.).

44. Breslau „Ver. Loge z. d. drei Todtengerippen" 1741, „Z. Säule" 1774 u. „Z. Glocke" 1776, ver. 1844.
45. Bunzlau 1849.
46. Freiburg 1877.

47. Groß-Glogau „Wilh z. Wahrh. u. Tugend"1847, react.1874.
48. Görlitz „Friedrich Leopold z. Morgenröthe" 1895.
49. Haynau 1891.
50. Jauer 1849.

51. Kattowitz 1869.
52. Löwenberg 1795.
    Lübben (Jauer) 1895.
53. Reiße „3.weißen Taube"1773.
54. Schmiedeberg 1776.

55. Schweidnitz „Herkules" 1770.
56. Striegau 1860.
57. Tarnowitz 1813.
58. Waldenburg 1847.

Rheinland und Westfalen (586 Brr.·.).

Altena (Lüdenscheid) 1891.
59. Bonn 1816, react. 1857.
60. Crefeld 1853.
61. Düsseldorf „Rose u. Akazie" 1897.
62. Hagen 1857.

63. Lüdenscheid 1888.
64. Minden „Aurora" 1780, react. 1885.
    Mörs (Crefeld) 1892.
65. Schwelm 1792.
66. Solingen 1840.

Schleswig=Holstein.

67. u. 68. Altona „Carl z. Felsen" 1796.
    „Friedr. z. Wahrh." 1892.
69. Eckernförde 1880.
    Elmshorn (Altona).
70. Flensburg 1868.
71. Glückstadt 1867.
72. Hadersleben 1882.
73. Heide 1880.

71. Kiel 1866.
75. Marne 1881.
    Meldorf (Marne).
76. Neumünster 1870.
77. Rendsburg 1865.
78. Schleswig 1867.[1]
79. Sonderburg 1889.
80. Wandsbeck 1892.
    Wesselburen (Marne) 1885.

Hannover.

81. Hannover „Zur Ceder" 1777, reaff. 1867.

Frankfurt a. M.

82. Frankfurt „Wilh. z. Unsterblichkeit" 1894.

Außerpreußisches deutsches Gebiet.

Sachsen.

83. Dresden „3. gold. Kreuz"1894.

Mecklenburg-Schwerin.

84. Boizenburg 1822.
85. Bützow 1821.
86. Parchim 1818.
87. Rostock „Irene z. d. 3 Sternen" 1760 u. s. w., ang. 1823.
88. Schwerin 1809.
89. Waren 1831.
90. Wismar „Athanasia z. d. 3 Löwen" 1850.

Mecklenburg-Strelitz.

91. Neustrelitz 1846.

Lübeck.

92. „Zum Füllhorn" 1772.

Bremen.

93. „Zum Oelzweig" 1788.

Hamburg.

94.—99. „3. d. 3 Rosen" 1770.
„3. gold. Kugel" 1770.
„Zum Pelikan" 1771.
„3. rothen Adler" 1774.

---

[1] Diese Loge stand von 1876 an Herzog Carl von Schleswig-Holstein-Sonderburg-Glücksburg als Logenmeister bezw. Meister vom Stuhl vor. In der „Bauhütte" wurden an seine Erhebung zum Logenmeister Bemerkungen geknüpft, die recht respectwidrig lauten. Vgl. „Bauhütte" 1876, S. 383.

Hamburg.
„Zur unverbrüchl. Einig-
keit" 1817.
„Boanerges z.Bruderliebe"
1832.[1])
100. Curhaven 1895.
Sachsen-Weimar.
101. Ilmenau 1896.
102. Jena „Z. Akazie am Saal-
strande" 1891.
103. Münchenbernsdorf 1864.

104. Triptis 1874.
Schwarzburg-Rudolstadt.
105. Rudolstadt 1859.
Reuß jüng. Linie.
106. Gera „Heinr. z. Treue" 1874.
Bayern.
107. München „In Treue fest"
1896.
Baden.
Mannheim „Wilh. z. Dank-
barkeit" (Frankfurt a. M.).

III. Großloge Royal York.

**Preußen mit Ausnahme der in eigener Rubrik folgenden
Provinzen.**

Artern (Saugerhausen) 1883.
1.—4. Berlin 1798, „Fr. W. z.
gekr. Gerechtigkeit".
„Z. siegenden Wahrheit".
„Urania z.Unsterblichkt".
„Pythagoras z. flamm.
Stern".
5. Culm-Schwetz 1861.
6. Danzig „Zur Einigkt" 1789,
aff. 1790.
7. Eilenburg 1862.
8. Forst, Lausitz. 1882.
9. Graudenz 1799.
10. Halle a. S. „Z. d. 3 Thürmen
am Salzquell" 1885.
11. Königsberg i. Pr. „Immanuel"
1864.

12. Kyritz 1883.
Luckenwalde (Wittenberg)
1886.
13. Magdeburg „Harpokrates"
1826.
14. Saugerhausen 1823.
15. Pr. Stargard 1861.
16. Stettin „Drei gold. Anker z.
Liebe und Treue" 1770,
aug. 1777.
17. Stralsund „Sundia zur Wahrheit" 1877.
Strasburg i. Westpr. (Graudenz) 1895.
18. Wittenberg 1828.
19. Wittstock 1836.

Schlesien und Posen (1041 Brr∴).[2])

19. Breslau „Horus" 1813.
20. Gleiwitz 1812.
21. Goldberg 1858.
22. Görlitz „Z. gekr. Schlange"
1764, aff. 1816.
23. Grünberg 1846.
24. Kreuzburg 1877.
25. Landeshut 1820.

26. Lauban 1812, ang. 1821.
27. Leobschütz 1894.
28. Lissa 1878.
29. Schweidnitz „Z. wahr. Eintracht" 1788.
30. Sprottau 1861.
Züllichau (Grünberg).

---

[1]) Im Ganzen zählt die Landesloge in Hamburg nicht weniger
als 1290 Brüder, während der Hamburger Großloge selbst in
Hamburg nur 699 Br∴ angehören.
[2]) In diese Zahl sind die Brr∴ von Leobschütz nicht eingerechnet.

Rheinland und Westfalen (310 Brr.).

31. Emmerich 1779, react. 1788 und 1793.
32. Neuwied 1883.

33. Saarbrücken 1870.
34. Trier 1805, ang. 1817.

Hannover (alle nachgenannten vor 1860 bestehenden Logen wurden 1868 affiliirt; 1874 Brr.).

Aurich (Emden) 1878.
Buxtehude (Harburg) 1876.
35. Celle 1748.
36. Einbeck 1797.
37. Emden 1841.
38. Göttingen 1810.
39. Hameln 1863.
40. u. 41. Hannover „Friedr. z. weiß. Pferde" 1746. „Z. schwarzen Bär" 1774.
42. Harburg 1858.
43. u. 44. Hildesheim „Pforte z. Tempel d. Lichtes" 1742, react. 1844. „Zum stillen Tempel 1846.

45. Leer 1859.
46. Lüneburg 1809.
47. Münden 1799.
48. Nienburg a. Weser 1815. Northeim (Hannover 40) 1876. Osterholz-Scharmbeck(Brem.).
49. Osterode a. d. Söse 1792, react. 1876. Rinteln (Hameln) 1895.
50. Stade 1845.
51. Verden 1857.
52. Wilhelmshaven 1879.

Hessen-Nassau.

53. Cassel „Z. Eintr. u. Standhaftigkeit" 1849, react. 1866, ang. 1868.

54. Hersfeld 1893.
55. Schmalkalden 1878.

Außerpreußisches deutsches Gebiet.

Anhalt.
56. Cöthen 1879.

Waldeck.
Pyrmont (Hameln) 1863.

Bremen.
57. „Friedr. W. z. Eintr." 1874.
58. Vegesack 1885.

Hamburg.
59. „Roland" 1891.

Elsaß-Lothringen.
60. Colmar 1866.
61. Metz 1872.
62. Mülhausen 1877.
63. Straßburg „Z. treuen Herzen" 1873.[1]

Die altpreußischen Großlogen zählen insgesammt in Schlesien und Posen 4621 und in Rheinland und Westfalen 3368 Brr.

---

[1] Wenn die in der Gesammtübersicht angegebene Zahl der Logen von Royal York (66) genau ist, sind uns bei obiger Zusammenstellung drei Logen entgangen.
Auch bei den Großlogen von Hamburg, Sachsen, Bayreuth und Frankfurt a. M. stimmt die Zahl der von uns nach Findel's Freimaurer-Kalender für 1898 zusammengestellten Logen nicht völlig mit der im officiellen Verzeichniß („Bauhütte" 1898, S. 166) angemerkten.

IV. Großloge von Hamburg.

Hamburg.

1.—5. „Abſalom", 6. Dec. 1737.[1]

„St. Georg z. grünenden Fichte" 1743.

„Emanuel" 1774.

„Ferdinande Caroline" 1776.

„Ferdinand z. Felſen" 1788, aff. 1795.

Lübeck.

6. „Zur Weltkugel" 1779.

Bremen.

7. Bremerhaven 1861.

Oldenburg.

8. Birkenfeld 1837.

9. Oberſtein a. Nahe 1869.

10. Oldenburg 1752.
Quakenbrück (Oldenb.) 1880.

Braunſchweig.
Blankenburg (Braunſchweig) 1864.

11. Braunſchweig 1744, reaff. 1835.

12. Holzminden 1854.
Leſſe (Wolfenbüttel) 1882.
Schöningen (Wolfenbüttel) 1855.

13. Wolfenbüttel 1847.

Mecklenburg = Schwerin.

14. Roſtock „Zu d. 3 Sternen" 1760, ang. 1819.
Warnemünde (Roſtock) 1896.

15. Wismar „3. Vaterlandsliebe" 1819.

Mecklenburg = Strelitz.

16. Neubrandenburg 1815.

Schaumburg = Lippe.

17. Stadthagen 1877.

Sachſen = Weimar.

Apolda (Weimar) 1890.

18. Eiſenach 1859.

19. Weimar 1764.

Sachſen = Meiningen.

Bad Stadt Sulza (Weimar) 1877.

Württemberg.

20. Hall 1859.

21. Heilbronn 1855.

22. Reutlingen 1886.

23. Stuttgart „3. d. 3 Cedern" 1840.

24. Ulm 1843.

Preußen.

25. u. 26. Berlin „Hammonia z. Treue" 1893.
„Fr. L. Schröder" 1896.

27. Bückeburg, Hannover, 1860, aff. 1871.
Bad Nenndorf (Stadthagen) 1888.

Ausland.

Portugal.

28. Liſſabon „Fraternidade ás tres Luzes" 1895.

Türkei.

29. Conſtantinopel „Die Leuchte am golb. Horn" 1894.

Vereinigte Staaten.

30. Brooklyn „Pythagoras Nr. 1" 1841, ang. 1851.

Braſilien.

31. Blumenau „3. Friedenspalme" 1885.

Argentinien.

32. Buenos = Ayres „Teutonia" 1863.

Chile.

33. Santiago „Drei Ringe" 1893.

34. Valparaiso „Leſſing" 1877.

---

[1] Dies iſt die älteſte Loge von Deutſchland.

V. Großloge von Sachsen.

Königreich Sachsen.
1. Annaberg 1855.
   Ballenstedt (Bernburg).
   Auerbach (Plauen).
2. Bautzen 1811.
   Bischofswerda (Dresden 6) 1875.
   Borna (Leipzig) 1885.
3. Chemnitz 1799.
   Colditz (Grimma) 1875.
   Crimmitschau (Plauen) 1857.
   Deuben (Freiberg) 1862.
   Dippoldswalde (Dresden) 1872.
4. Döbeln 1883.
5.—7. Dresden „3. d. 3 Schwertern u. Asträa z. grünenden Raute" 1739.
   „3. golb. Apfel" 1776.
   „3. b. ehernen Säulen" 1863.
   Ebersbach (Zittau) 1848.
   Frankenberg (Chemnitz) 1890.
8. Freiberg 1798.
9. Glauchau 1846.
10. Greiz 1867.
11. Grimma 1857.
   Großenhain (Dresden 5) 1860.
   Kamenz (Dresden 7) 1874.
   Kirchberg (Zwickau) 1896.
   Königsbrück (Dresden 6) 1896.

12. u. 13. Leipzig „Apollo" 1799 u. 1801.
   „Phönix" 1892.
   Leisnig (Grimma) 1869.
   Löbau (Bautzen) 1866.
   Lommatzsch (Meißen) 1874.
   Markneukirchen (Plauen) 1877.
   Meerane (Glauchau) 1868.
14. Meißen 1847.
   Mitweida (Chemnitz) 1868.
15. Neustadt a. b. Orla 1895.
16. Plauen 1789.
17. Riesa 1894.
18. Schneeberg 1809.
19. Weißenfels 1820.
20. Wurzen 1819.
21. Zittau 1815.
   Zschopau (Chemnitz) 1892.
22. Zwickau 1863.

Sachsen - Meiningen.
23. Meiningen 1774.
24. Pößneck 1880.
   Salzungen (Meiningen) 1859.

Böhmen.
Haida „Einigkeit" (Zittau) 1896. [1]
Saaz „Kette" (Dresden 5) 1883. [2]

VI. Großloge von Bayreuth.

Bayern.
1. Augsburg 1872.
2. Bamberg 1866.
3. Bayreuth 1741.

4. Erlangen „Germania z. deutschen Treue" 1875.
5. Frankenthal 1808.
6. Fürth 1803.

---

[1] Das Kränzchen in Haida zählt 10 Brr.·., welche sich in der Wohnung des Kaufmanns Br.·. Ernst Kraushaar versammeln. Vorsitzender ist Br.·. Theod. Jos. Rautenstrauch; Schriftführer: Br.·. Curt Smitt, Kaufmann.

[2] Das Kränzchen in Saaz zählt 30 Brr.·. und tagt in Lange Gasse 130 part. links, am Montag und Freitag 8 Uhr. Vorsitzender ist Br.·. Ad. Girschick, Hopfenhändler. Stellv. Vors.: Br.·. Leop. Gellert. Schriftführer: Br.·. Ad. Weiß, Conservenfabrikant.

7. Hof 1799.
Kaufbeuren (Augsburg).
Kissingen (Schweinfurt).
Kitzingen (Würzburg).
8. München „Zur Kette" 1873.
9. Neustadt a. d. Haardt 1897.
10. Schweinfurt 1868.
11. Würzburg 1871.

Baden.

12. Baden-Baden 1871.
13. Freiburg „3. edlen Aussicht" 1784.
14. Heidelberg 1856.
15. Karlsruhe 1785.
16. Konstanz 1865.
17. Lahr 1868.

18. Mannheim „Carl z. Eintr." 1778, react. 1845.
19. Pforzheim 1864.
Rastatt (Karlsruhe) 1887.
Säckingen (Freiburg) 1873.
Wildbad (Pforzheim).
Zell i. Wiesenthal (Freiburg) 1874.

Württemberg.
Eßlingen (Stuttgart) 1864.
20. Ludwigsburg 1855.¹)
21. Stuttgart „Wilh. z. aufgehenden Sonne" 1835.

Bremen.
22. „Zur Hansa" 1883.

Hamburg.
23. „Globus" 1876.²)

---

¹) Der Loge „Johannes zum wiedererbauten Tempel" in Ludwigsburg wurde jüngst (1. Mai 1898) durch den Großmeister Br.·. von Reinhardt Br.·. J. G. Findel, welcher in Folge seiner zahlreichen maurerischen Streithändel seit einigen Jahren als „isolirter Bruder" keiner Einzelloge mehr als actives Mitglied angehört hatte, feierlich „einverbrüdert". Bei diesem Anlaß hob Br·. von Reinhardt besonders hervor, daß die Freimaurerei dem Br.·. Findel den größten Dank „für sein mannhaftes Eintreten gegen die schwarze Macht" schulde. Vgl. „Bauhütte" 1898, S. 158.

Wir haben die jüngsten Heldenthaten des „großen" freimaurerischen Vorkämpfers von Deutschland im Kampfe gegen den „Ultramontanismus" und die „Papstkirche" bereits anderwärts hinlänglich beleuchtet. Vgl. Leo Taxil's Palladismus-Roman II, 238 bis 245 und den Artikel: „Licht oder Irrlicht? Eine Studie über Br.·. J. G. Findel und seinen neuesten Schwindel" in der Zeitschrift „Die Wahrheit" (München) 1898, April, S. 149 bis 159.

Mit Rücksicht auf die Art und Weise, wie sich Großmeister von Reinhardt in seiner Rede vom 1. Mai 1898 über Br.·. Findels's Donquichotterien anläßlich seiner Sturmläufe „gegen die Schwarze Macht" ausläßt, constatiren wir, daß die Voraussetzung, welche wir in letzterem Artikel ins Auge faßten, Br.·. Findel spreche in seinen Angriffen gegen die Papstkirche „im Namen der deutschen Freimaurerei" wirklich zuzutreffen scheint. Wir haben in dem gleichen Artikel auch bereits erörtert, was in diesem Fall von der deutschen Freimaurerei selbst zu halten ist.

²) Die Loge „Globus" verdankt ihr Entstehen einer Secession von Brüdern aus der zur Großen Landesloge gehörigen Loge „Zur Kugel". „Bauhütte" 1876, S. 383, 411.

Sachsen · Weimar.

24. Jena „Friedr. z. ernst. Arbeit" 1889.¹)

Preußen.

25. Berlin „Galilei z. ewigen Wahrheit" 1897.

Norwegen.

Frederikshall „Olaf Tryggvason til de syv Stjerner" (Kristiania) 1889.

27. Hamar „St. Halvard til den flammende Stjerne" 1893.

28. Kristiania „Olaf Kyrre til den gylde Kjæde" 1885.

Düsseldorf „Hugo z. Wahrheit und Treue" (Rath).

26. Rath · Düsseldorf „Theod. z. bergischen Löwen" 1896.

Ausland.

29. Lillehammer „Kolbein til den opgaaende Sol" 1891.

Skien „Humanitas til de to Pjlier" (Kristiania).

30. Trondjem „St. Olaf til den gjenreiste Tempel" 1882.

Rumänien.

Bukarest „3. Brüderlichkeit" 1889.²)

VII. Großloge von Frankfurt a. M.

Frankfurt a. M.

1.—6. „Zur Einigkeit" 1742.

„Sokrates z. Standhaftigkeit" 1801, aff. 1811.

„Carl z. aufg. Licht" 1816, aff. 1850.

„3. aufg. Morgenröthe" 1807, aff. 1873.

„Carl z. Lindenberg" 1850, aff. 1878.

„3. Frankfurter Adler" 1832, aff. 1888.³)

---

¹) In Jena bestand ursprünglich nur eine Loge unter der Obedienz der Hamburger Großloge. In Folge von langwierigen, verwickelten Zwistigkeiten, zu welchen die Haltung der Jenaer Loge dem Findel'schen „Lessingbund" gegenüber den nächsten Anlaß bot, traten an Stelle der Einen Loge nach und nach, 1889 und 1890, in Jena und Wenigenjena nicht weniger als drei, von denen keine mehr unter Hamburg steht.

²) Die Loge von Bukarest, welche ehemals der Hamburger Großloge anhing, ging 1889 in Folge des feindseligen Auftretens dieser Großloge gegen den „Lessingbund" zur Bayreuther Großloge über.

³) Die Frankfurter Großloge des „Eklektischen" Bundes hatte mit vielen Schwierigkeiten zu kämpfen. Sie zählte lange in Frankfurt selbst nur eine Loge. Die Loge „Sokrates" trat von „Royal York" 1811 zu ihr über. Die Loge „Morgenröthe", welche Nichtchristen ausschloß, erhielt 1817, unter Umgehung der Frankfurter Großloge, von der englischen Großloge ein Constitutionspatent, unter der sie bis zu dem durch die Verhältnisse erzwungenen Anschluß an Frankfurt zu arbeiten fortfuhr.

In seinem Gutachten vom 27. Mai 1871 hatte der Berliner Großmeister-Verein ausdrücklich auf Grund „staatlicher Rücksichten" beantragt, daß dieselbe dazu verhalten werde, sich entweder aufzulösen oder einer deutschen Großloge anzuschließen („Bauhütte" 1892, S. 425).

Bayern.

7. Erlangen „Libanon z. d. 3 Cedern" 1757.
8. u. 9. Nürnberg „Joseph zur Einigkeit" 1761.
„Z. d. 3 Pfeilen" 1789.
Passau (Nürnberg) 1879.
Sulzbach (Erlangen) 1878.

Hessen - Nassau.

Biebrich (Wiesbaden) 1890.
10. Cassel „Zur Freundschaft" 1893.
Dietz (Wiesbaden) 1877.
11. Hanau 1872.
Höchst (Frankfurt 2) 1882.
12. Homburg 1863.

13. Wiesbaden „Plato z. best. Einigkeit" 1858.

Sachsen - Coburg - Gotha.

14. Coburg 1816.

Sachsen - Meiningen.

Sonneberg (Coburg) 1881.

Hamburg.

15. u. 16. „Z. Brudertreue a. E." 1845.
„Z. Bruderkette" 1847.

Altpreußen.

17. Berlin „Friedr. z. Gerechtig-keit" 1893.
18. Breslau „Hermann z. Be-ständigkeit" 1894, aff. 1896.

VIII. Großloge von Darmstadt.
Hessen - Darmstadt.

1. Alzey 1855.
2. Bingen 1867.
3. Darmstadt 1816
4. Friedberg 1862.

5. Gießen 1816.
6. Mainz 1837.
7. Offenbach 1812
8. Worms 1808.

Merkwürdig ist, daß außerpreußische Regierungen nie auf den Ge-danken gekommen sind, nach gleichen Grundsätzen gegen die altpreußi-schen Logen in ihren Staaten zu verfahren. Die Loge „Carl zum a. Licht" bildete sich 1816 durch Brüder, welche aus der Loge „Morgenröthe" ausschieden, um unter Constitution des Landgrafen Carl von Hessen mit altschottischem Directorium zu arbeiten. Als sie 1850 sich Frankfurt anschloß, gründeten Brüder, welche damit nicht einverstanden waren, die Loge „Carl zum Linden-berg", welche bis 1878 im Anschluß an die Hessen - Darmstädter Großloge verblieb. Die Loge „Frankfurt zum Adler" war 1832 unter Constitution des französischen Großorients von israelitischen Brüdern gegründet worden und zuerst (1848) zur Hamburger Großloge über-gegangen. Vgl. Allg. Handbuch der Freimaurerei I, 366 ff. In Folge der feindseligen Haltung, welche letztere dem „Lessingbund" gegenüber einnahm, ging sie zur Frankfurter Großloge über. Der hauptsächlich auf Grund gegensätzlicher Anschauungen hin-sichtlich des „christlichen" Charakters der Freimaurerei 1845 er-folgte Austritt der Logen von Darmstadt und Mainz aus dem, das Humanitätsprincip vertretenden „Eklektischen Freimaurerbund", welcher den Abschluß langer erbitterter Logenstreitigkeiten bildete, führte 1846 zur Begründung der Hessen-Darmstädter Großloge unter dem Protectorat des Großherzogs von Hessen Ludwig II. Letzterer Großloge traten auf Wunsch des Großherzogs Ludwig III. bald alle in diesem Großherzogthum bestehenden Logen bei. Vgl. Allg. Handbuch der Freimaurerei I, 620 f., 363 f.; IV, 83 f.

IX. Vereinigung der fünf unabhängigen Logen.

1. **Altenburg** 1742.
Gößnitz (Altenb.) 1881.
Schmölle (Altenb.) 1867.
Sachsen.
Eisenberg (Gera) 1897
2. u. 3. Leipzig „Minerva z. d.
3 Palmen" 1741.[1])
„Balduin z. Linde" 1776.

Reuß jüng. Linie.
4. Gera „Archimedes z. ewigen
Bunde" 1804.
Schleiz (Gera).
Sachsen - Meiningen.
5. Hildburghausen 1787.

X. Großloge „Kaiser Friedrich z. Bundestreue".

1.—9. Berlin „Victoria" 1892.
„Lessing z. d. 3 Ringen"
1892.
„Germania z. Einig-
keit" 1893.
„Humanitas" 1897.
„Pestalozzi zur Wahr-
heit".
„Marbach z. Eintracht".
„Hohenzollern z. Treue".
„Zu den drei Rosen".
„Zum goldenen Anker".

10. Charlottenburg „Zu den drei
Sternen".
11. Stettin „Friedrich der Edle"
1897.
12. München „Brudertreue an der
Isar".[2])

Kleine maurerische, theilweise nur zur Zeit der Saison stattfindende Vereinigungen, von denen wir nicht festzustellen vermochten, zu welchen Logen sie gehörten, bestehen noch in: Alfeld, Blankenese, Borkum, Camen, Dömitz a. E., Ems, Freudenstadt, Friedenau b. Berlin, Gelnhausen, Genthin, Herford, Jüterborg, Kissingen, Königshütte i. Schl., Kötschenbroda, Lippstadt, Muskau, Neuenahr, Norderney, Oynhausen, Ohligs b. Solingen, Ost-Dierenow b. Kamin, Pirna, Reichenhall, Saalfeld a. S., Saarau, Schwabach, Schwiebus, Seesen, Sylt, Unna, Weilburg a. L., Wolgast, Zehlendorf b. Berlin, Zeulenroda, Asch (Böhmen).[3])

---

[1]) Bezüglich der Loge „Minerva z. d. drei Palmen" in Leipzig brachte die „Freimaurer-Zeitung" (1888 letzte Nummer) die überraschende Notiz: „Dieselbe habe unter dem neuen Namen „Pallas Athene" wieder eine „altschottische" Loge eröffnet, welche nach dem Ritual der Mutterloge „Zu den drei Weltkugeln" in Berlin „arbeite". „Bauhütte" 1889, S. 9.
[2]) Vgl. „Bausteine" 1898, S. 38.
[3]) Nach einer Mittheilung in der „Bauhütte" (1896, S. 379) zu urtheilen und nach anderen Anzeichen wird besonders auch an Curorten seitens der Freimaurerei eifrig Candidatenfang betrieben. Diesem Zweck dienen wohl hauptsächlich die Saisonclubs.

II. Statut des Deutschen Großlogen-Bundes.

Nach der Revision vom Jahre 1884.

§ 1. Die in Deutschland bestehenden Großlogen, nämlich 1. die Große National-Mutterloge zu den drei Weltkugeln, in Berlin, 2. die Große Landesloge der Freimaurer von Deutschland, in Berlin, 3. die Großloge von Preußen, genannt Royal York zur Freundschaft, in Berlin, 4. die Große Loge von Hamburg, in Hamburg, 5. die Große Landesloge von Sachsen, in Dresden, 6. die Große Mutterloge des Eklektischen Freimaurerbundes, in Frankfurt a. M., 7. die Großloge zur Sonne, in Bayreuth und 8. die Großloge des Freimaurerbundes zur Eintracht, in Darmstadt, bilden eine nähere Vereinigung unter dem Namen „Deutscher Großlogen-Bund".

§ 2. Zweck und Aufgabe des Bundes ist, die Einigkeit und das maurerische Zusammenwirken der Logen in Deutschland zu wahren und zu fördern und den außerdeutschen Großlogen gegenüber eine gemeinsame maurerische Stellung einzunehmen.

§ 3. Der Deutsche Großlogen-Bund anerkennt die Autonomie der in § 1 genannten Großlogen und ihrer Systeme, soweit nicht durch gegenwärtiges Statut §§ 5, 6 und 7 gewisse Beschränkungen aufgestellt sind.

§ 4. Der Großlogen-Bund anerkennt in Deutschland nur die im § 1 genannten Großlogen und deren Tochterlogen: außerdem noch die zur Zeit bestehenden unabhängigen Logen, und zwar: 1. Minerva, zu den drei Palmen, in Leipzig, 2. Balduin zur Linde, in Leipzig, 3. Archimedes zu den drei Reißbrettern, in Altenburg, 4. Archimedes zum ewigen Bunde, in Gera, 5. Carl zum Rautenkranz, in Hildburghausen.

§ 5. Die verbündeten Deutschen Großlogen betrachten das Deutsche Reichsgebiet als gemeinsam und erkennen gegenseitig an, daß jede derselben in jedem Deutschen Lande Logen gründen und affiliiren kann, soweit nicht die Landesgesetze entgegenstehen. Zur Gründung einer Johannis-Loge an einem Ort, in welchem schon eine Tochterloge einer anderen Großloge besteht, ist jedoch die vorgängige Verhandlung mit der verbündeten Großloge erforderlich.

§ 6. Darüber zu bestimmen, ob seitens der Deutschen Großlogen neue Verbindungen mit außerdeutschen Großlogen anzuknüpfen und bereits angeknüpfte wieder aufzulösen sind, ist lediglich Sache des Großlogen-Bundes. Der Deutsche Großlogen-Bund erklärt die Verschiedenheit der Hautfarbe und Rasse für kein Hinderniß der Anerkennung einer Großloge oder Loge, und wird jede Großloge oder Loge anerkennen, sobald solche über ihre Verfassung und Grundsätze die nöthigen Aufschlüsse und in Bezug auf ihre gedeihliche maurerische Wirksamkeit die geeigneten moralischen Garantien bietet.

§ 7. Bei Streitigkeiten, welche zwischen einzelnen Deutschen Großlogen entstanden sind, bildet der Großlogen-Bund die schiedsrichterliche Instanz.

§ 8. In den vorstehend (§§ 5, 6 und 7) bezeichneten Angelegenheiten hat der Großlogen-Bund eine entscheidende, in allen anderen von den Großlogen an ihn gelangenden Vorlagen eine berathende Stimme. Bei den Abstimmungen steht jeder Großloge, ohne Rücksicht auf ihren Umfang oder die Zahl ihrer anwesenden Vertreter, eine Stimme zu. Bei der Entscheidung in den Fällen §§ 5 und 7 stimmen die betheiligten Großlogen nicht mit.

§ 9. Die nach dem Vorschlage des Großlogen-Bundes von allen Deutschen Großlogen angenommenen Gesetze bilden das gemeinsame Recht des Deutschen Großlogen-Bundes. Der Großlogen-Tag (§ 12) stellt die Zustimmung der verbündeten Großlogen zu Gesetzesvorschlägen fest und verkündet die angenommenen Gesetze als gemeinsames Recht. Abänderungen des gemeinsamen Rechtes bedürfen der Zustimmung aller verbündeten Großlogen.

§ 10. Jede Großloge hat die Pflicht, den Inhalt der Verhandlungen des Großlogen-Tages ihren Tochterlogen sofort nach Eingang des Protokolls durch dessen Uebersendung mitzutheilen, sofern nicht beschlossen worden ist, einzelne Berathungsgegenstände mit Rücksicht auf ihre besondere Beschaffenheit von der Mittheilung auszuschließen.

§ 11. Streitfragen über Lehre und Ritual sind von den Verhandlungen des Großlogen-Bundes ausgeschlossen.

§ 12. Das Organ des Großlogen-Bundes ist der „Großlogen-Tag." Derselbe besteht aus den acht Großmeistern, bezw. deren Vertretern, und je zwei von jeder Großloge zu erwählenden Bbr. Meistern und wird alljährlich zu Pfingsten am Sitze einer der verbündeten Großlogen, im regelmäßigen, durch die Geschäftsordnung bestimmten Wechsel unter denselben, abgehalten.

§ 13. Außerordentliche Versammlungen des GroßlogenTages können von dem geschäftsführenden Großmeister im Einverständniß mit wenigstens zwei Großlogen an den Sitz der geschäftsführenden Großloge berufen werden.

§ 14. Den Vorsitz am Großlogen-Tage führt der Großmeister derjenigen Großloge, an deren Sitz die Versammlung stattfindet. Dieser Vorsitzende hat bis zum nächsten Großlogen-Tage die laufenden Geschäfte des Großlogen-Bundes zu besorgen. Falls der Großmeister am Vorsitze des Großlogen-Tages und an der Besorgung der laufenden Geschäfte verhindert sein sollte, hat für ihn sein gesetzlicher Stellvertreter einzutreten.

§ 15. Den Gang der Verhandlungen, das Verfahren bei den Abstimmungen, die Vorbereitung und Ausführung der Beschlüsse des Großlogen-Tages regelt die von dem letzteren festzustellende Geschäfts-Ordnung.

§ 16. Die durch die Geschäftsführung erwachsenden Ausgaben werden von der geschäftsführenden Großloge vorschußweise bezahlt und alsbald nach Ablauf der Geschäftsperiode auf Grund der vom Groß-Schatzmeister mit thunlichster Beschleunigung abzuschließenden Rechnung von den einzelnen Großlogen zu gleichen Antheilen erstattet.

§ 17. Jeder Großloge steht jederzeit das Recht des Austrittes frei.

§ 18. Ueber Anträge auf Abänderung des Statuts kann erst nach Verlauf eines Jahres nach Einreichung derselben abgestimmt werden.

§ 19. Dieses Statut ist von den Vertretern der Großlogen auf Grund der ihnen ertheilten Ermächtigung unterzeichnet.

III. Die den drei altpreußischen Großlogen ertheilten „Protectorien".

1. „Protectorium" für die Große Landesloge vom 16. Juli 1774.

„Wir Friedrich II. u. s. w. thun kund und fügen hiermit zu wissen: Demnach uns die in unseren hiesigen Residenzen etablirte Große Freimaurerloge von Deutschland in tiefster Ehrfurcht zu erkennen gegeben, wie um den bei Stiftung dieses Ordens zum Grunde gelegten Endzweck, das Wohl und das Beste der menschlichen Gesellschaft, sowohl überhaupt als insbesondere, zu befördern, desto eher erreichen zu können, die Meister vom Stuhl und die Aufseher verschiedener gesetzmäßigen und guten Logen sich zusammengethan und zu dem Ende mit der für die älteste anerkannten Großen Loge zu London eine uns zugleich allerunterthänigst überreichte Vergleichsacte errichtet hätten, kraft welcher besagte Große englische Loge die in unsere hiesigen Residenzen erklärte Große Loge für die Große Loge von Deutschland, unsere sämmtlichen Staaten mit inbegriffen, anerkannt, und ihr, unter den in bemeldeter Vergleichsacte enthaltenen Bedingungen, das Recht zugestehet, nicht nur für sich allein in dem Umfange besagter Länder und Staaten neue Logen zu errichten, sondern auch die in Deutschland und in unsern Staaten bereits errichteten, sowohl vereinigten und abhängenden Logen nach den Gesetzen der Freimaurer zu dirigiren; so haben wir diese Convention nicht nur mittelst unserer allergnädigsten Cabinetsresolution vom 7. d. M. huldreichst genehmigt, sondern wir haben auch dieser in unserer Residenz etablirten Großen Freimaurerloge, damit sie der ihr durch die älteste Freimaurerloge zu London in der unterm 30. Nov. a pr. vollzogenen Vergleichsacte zugestandenen Rechte und Vorrechte einer Großen Loge von Deutschland desto eher und sicherer zu genießen und sich zu erfreuen haben möge, unsere zugleich nachgesuchte besondere königliche Protection, Schutz und Schirm um so mehr huldreichst verwilligen und ihr darüber hierdurch die ausdrückliche Versicherung in Gnaden ertheilen wollen, als wir nicht zweifeln, sie werde sich dieses Merkmal unserer Begünstigung. Huld und Gnade zu einem neuen Beweggrunde dienen lassen, ihre Kräfte zu verdoppeln, für das Wohl und die Glückseligkeit der menschlichen Gesellschaft ohne Nachlaß zu arbeiten. In Rücksicht dieser ihrer, uns zu einem allergnädigsten Wohlgefallen gereichenden rühmlichen Absichten und Bestrebungen ertheilen wir auch hiermit und kraft dieses Schutzbriefes die allergnädigste Erlaubniß, daß sie sich der ihr zugestandenen Rechte und Vorrechte einer Großen Landesloge von Deutschland und sämmtlichen unserem Scepter unterworfenen Staaten bedienen und, sowohl in unserer Residenz als in unseren sämmtlichen Ländern, frei, öffentlich und ungehindert nach den Gesetzen und Statuten des alten ehrwürdigen Freimaurerordens zum Wohl und Besten der Gesellschaft arbeiten könne, und wollen wir ihr unseren königl. Schutz und Schirm in allen gerechten, billigen und rechtmäßigen Dingen kräftigst angedeihen lassen und nicht zugeben, daß so wenig diese Große Loge von Deutschland noch die von ihr abhängenden und mit ihr vereinigten gesetzmäßigen und guten Logen, sowie die Mitglieder derselben, sowohl überhaupt als insbesondere, in ihren wohlhergebrachten Rechten, Vorrechten und Freiheiten gestört oder beeinträchtigt werden. Wir befehlen demnach auch hierdurch allen unseren, sowohl Militär- als Civilbedienten, Befehlshabern und Collegiis, insbesondere aber unserem Gouvernement und Ober- und Untergerichten in unserer Residenzstadt Berlin, sich hiernach gebührend und allergehorsamst zu achten, mehrbesagte Große Freimaurerloge von Deutschland auf ihr Ansuchen nachdrücklichst zu schützen und nicht zu gestatten, daß selbe hierwider im geringsten beschwert werden möge. Deß zu Urkund haben wir dieses ihr ertheilte allergnädigste Protectorium höchsteigenhändig unterschrieben und unser großes königl. Gnadensiegel anhängen lassen. So geschehen in unserer Residenzstadt Berlin, den 16. Tag, Mon. Julii, nach Chr. Geb. in 1774, und unserer königlichen Regierung im 35sten Jahre.

„Friedrich. Graf v. Finkenstein. v. Herzberg."[1]

---

[1] Vgl. Allg. Handbuch der Freimaurerei 1863 I, 454. Das Protectorium findet sich auch im Anhang zur poetischen Blumenlese für das Jahr 1776, herausgegeben von J. G. Voß, Lauenburg 1875, S. 246 f.; ferner bei Chr. Rose, Freie Bemerkungen über die politische Verfassung des Ordens der freien Maurer, Leipzig 1787, S. 199; im „Signatstern", Berlin 1806 IV, 18 f. und französisch in Thory's Act. II, 68 f. In dem angezogenen Cabinetsschreiben vom 7. Juli 1774 heißt es: „Se. Majestät wird sich immer zum besonderen Vergnügen gereichen lassen, durch ihre mächtige Protection mitzuwirken für den Zweck aller wahren Freimaurerei, nämlich: Die Menschen als Glieder der Gesellschaft höher zu bilden, sie tugendhafter und wohlthätiger zu machen." Vgl. ebendas.

2. „Protectorium" für die „National-Mutterloge" vom 6. Februar 1796.

„Wir Friedrich Wilhelm II. u. f. w. thun kund und fügen hiermit zu wissen, demnach uns die in unserer königlichen Residenz
bereits im Jahre 1740 von unserm in Gott ruhenden Oheim und
Vorfahren in der Regierung Friedrich II., König von Preußen, glor-
reichen Andenkens gestiftete Freimaurerloge Zu den drei Weltkugeln,
in tiefster Ehrfurcht gebeten, daß ihr bei ihrer Stiftung als einer
ersten und wahren Freimaurer-Mutterloge ertheilte Confirmationspatent und Protectorium zu bestätigen, wir deren Suchen aller-
gnädigst nachgegeben, ertheilen derselben hiermit und kraft dieses nicht
nur unsere nachgesuchte besondere königliche Protection, Schutz
und Schirm, sondern bestätigen auch noch die ihr als einer
wahren Freimaurer-Mutterloge ertheilten Rechte
und Vorrechte, dergestalt und also, daß die zu derselben gehörigen
Beamten, Groß- und Obermeister, Deputirter Obermeister, Vorsteher,
Sekretärs, Redner und übrigen Mitglieder, Töchterlogen in unsern
Landen zu errichten, Grundstücke zu erwerben und wiederum an andere
zu veräußern und als eine moralische Person zu handeln berechtigt sein solle, erlauben und genehmigen auch, daß sich gedachte
Freimaurer-Mutterloge Zu den drei Weltkugeln des ihr zugestandenen
Logensiegels, worin drei Weltkugeln gestochen sind, bei ihren
Verhandlungen und ihren Logenangelegenheiten bedienen könne, und
zweifeln nicht, sie werde sich dieses Merkmal unserer Huld und Gnade
zu einem besonderen Beweggrund dienen lassen, ihre Kräfte zu ver-
doppeln, für das Wohl und Glück menschlicher Gesellschaften ohne
Nachlaß zu arbeiten. In Rücksicht dieser uns zu einem allergnädigsten
Wohlgefallen gereichenden Absicht und Bestrebung ertheilen wir auch die
Erlaubniß, daß sie sich der ihr als einer echten und wahren Freimaurer-
Mutterloge zugestandenen Rechte und Vorrechte in sämmtlichen unserm
Scepter unterworfenen Staaten bedienen und sowohl in unserer
Residenz als in unsern sämmtlichen Landen frei, öffentlich und un-
gehindert nach deren Gesetzen und Statuten des alten ehrwürdigen
Freimaurerordens zum Wohl und Besten der Gesellschaft arbeiten
könne, und wollen wir ihr unsern königlichen Schutz und Schirm in allen
gerechten, billigen und rechtmäßigen Dingen kräftig angedeihen lassen
und nicht zugeben, daß diese Mutterloge noch die von ihr abhängenden
und mit ihr vereinigten gesetzmäßigen und guten Logen, sowie die
Mitglieder derselben sowohl überhaupt als insbesondere in ihren wohl
hergebrachten Rechten, Vorrechten und Freiheiten gestört oder beeinträchtigt werden. Wir befehlen demnach auch hierdurch allen unsern
Militär- und Civil-Behörden, Befehlshabern und Collegiis, insbesondere
aber unserm Gouvernement u. f. w. [wie im 1. Protectorium]. Deß
zu Urkund haben wir denselben dieses Confirmationspatent
und Protectorium höchsteigenhändig unterschrieben und unser
königliches Gnadensiegel anhängen lassen. So geschehen und gegeben
in unserer königlichen Residenzstadt Berlin, den 9. Tag des Monats

Februar, nach Christi unseres Herrn Geburt im 1796sten und unserer Regierung im 10. Jahr, Friedrich Wilhelm."[1])

3. Protectorium für die Großloge Royal York vom 4. Januar 1798.

(Ertheilt von Friedrich Wilhelm III.)

„Ich finde kein Bedenken, der Loge Royal York de l'amitié auf ihr Gesuch vom 1. Januar und mit Bezug auf die derselben unterm 29. December vorigen Jahres ertheilte Resolution hiermit zu erkennen zu geben, daß ihr sowohl als ihren Tochterlogen der Genuß aller derer Rechte zustehen soll, welche den übrigen hiesigen Mutterlogen, durch die ihnen vormals ertheilten Protectoria bewilligt worden sind, und daß es ihr daher auch freisteht, besonders in Absicht ihres Hauses die Befugniß einer moralischen Person jederzeit auszuüben. Berlin, 4. Januar 1798."[2])

IV. „Edikt wegen Verhütung und Bestrafung geheimer Verbindungen, welche der allgemeinen Sicherheit nachtheilig werden können.

„De Dato Berlin, den 20. October 1798.

„Wir ꝛc. thun kund und fügen hiermit zu wissen:

„Die zahlreichen Beweise der Treue und Anhänglichkeit, welche Wir von Unsern geliebten Unterthanen täglich erhalten, gereichen Unserem landesväterlichen Herzen zur lebhaften Freude und stärken Uns in Unserm unablässigen Bestreben, zum Wohl des Staates und Unserer Unterthanen zu wirken.

„Die sorgfältige Erhaltung dieses so glücklichen, wohlthätigen, gesegneten Zustandes ist Unser stetes Ziel.

„Da nun in den gegenwärtigen Zeiten, außerhalb Unserer Staaten zahlreich und in denselben bisher nur einzeln, zerstreut und ohnmächtig, Verführer vorhanden sind, welche, entweder selbst verleitet, oder aus frevelhafter Absicht, jenes glückselige Verhältniß zu stören, zu untergraben, falsche verderbliche Grundsätze auszustreuen, fortzupflanzen und zu verbreiten und auf diese Weise die öffentliche Glückseligkeit ihren eigennützigen und ver-

---

[1]) Abgedruckt im Novum Corpus Constitutionum Marchicarum Thl. X, S. 79; Köthener Taschenbuch für 1798, S. 344 f. und Allg. Handbuch der Freimaurerei I, 457 f.

[2]) Vgl. Allg. Handbuch der Freimaurerei I, 459. Zur Stellung des preußischen Königshauses zur Freimaurerei im Allgemeinen vergl. Gerber, Die Freimaurerei und die öffentliche Ordnung 1893, S. 100 bis 136.

brecherischen Endzwecken aufzuopfern sich bemühen und welche zu diesen Endzwecken jedes ihnen bequem scheinende Mittel, besonders aber d a s Mittel der sogenannten geheimen Gesellschaften und Verbindungen, leicht versuchen könnten, so wollen Wir hiermit aus landesväterlicher Gesinnung und ehe noch das Uebel entstanden ist, dasselbe im ersten Keime angreifen und vertilgen und hiermit Unsere geliebten Unterthanen landesväterlich vor jenen V e r - f ü h r e r n w a r n e n, welche m i t d e r S p r a c h e d e r T u g e n d i m M u n d e d a s L a s t e r i m H e r z e n f ü h r e n, Glückseligkeit versprechen und, sobald sie können, unabsehliches Elend über die Getäuschten verbreiten.

„Mit dieser Warnung, welche gewiß bei jedem Rechtschaffenen und Wohlgesinnten Eingang findet, verbinden Wir, aus landesväterlicher Fürsorge für Unsere geliebten Unterthanen, eine E r g ä n z u n g d e r G e s e t z e über diesen Gegenstand und bestimmen hiermit die s t r e n g e n a b e r g e r e c h t e n S t r a f e n D e r j e n i g e n, w e l c h e a u f d e m W e g e g e h e i m e r V e r b i n d u n g e n V e r f ü h r e r z u m V e r d e r b e n U n s e r e r U n t e r t h a n e n zu werden trachten.

„§ 1. In Unserm allgemeinen Landrechte haben Wir bereits verordnet, daß die Mitglieder aller in Unsern Staaten bestehenden Gesellschaften verpflichtet sind, sich über den Gegenstand und die Absicht ihrer Zusammenkünfte gegen die Obrigkeit auf Erfordern auszuweisen, und daß solche Gesellschaften und Verbindungen nicht geduldet werden sollen, deren Zweck und Geschäfte mit dem gemeinen Wohle nicht bestehen oder der Ruhe, Ordnung, Sicherheit nachtheilig werden können. Jetzt finden Wir nöthig, g e n a u e r zu bestimmen, welche Arten von Gesellschaften und Verbindungen für unerlaubt geachtet werden sollen.

„§ 2. Wir erklären daher für unzulässig und verbieten hierdurch Gesellschaften und Verbindungen: — 1. Deren Zweck, H a u p t - u n d N e b e n g e s c h ä f t, darin besteht, über gewünschte oder zu bewirkende Veränderungen in der Verfassung oder in der Verwaltung des Staats oder über die Mittel, wie solche Veränderungen bewirkt werden können, oder über die zu diesem Zwecke zu ergreifenden Maßregeln, Berathschlagungen, in welcher Absicht es sei, anzustellen; — 2. worin u n - b e k a n n t e n O b e r n, es sei eidlich, an Eidesstatt, durch Handschlag, mündlich, schriftlich oder wie es sei, Gehorsam versprochen wird; — 3. worin b e k a n n t e n O b e r n auf irgend eine dieser Arten ein so unbedingter Gehorsam angelobt wird, daß man dabei nicht ausdrücklich alles dasjenige ausnimmt, was sich auf den Staat und dessen Verfassung und Verwaltung oder auf den vom Staate bestimmten R e l i g i o n s z u s t a n d bezieht oder was für die guten Sitten nachtheilige Folgen haben könnte; — 4. welche V e r - s c h w i e g e n h e i t i n A n s e h u n g d e r d e n M i t g l i e d e r n z u o f f e n b a r e n d e n G e h e i m n i s s e fordern oder sich an - g e l o b e n l a s s e n; — 5. welche eine geheim gehaltene A b s i c h t haben oder vorgeben oder zur Erreichung einer namhaft gemachten A b s i c h t sich geheim gehaltener Mittel oder verborgener, mystischer, hieroglyphischer Formen bedienen.

„Wenn eines der Nr. 1, 2 und 3 angegebenen Kennzeichen unerlaubter Gesellschaften und Verbindungen stattfindet, können solche in Unsern gesammten Staaten nicht geduldet werden. Ein Gleiches soll auch in Ansehung der Nr. 4 und 5 bezeichneten Gesellschaften und Verbindungen, jedoch mit der im nächstfolgenden § gemachten Ausnahme stattfinden.

„§ 3. Von den Freimaurerorden sind folgende drei Mutterlogen:

„Die Mutterloge Zu den drei Weltkugeln,

„Die Große Landesloge,

„Die Loge Royal York de l'amitié,

und die von ihnen gestifteten Tochterlogen tolerirt, und sollen die im vorstehenden §, Nr. 4 und 5, enthaltenen Verbote auf gedachte Logen nicht angewendet werden, diese jedoch verpflichtet sein, die in nachstehenden §§ 9 bis 13 enthaltenen Vorschriften auf das Genaueste zu befolgen.

„§ 4. Dahingegen soll außer den im § 3 benannten Logen jede andere Mutter- oder Tochterloge des Freimaurerordens für verboten geachtet, unter keinerlei Vorwande geduldet werden.

„§ 5. Ein jeder Versuch, verbotene Verbindungen und Gesellschaften zu stiften, soll, sowie Theilnehmung an einer solchen bereits gestifteten Verbindung oder Gesellschaft, wie nicht minder deren Fortsetzung nach der Zeit des gegenwärtigen Verbots für Diejenigen, welche in einer öffentlichen Bedienung als Militär- oder Civilbeamte oder sonst in Unserm Dienste stehen, unausbleibliche Cassation bewirken. Außerdem sollen Diejenigen, welche eine verbotene Gesellschaft stiften oder deren Fortdauer nach dem jetzigen Verbote veranlassen, 10 Jahre Festungsarrest oder Zuchthausstrafe, die wirklichen Mitglieder und Theilnehmer aber 6 Jahre Festungsarrest oder Zuchthausstrafe verwirkt haben.

„Sollte der Fall eintreten, daß die verbotene Gesellschaft einen landesverrätherischen Zweck gehabt oder Hochverrath und Majestätsverbrechen beabsichtigt, so muß gegen die Stifter, Fortsetzer, Mitglieder und Theilnehmer auf im Landrecht auf Verbrechen dieser Art geordnete Strafe des Todes oder der lebenswierigen Einsperrung erkannt werden.

„§ 6. Wer verbotene Gesellschaften in seinem Hause oder in seiner Wohnung wissentlich duldet oder Aufträge von solchen Gesellschaften übernimmt, von welchen ihm bekannt ist, daß sie zu den unerlaubten gehören, wird mit 4 Jahren Festungsarrest oder Zuchthausstrafe belegt und, wenn derselbe obgedachtermaßen in einem öffentlichen Amte steht, seines Amtes entsetzt.

„Selbst diejenigen, welche in den oben erwähnten Fällen Veranlassung zu gegründetem Verdachte gehabt und dennoch davon der Obrigkeit nicht schuldige Anzeige gethan, haben verhältnißmäßige Strafe zu gewärtigen.

„§ 7. Mit den solchergestalt bestimmten Strafen sollen jedoch diejenigen verschont werden, welche der obersten Polizeibehörde des Orts die verbotene Verbindung zu einer Zeit anzeigen, da diese Behörde von der Existenz derselben noch keine Kenntniß erlangt hatte, oder derselben zur Entdeckung der Mitschuldigen behfilflich sind.

„§ 8. Wenn Jemand die Theilnehmung an einer verbotenen Verbindung oder Gesellschaft angetragen wird, oder wenn Jemand von der Existenz einer solchen Verbindung oder Gesellschaft zuverlässige Kenntniß erhält, so soll derselbe bei ein- bis zweijähriger, auch dem Befinden nach bei noch härterer Festungs- oder Zuchthausstrafe verbunden sein, der obersten Polizeibehörde des Orts sonder Verzug, mündlich oder schriftlich, davon Anzeige zu thun.

„§ 9. Den sämmtlichen Mitgliedern der nach § 3 tolerirten Mutter- und Tochterlogen wird insbesondere die schon im Allgemeinen feststehende unauflösliche Unterthanenpflicht von Neuem eingeschärft, jeden Versuch, welchen ein Ordensmitglied, Ordensoberer oder jeder Andere etwa machen möchte, diesem Edict zuwiderzuhandeln, sofort der obersten Polizeibehörde des Orts anzuzeigen.

„§ 10. Ferner müssen die Vorgesetzten der drei § 3 genannten Mutterlogen Unserer Allerhöchsten Person jährlich das Verzeichniß der sämmtlichen von ihnen abhängigen, sowohl in den hiesigen Residenzen als sonst in unseren Staaten gestifteten Tochterlogen, nebst der Liste sämmtlicher Mitglieder nach ihrem Namen, Stand und Alter, einreichen. Im Unterlassungsfalle wird eine Geldbuße von 200 Rthlrn. verwirkt, und die Weigerung mit Verlust des Protectorii und der Duldung bestraft.

„§ 11. Es soll auch gedachten tolerirten Freimaurerlogen nicht gestattet werden, Jemand vor erfülltem 25. Jahre seines Alters zum Mitgliede aufzunehmen, und jede Loge, welche diesem zuwiderhandelt, hat im ersten Uebertretungsfalle, außer der Verbindlichkeit der Ausschließung des gedachten Mitgliedes, eine Geldbuße von 100 Rthlr., in fernerem Uebertretungs- und Weigerungsfalle aber Verlust des Protectorii und der Duldung zu gewärtigen.

„§ 12. Eine jede Loge ist verbunden, der Polizeibehörde im Ort ihrer Zusammenkunft anzuzeigen, und darf bei Verlust der Duldung ihren Mitgliedern nicht gestatten, außer dem angezeigten Orte Zusammenkünfte zu halten, welche auf die Freimaurerei Beziehung haben.

„Es können daher die Mitglieder des Ordens bei Zusammenkünften außer dem obgedachtermaßen angezeigten Versammlungsorte sich auf die Befreiung von den § 2, Nr. 4 und 5, enthaltenen Verboten nicht berufen, sondern haben vielmehr im Contraventionsfalle zu gewärtigen, daß wider sie nach der Strenge des Gesetzes verfahren werden soll.

„§ 13. Jede Mutterloge muß die Mitglieder, welche den vorstehenden Verordnungen zuwiderhandeln, sogleich ausstoßen und deren Namen der obersten Polizei-

behörde anzeigen, auch gleichmäßig auf ihre Tochterlogen die schärfste Aufsicht haben und, sobald bei einer
Tochterloge dergleichen entdeckt würde, die Constitution zurücknehmen,
auch wie solches geschehen sei, der obersten Polizeibehörde
anzeigen.

„Wenn eine der drei Mutterlogen überführt werden kann, daß
ihre Vorgesetzten diese Anweisung nicht befolgt haben, soll sie mit
dem Verlust des Protectorii und der Duldung bestraft
werden. Auch wird es den drei Mutterlogen zur
Pflicht gemacht, wechselseitig dahin zu vigiliren,
daß dieser Vorschrift auf das Pünktlichste nachgelebt werde.

„Durch genaue Befolgung dieser Vorschriften wird allen der
Sicherheit des Staates und Unserer Unterthanen nachtheiligen Folgen
vorgebeugt und überall, wie bishero, Ruhe und Ordnung erhalten
werden können.

„Wir befehlen daher, daß diese Unsere Verordnung durch den
Druck öffentlich bekannt gemacht und derselben von Jedem Unserer
Unterthanen, sowie auch von den in Unseren Landen sich aufhaltenden
Fremden unverbrüchlich nachgelebt, auch darauf, daß solches geschehe,
von Unseren sämmtlichen hohen und niedern Collegiis, Gerichten,
Fiscälen und anderen Officianten auf das Strengste gehalten werde.

„Urkundlich unter Unserer höchst eigenhändigen Unterschrift und
beigedrucktem Königlichen Insiegel.

„Gegeben Berlin, den 20. October 1798.

„**Friedrich Wilhelm.**

„Schulenburg. Goldbeck. Haugwitz." [1]

---

[1] Vorstehendes Edict findet sich abgedruckt in der „Gesetzsammlung
für die Königl. Preußischen Staaten" 1810, S. 7 ff. Vgl. auch
Rabe's Sammlung Bd. V, S. 226 ff.; Dr. Alexander-Katz,
Die Freimaurerei in Preußen und das Edict vom 20. October 1798,
S. 47 bis 52.

V. Allgemeine vereinsgesetzliche Bestimmungen,

welche für die Beurtheilung der rechtlichen Stellung der Freimaurerlogen in Preußen in Betracht kommen.

1. „Verordnung über einige Grundlagen der künftigen Verfassung."

Vom 6. April 1848.

(Gesetzsammlung 1848, S. 87.)

„§ 4. Alle Preußen sind berechtigt, sich friedlich und ohne Waffen in geschlossenen Räumen zu versammeln, ohne daß die Ausübung dieses Rechtes einer vorgängigen polizeilichen Erlaubniß unterworfen wäre.

„Ebenso sind alle Preußen berechtigt, zu solchen Zwecken, welche den Strafgesetzen nicht zuwiderlaufen, sich ohne vorgängige polizeiliche Erlaubniß in Gesellschaften zu vereinigen.

„Alle das freie Vereinigungsrecht beschränkenden, noch bestehenden gesetzlichen Bestimmungen werden hiermit aufgehoben."

2. „Verfassungsurkunde vom 31. Januar 1850."

(Gesetzsammlung 1850, S. 17.)

„Art. 6. Die Wohnung ist unverletzlich. Das Eindringen in dieselbe und Haussuchungen, sowie die Beschlagnahme von Briefen und Papieren, sind nur in den gesetzlich bestimmten Fällen und Formen gestattet.

„Art. 29. Alle Preußen sind berechtigt, sich ohne vorgängige obrigkeitliche Erlaubniß friedlich und ohne Waffen in geschlossenen Räumen zu versammeln.

„Art. 30. Alle Preußen haben das Recht, sich zu solchen Zwecken, welche den Strafgesetzen nicht zuwiderlaufen, in Gesellschaften zu vereinigen.

„Das Gesetz regelt insbesondere zur Aufrechterhaltung der öffentlichen Sicherheit die Ausübung des in diesem und in dem vorstehenden Artikel gewährleisteten Rechtes."

3. „Verordnung über die Verhütung eines die gesetzliche Freiheit und Ordnung gefährdenden Mißbrauchs des Versammlungs- und Vereinsrechtes."

Vom 11. März 1850.

(Gesetzsammlung 1850, S. 264.)

„§ 1. Von allen Versammlungen, in welchen öffentliche Angelegenheiten erörtert oder berathen werden sollen, hat der Unternehmer mindestens 24 Stunden vor Beginn der Versammlung unter Angabe des Ortes und der Zeit derselben **Anzeige bei der Ortspolizeibehörde** zu machen. Diese Behörde hat darüber sofort eine Bescheinigung zu ertheilen.

„§ 2. Die Vorsteher von **Vereinen**, welche eine **Einwirkung auf öffentliche Angelegenheiten** bezwecken, sind verpflichtet, Statuten des Vereins und das Verzeichniß der Mitglieder binnen drei Tagen nach Stiftung des Vereins; und jede Aenderung der Statuten oder der Vereinsmitglieder binnen drei Tagen, nachdem sie eingetreten ist, der Ortspolizeibehörde zur Kenntnißnahme einzureichen; derselben auch auf Erfordern jede darauf bezügliche Auskunft zu ertheilen.

„§ 4. Die Ortspolizeibehörde ist befugt, in jede Versammlung, in welcher öffentliche Angelegenheiten erörtert oder berathen werden sollen, einen oder zwei Polizeibeamte oder eine oder zwei andere Personen als Abgeordnete zu senden.

„Den Abgeordneten der Polizeibehörde muß ein angemessener Platz eingeräumt, ihnen auch auf Erfordern durch den Vorsitzenden Auskunft über die Person der Redner gegeben werden.“

4. Strafproceßordnung.

„§ 105. Die **Anordnung von Durchsuchungen** steht **dem Richter**, bei **Gefahr im Verzug** auch der **Staatsanwaltschaft** und **denjenigen Polizei- und Sicherheitsbeamten** zu, welche als Hülfsbeamte der Staatsanwaltschaft den Anordnungen derselben Folge zu leisten haben.“

5. Strafgesetzbuch des Deutschen Reiches.

„§ 128. Die **Theilnahme** an einer **Verbindung**, deren **Dasein, Verfassung** oder **Zweck** vor der Staatsregierung geheim gehalten werden soll, oder in welcher gegen **unbekannte Obere Gehorsam** oder gegen **bekannte Obere unbedingter Gehorsam versprochen** wird, ist an den Mitgliedern mit Gefängniß bis zu sechs Monaten, an den Stiftern und Vorstehern der Verbindung mit Gefängniß von Einem Monat bis zu Einem Jahre zu bestrafen.

„Gegen Beamte kann auf Verlust der Fähigkeit zur Bekleidung öffentlicher Aemter auf die Dauer von Einem bis zu fünf Jahren erkannt werden.“

Inhaltsverzeichniß.

Zweites Capitel.

Prof. Dr. Settegast. Sein Kampf gegen den „Antisemitismus" und das „Sprengelrecht" der altpreußischen Großlogen. Sein Versuch, die deutsche Freimaurerei zu „reformiren" und zu einigen. Schritte der altpreußischen Großogen zur Wahrung ihres „Sprengelrechts".

I. Prof. Dr. Settegast und die leitenden Grundgedanken seines Vorgehens.

II. Der erfolgreiche Kampf Br.˙. Settegast's gegen das „Sprengelrecht" der altpreußischen Großlogen. Sein Versuch, die deutsche Freimaurerei auf liberaler Grundlage zu einigen.

Drittes Capitel.

Sonstige an Prof. Dr. Settegast's Vorgehen sich anschließende Logenzwistigkeiten.

I. Versuche der altpreußischen Großlogen, Br∴ Settegast zu discreditiren und seiner Logengründung das Wasser abzugraben. Abwehr dieser Versuche.

Anhang.